珍藏本
纪念版

汉译世界学术名著丛书

行为的结构

〔法〕莫里斯·梅洛-庞蒂 著
杨大春 张尧均 译

2017年·北京

Maurice Merleau-Ponty
LA STRUCTURE DU COMPORTEMENT

据法国大学出版社 1942 年版，1990 年重印本译出

汉译世界学术名著丛书
（120 年纪念版·珍藏本）
出 版 说 明

2017 年 2 月 11 日，商务印书馆迎来 120 岁的生日。120 年前，商务印书馆前贤怀揣文化救国的理想，抱持“昌明教育，开启民智”的使命，立足本土，放眼寰宇，以出版为津梁，沟通中西，为中国、为世界提供最富智慧的思想文化成果。无论世事白云苍狗，潮流左右激荡，甚至战火硝烟弥漫，始终践行学术报国之志，无改初心。

迻译世界各国学术名著，即其一端。早在 20 世纪初年便出版《原富》《天演论》等影响至今的代表性著作，1950 年代后更致力于外国哲学和社会科学经典的译介，及至 1980 年代，辑为“汉译世界学术名著丛书”，汇涓为流，蔚为大观。丛书自 1981 年开始出版，历时三十余年，迄今已推出七百种，是我国现代出版史上规模最大、最为重要的学术翻译工程。

丛书所选之书，立场观点不囿于一派，学科领域不限于一门，皆为文明开启以来，各时代、各国家、各民族的思想与文化精粹，代表着人类已经到达过的精神境界。丛书系统译介世界学术经典，引领时代思想，为本土原创学术的发展提供丰富的文化滋养，为推动中国现代学术和现代化进程做出了突出的贡献。

为纪念商务印书馆成立120周年，我们整体推出“汉译世界学术名著丛书”120年纪念版的珍藏本，寄望既利于文化积累，又便于研读查考，同时向长期支持丛书出版的译者、编者和读者致以敬意。

两甲子后的今天，商务印书馆又站在了一个新的历史时间节点上。我们不仅要铭记先辈的身影和足迹，更须让我们的步伐充满新的时代精神。这是商务人代代相传的事业，更是与国家和民族的命运始终紧密相连的事业。我们责无旁贷，必须做好我们这代人的传承与创造，让我们的努力和成果不仅凝聚成民族文化的记忆，还能成为后来人可以接续的事业。唯此，才能不负前贤，无愧来者。

商务印书馆编辑部

2017年10月

目　录

一种含混的哲学 ……………………… 阿尔封斯・德・瓦朗斯 1

导论:意识与自然的关系问题……………………………… 15

第一章　反射行为 ……………………………………… 19

导言:生理学对客观性的界定及经典的反射概念。

实在分析与因果说明的方法

第一节　经典的反射概念及其辅助假说 ………………… 23

1.“刺激”

2. 兴奋的位置

3. 反射环路

反射的化学条件、分泌条件、植物性条件。——大脑条件与小脑条件;抑制与控制、协调与整合的观念;神经系统的等级概念。——反射对于同时发生的种种反应的依赖。——对于各种先前发生的反应的依赖:反射的扩散,反射的反向,韦伯法则与阈限观念。

4. 反应

概述;秩序问题;解剖学秩序与生理学秩序

第二节 格式塔理论对于反射的解释 …………………… 54

1. 眼睛注视反射;各种兴奋之间的关系以及它们与反应的关系。

2. 推论

3. 推论的证实:机能重组与替代:尤其以偏盲为例

4. 反射的生物学含义

第三节 结论 …………………………………………… 73

1.“形式”范畴

2. 这一范畴是多余的吗? 在一种的生理学中,神经功能被归结为一些物理类型的关系的交织吗?

3. 形式与目的。作为描述范畴的秩序。

第二章 高级行为 …………………………………… 81

第一节 巴甫洛夫的反射学及其诸假设 ………………… 81

它预设了对于行为的某种描述。物理—化学分析和生理学对行为的分析

第二节 行为的“中心区域”与定位问题 ………………… 94

1. 定位问题中普遍认可的一些结论

疾病分析,结构障碍。——整体机能与镶嵌机能。——定位的混合观念与功能平行论

2. 对这些结论的解释:协调的观念足以说明它们吗?

空间知觉方面的协调与“形象的不协调”。——色彩知觉方面;“色彩的层次”;语言生理学方面。——协调观念的歧义。

3. 结论

驳生理学中的经验论与理智论。各种中枢现象中的形式;但什么是形式呢?

第三节　行为的各种结构 …… 144

1. 学习不能被解释为彼此外在的神经事件的联结

2. 对行为的各种结构的描述

A) 各种混沌形式与本能。B)各种“可变动形式”:信号;各种空间关系与时间关系;各种机械关系与静态关系。C)各种象征形式

结论:条件反射的含义:病理现象或高级活动。行为与生存。

第三章　物理秩序,生命秩序,人类秩序 …… 197

导论:格式塔理论想要突破实体主义的各种二律背反。——实际上,由于未能对“形式”作出哲学分析,它本身也回到了二律背反之中

第一节　物理结构 …… 197

1. 在什么意义上确实可以说:与实证主义的看法相反,物理世界包含着一些结构

2. 但这些结构并不“在”某一“自然”“之中”

3. 结构是对于某一意识而言的

第二节　生命结构 …… 207

1. 生命形式相对于物理系统的新颖性。新辩证法之项的机体及其环境

2. 作为“观念”的机体

3. 机体中的超越机械论—活力论对立的意义统一
第三节　人类秩序 …………………………………… 219
1. 意识的生命
——在当代人那里，意识与活动的关系仍然是外在的。关于知觉理论的一些推论
——初始知觉的诸特征：它依附于人的意向而不是依附于对象，它体验到实在而不是认识到真理
——有关于意识结构的推论：多种多样的意向，实在意识
2. 严格意义上的人的意识
3. 驳心理学中的因果思维。用结构来解释弗洛伊德主义
4. "心理"与精神不是实体而是统一性的辩证法或者形式。——如何超越"心灵主义"与"唯物主义"的二者择一。——作为行为结构的心理
结论：前述分析的双重意义。它们接受一种批判主义结论吗？
第四章　心身关系及知觉意识问题 …………………………… 274
第一节　各种经典的解决 …………………………………… 274
1. 素朴意识及其经验实在论
2. 关于感性事物的哲学实在论
3. 科学中的伪笛卡尔主义
4. 知觉意识的笛卡尔式分析

5. 批判的观念。理智主义知觉理论对心身关系的解决

第二节　不存在着自然主义的真理吗？…………………… 295

1. 前述各章在何种意义上导向了先验态度。被界定为意义的三个秩序的物质、生命和精神

2. 但我们的结论不是批判主义的

3. 应该区分作为意义的场所的意识与作为实际经验之流动的意识

A）外部知觉。事物现象。——身体本身的现象。——如同回到一种原初经验那样回到知觉场。作为有充分根据的错误的实在论

B）错误，心理的与社会的结构

4. 结构与意义。知觉意识问题

所引著作目录…………………………………………………… 326

法中（西中）术语对照表………………………………………… 330

中法（中西）术语对照表………………………………………… 337

法中（西中）人名对照表………………………………………… 344

中法（中西）人名对照表………………………………………… 347

译后记……………………………………………………………… 350

一种含混的哲学

阿尔封斯·德·瓦朗斯

各种当代学说乐于反复提到人是由在世存在(être-dans-le-mond)来定义的——如果定义的观念适用于人的话。但这一论题显然要求我们超出于自为(Pour-soi)和自在(En-soi)的选择来设想人的生存(existence)本身。如果人是事物(chose)或者纯粹意识(conscience pure),那么他就不再是在世(être au mond)的。此一事物总是与其他事物共同存在,既然它没有视域(horizon),它也就不会超越于它们。然而,世界并不处于事物之中,它是它们的视域。相反地,纯粹意识不过是一种目光,它不带隐义、毫不困难或者毫无含混地展示它面前的一切,因而这一概念拒绝抵抗或介入(engagement)观念本身,而这一观念于我们而言构成为实在(réel)的典型经验。

然而,完全可以说那些最坚决地把生存与在世同等看待的作者,最经常地忽视了或者回避了向我们描述人的意识所是的这一混合物。海德格尔(Heidegger)始终处在一个复杂的层次上,该层次使我们可以设想纠缠着我们的难题获得了解决。因为这一难题应该在知觉和感性的阶段获得其决定性的处理。然而,按照《存在与时间》,为我们产生了关于实在的可知性(intelligibilité)的那些筹划(projet)已经预设:日常生存中的主体(sujet)抬起胳膊,因为他敲打和锻造;他目光朝着某处,因为他看手表;他沿着某一方向,因为他开着汽车。一旦我们判定他进行活动与移动身体(corps)的能力、他的知觉官能是"显而易见的",一个生存着的人可以履行这些各不相同的任务就不引起任何困难。人们从来就没有结束逼问常识的"明证性"(évidence),海德格尔的读者很久以后才觉察到,作者在对我们所筹划的世界的描述中展示出来的细致敏锐,是以完全忽视对于我们而言"向来已经在此"的世界为代价的。

正是在这一世界中涌现了某种有意识的生存、某种通过突出于事物之上而把自己构成为事物的生存的荒谬结构。如果对于我来说实在的筹划和解释是可能的,这是因为我在某种根本的意义上来说是这种实在的同伙。然而,在《存在与时间》中我们找不出三十行探讨知觉(perception)问题的文字,找不出十行探讨身体问题的文字。

萨特(Sartre)的情况更为奇特。《存在与虚无》除了对有关感觉和一般"心理"的经典学说进行深入细致的批评外,实际上还包含了对作为"在世"的根本样式的身体性(corporéité)的系统研究。正是萨特在当代存在主义(existentialisme)中引入了为我的身体(corps pour-moi)与我的为他的身体(mon corps pour-autrui)之间的重要区分,没有这一区分,整个关于身体的提问方式就会陷入到混乱之中,就会无法招架实证主义(postivisme)的攻击。至于萨特提出的那些关于身体性之本性本身的论题——从根本上被设想为非常特殊意义上的工具性身体(corps-outil)与人为性身体(corps-facticité)之间的对立辩证法(dialectique)——显得异常丰富，使我们最终能够理解生存意识如何会同时既是一种内在又是一种筹划。不幸的是，我们只要一回到（因为必须回到）萨特的本体论的总框架之内，我们就看不出如何理解和接受这些论题。因为，准确地说，这一本体论以一种永不松懈的顽固强调自在与自为之间的对立——这一次不再是辩证的，而是根本不可调和的。由此在他的原则之内重新恢复了思维实体（substance-pensée）和广延实体（substance-étendue）之间的笛卡尔式的二元论（dualisme cartésien）。进而言之，得以恢复的东西并不牢固。实际上，它涉及到的是一种加剧，因为在笛卡尔（Descartes）那里，尽管思维与广延之间没有共同的规定性，在它们彼此都被看作是实体这一事实范围内，它们仍然被统一起来了。它们因此同等地维持在它们自身之中，同等地与上帝的创造活动联系在一起。的确，萨特会反对说：尽管笛卡尔费尽心思地说明其含义，这种双重相似本身被揭示为是虚假的。或许如此，但这是一种认罪辩护。让我们对此予以更仔细的审视。萨特告诉我们，意识是在存在者（étant）的虚无化（néantisation）中展开的一种存在的虚无（un néant d'être）。①认识的定义几乎没有什么不同："在作为内在否定和认识的构成要素的这一出神关系（rapport ek-statique）中，正是作为化身的自在（l'en-soi en personne）以其充实成为了具体的一极，而自为不过是自在在其间得以突显出来的空无（le vide）。"②

① "作为意识的意识的存在，就是以离开自我即是面向自我的方式去存在。存在在其存在中负载的这一空无的距离就是虚无。"《存在与虚无》，第120页。

② 同上书，第225页。还有更为直截了当的："认识……与……自为的出神存在混合在一起。"同上书，第268页。

由此而来的种种结论对于我们所关注的问题来说是非常重要的。它们表明了萨特的形而上学学说与同一作者的现象学所描述的那些材料之间的不一致。因为，如果意识与认识获得了相同的界定，那么从此以后就会出现如何坚持在它们之间不存在任何同一性、如何坚持"并非任何意识都是认识"的问题。[①] 然而，就像萨特本人承认的，正是这样一种无法以现象学证明两者的统一，将使知觉和身体成为难以理解的。依照刚才所谈到的，知觉被还原为事物的既直接又有距离[②]的在场(présence)——视觉提供了其典型结构："知觉到红色为这本簿子的颜色，就是反映出它本身是这一性质(qualité)的内在否定。也就是说对于性质的感知并非像胡塞尔(Husserl)希望的那样是一种'充实'(remplissement, Erfüllung)，而是把空无作为这一性质的确定的空无告知。在这一意义上，性质是永远处在能及范围之外的在场……我们可以通过强调这一事实来更好地说明知觉的原初现象：性质在某种绝对接近的关系中维持着与我们的关系——它'在此'，它纠缠着我们——它既不自我表现，也不自我否认。但必须补充说，这一接近意味着一种距离。它是直接处在触及范围之外者，按定义，它向我们自己表明我们是一种空无"。[③]

但是，如果知觉见证了既不含歧义也不带神秘而清楚展示在

① 《存在与虚无》，第 18 页。

② 这仅仅意味着：并非作为一种东西的自为不会与事物相隔距离而存在，但在另一方面，知觉是一种永恒的肯定：人以不是事物的方式是事物，自为与事物的本体论距离始终是无限的。

③ 同上书，第 236—237 页。

我们面前的事物的在场，如果它有着自为投向自在的目光的晶体般的透明，它就绝不会再与任何别的认识类型的世界有任何区别："除了直觉(intuition)外没有别的认识。"[①]萨特似乎回到了古典唯理论(rationalisme)的直觉，他重新感觉到了证明知觉的原始意义和范围的全部困难。由于诉诸于一种混乱的观念，就像笛卡尔和斯宾诺莎(Spinoza)一样，他甚至丧失了艰难地摆脱困境的权利。一旦自为和自在完全分离开来，一旦意识变成为一个没有自身可靠性的旁观者，那么就是大局已定了：这样一种意识要么认识要么不认识，但它不会以多种方式认识，也不会以含混的方式与自在联系在一起。意识一认出自在，就立刻穿透之；它一说话，一切就同时被说出。意识无疑会把自身细化为各种否定，而不是一下子就借助于认识来否定整个的自在。但它在感知各种性质时，它是在绝对中感知到它们的。意识并不处于世界之中，因为它并不介入到它所感知到的东西之中，它并不与它的知觉合作。然而，正是这一合作(collaboration)和这一介入，赋予感性认识以某种持久地、内在地未完成的外表，赋予它以某种透视性的、形成某种视点的必要性，赋予它以萨特的现象学已经完全看到、但其形而上学未能予以证明的全部特性。他无疑通过他的学说挽救了甚至突出了实在论(réalisme)的直接特征，但他从来没有能够说明：直接地在场的事物却只能够以某种既显然又晦涩的方式被提供给我们，因为被知觉者，作为被知觉者是不可怀疑的，始终期待着从某一后来的探索中获得自己充实的意义，而这一探索反过来又勾勒了具有多种

① 《存在与虚无》，第220页。

潜力的新视域。在形而上学家萨特那里，关于同一对象的多种视点之所以彼此相继，只是因为意识依照来自于它自身结构的、任意援引的某种必然性作出了如此决定。知觉的这种片面性，这一相继的、含混的特征并不产生自使意识和事物接触的联系的性质本身。对于萨特来说，意识细化为它完全可以一下子就能够穷尽的某种认识，仅仅是因为（完全可能甚或原则上要求的）某一透彻的目光把意识凝固为事物、凝结为自在，并由此最终摧毁它。[①] 萨特认识到了一种知觉辩证法，不是因为这一辩证法内在于我们能够拥有的对于事物的把握本身之中，而是因为如果没有这种辩证法，就不存在意识的生命。但他看到，这一生命并没有在其原则中获得保证，它被求助和设定而不是被包括在知觉现象本身之中。

当萨特尝试使其身体现象学与其形而上学相一致时，同样的困难出现了。我们可以没有异议地接受他对身体进行的不仅真实而且原始的描述。但我们永远不会理解它们。但在第一眼看来，萨特的说明是清楚的，连贯的，真的是可以为问题提供一种回答的。自为在其自身中是没有存在的，只能够作为某一人为性的虚无化才能够生存。人为性恰恰就是身体本身。[②] 我们也设想这一人为性（在某种意义上，人为性界定了我们的处境）与它借以被重新把握和被解释的某种筹划不可分割，它按照这一筹划本身而得以澄明（借用海德格尔的术语）。人为性，身体或者过去因此依照我们的筹划赋予它的意义被证明是可变的。这一切并没有给任何

① 《存在与虚无》，第 231、232 页。

② 同上书，第 371 页。我们在此限于考察有关身体性的本体论说明，而不涉及其现象学描述。

直接的反对授以口实。但是,一旦我们深入地在自在中区分出揭示身体者和没有揭示身体者,事情就不再同样如此了。因为我们于是毫无悖谬地通达了这一论题:如果全部认识都是由对自在的虚无化构成的,那么被认识者就被整合到我们的人为性之中,变成为我们的身体。萨特有时接受其学说的这一结论,而且,从某种方式上看,它并非不能够获得证明。[①] 因为,如果自为通过作为整体存在者的虚无化涌现出来而获得了自我肯定,那么这一整体存在者就是它要虚无化的人为性,因此依据刚才宣告的定义,就是身体本身。可是,从关于它的各种现象学材料来看,这一问题还包含着颇不轻松的另一方面。因为现象学(包括萨特的现象学)实际上在一种更为深刻、更为根本的意义上揭示了我的某种人为性。它乃是我们在几乎难以理解的限度内发现的东西:痛苦和恶心。让我们引述萨特:当我们这样考虑身体时,"对于我们来说,它仅仅涉及到意识亲在其偶然性(exister son contingence)的方式;就意识超越其结构(texure)以通向自身的可能性而言,身体就是意识的结构本身;[②]这乃是意识自发而非专题地亲在其专题却暗含地构成的、作为世界的视点的东西的方式。这或许是纯粹的痛苦,或许也是一种心情:非专题的感情色调,纯粹的适意,纯粹的不适意,从某种一般的方式上说,这正是我们命名为一般肌体觉(coenesthésique)的一切。这种'一般肌体觉'很少不被自为的某一超越筹划所超越以通向世界。如果是这样的话,单独地研究它就非常困难了。

① 它(身体)另一方面完全与世界同一。《存在与虚无》,第372页。

② 这一强调是我们加上的。

可是存在着某些优先经验，我们在此可以在其纯粹状态中，尤其是在我们名之为生理的那种痛苦经验中捕捉到它。”[①]这一文本的意义是清楚的，尽管把它与萨特的形而上学的某些基本主题调和起来是非常困难的，我们也不能够以此为借口假装忘了它。因为它要求恢复某种不容置疑的经验的各种权利——除非放弃现象学的名称，否则我们就应该对立于全部的形而上学预设来维护这一经验。

我们不能够因此就否认：意识或自为，尽管本体论上是存在的虚无，然而却以内在的方式存在着，换言之，它嵌入到某种自在之中，并因此显现出某种固有的人为性。无疑，我们身体的这种原始的人为性不那么容易被展示，因为在正常的情况下，它是在某种使它既有意义又隶属于物质世界的筹划中获得重新把握的（“这一痛苦源自于胃溃疡，它是我的溃疡”），而且因为以这种形式，它只不过是实在的一般结构的一个要素或者一个方面（我必然从我生存着这一事实来构想这一结构）。但在最终，大体上而言，某种既纯粹又完全属于我的人为性使自己被暴露了出来。我们建议那些对此表示怀疑的人不妨读读《恶心》。可是，如果在自在和自为之间不存在着性质上的任何共同性，这样的人为性如何是可以设想的，它如何不会混同于我的过去以及我所认识的那些物体（就像按照第一种意义被描述的身体）的整体？如果自为确实竭力成为虚无化的距离，如果全部经验都是对于我所不是的东西的虚无化，为什么全部经验（作为纯粹的人为性、超出于由筹划所做的任何评价的

① 《存在与虚无》，第 396 页。

人为性)并不具有同样的分量？或者毋宁说我们如何能够设想某种人为性可以具有分量？然而,如果说我向痛苦屈服真的始终取决于自我,那么,一分钟之后,一秒钟之后,十分之一秒钟之后,痛苦会压垮我,这也是真的。

换言之,如果自为只不过是某种无存在的注视的距离,我们就不会明白:在某种人为性获得承认的情况下,对于这一注视来说并非一切都是同一意义的人为性;而且,在我的经验的内部本身,存在着某种根本意义上的我的人为性和某种只不过是相对意义上的我的人为性。就算这种不同事实上很难分离出来,也不大要紧。它的原则被重新认识,以便我们看到在世存在具有一种新的维度——自在和自为的绝对二元性无法说明这一维度,或者毋宁说它使这一维度成为不可能的——这也就足够了。我们将因此得出结论:这种二元性危害了在世存在,或者至少就这一描述而言赋予给它的是某种不充分的意义。此外,同样的贫乏,或者我们也可以说同样的缺陷也在萨特关于自由(liberté)的观念中获得了证实,至少在作者就他已经出版的著作所进行的说明之范围内是如此。

我们刚才针对海德格尔和萨特提出的那些困难,也就是促成梅洛-庞蒂思考的那些困难。他的全部努力就是要构思一种关于介入意识(conscience engagée)的学说。这样的生存哲学第一次获得了肯定:在此自为的最终存在方式——尽管存在着相反的意图和描述——并没有被显示为是某种见证意识(conscience-témoin)的存在样式。这乃是《行为的结构》[1]与《知觉现象学》[2]从不同的层次捍卫的根本主题。其实，我们在作者酝酿他的历史哲学、关于马克思主义(Marxisme)的解释的各种各样的文章中[3]找到的仍然是相同的看法。的确在这些后来的著作中，黑格尔的影响表现得越来越明显。但是，人们没有充分注意到：这样一种存在主义与启发黑格尔(Hegel)，尤其是《精神现象学》(*Phanomenologie des Geistes*)的黑格尔的深层灵感之间不存在任何的矛盾。[4]由克尔凯郭尔(Kierkegaard)和雅斯贝斯(Jaspers)出发的反黑格尔主义的反抗，胡塞尔对整个辩证哲学的略带轻蔑的态度，长期以来在这方面延续着严重的含混不清。在这里做出一些必要的区分仍然是适宜的。

*

*　*

向我们提出的首要任务是准确地表明《行为的结构》和《知觉现象学》所阐明的观点之不同。因为人们可能会问何种必要性迫使作者写出两本主题一样(至少在某种意义上一样)的书。如果像梅洛－庞蒂所坚持的那样，人的自然经验(expérience naturelle)

---

① 《行为的结构》，巴黎，法兰西大学出版社 1942 年版，第一卷，第 314 页。1949 年新版，第一卷，第 248 页。

② 《知觉现象学》，巴黎，伽利玛出版社 1945 版，第一卷，第 531 页。1949 年新版。

③ 这些文章被汇编为两本书：《人道主义与恐怖》(巴黎，伽利玛出版社 1947)，《意义与无意义》(巴黎，纳热尔出版社 1948)。

④ "人并非一开始就是某种明晰地拥有自己的思想的意识，而是一种被提供给它自身、寻求理解它自身的生命。在这种意义上，存在着一种黑格尔的存在主义。整个《精神现象学》描述的都是人为了自我重获自身而做出的努力。"梅洛－庞蒂：《意义与无意义》之"黑格尔的存在主义"。

确实一下子就将人置于种种事物的世界中，并且于他而言就在于在它们之中选择方向，就在于参与其间，那么描述人的行为(comportement)和他对于事物的知觉就是致力于同样的目标。从这一角度看，作者的第二本书只是比第一本更为完备，因为通过对知觉本身的延伸，它深入地阐明了同一个学说在涉及自然思考(我们把它对立于对人进行的科学思考，如果有必要，对立于对人的形而上学思考)、主体在世界中的时间性(temporalité)和自由时所包含的东西。人们会说《行为的结构》是一本特别消极的作品，它深入地表明了实验心理学(psychologie de laboratoire)对于我们的行为问题提供的回答的无效或不足，尽管它自己也发现和强调了那些事实？但是，这种看法过分地缩小了这本书的范围——它已经正式宣告了作为梅洛-庞蒂思想之关键的立场，而且忘记了他的第二本书也包含着一个非常重要的批评性部分，这一次指向的是伟大的古典理性主义者及其追随者——笛卡尔、斯宾诺莎、莱布尼茨(Leibniz)、拉舍利埃(Lachelier)、拉缪(Lagneau)和阿兰(Alain)——的理智主义心理学(psychologie intellectualiste)。实际的区别在我们看来毋宁在于被描述的经验的类型。《知觉现象学》始终一贯地建立在晚年胡塞尔已经描述过的自然而质朴的经验平面之上。如果说该书过于频繁、过于巧妙地求助于实验心理学和精神病理学(psychopathologie)提供的材料，这是为了澄清或准备说明唯一被牵扯到的自然经验。相反地，《行为的结构》接受的是另一场争论。它占有了实验心理学的主要学派——尤其是格式塔心理学和行为主义(behaviorisme)——勾勒的关于我们自身的形象(它们在特色方面并非总是相一致)，并且致力于证明：由这

一学科所搜集起来的事实和材料足以驳斥行为主义和格式塔理论暗中或明显地借助过的每一种解释性的学说。《行为的结构》因此把自身置于不是自然的而是科学的经验层次，并力求证明这一经验本身（也就是说通过科学考察而获得阐明的、构成了行为的那些事实之整体）是无法从科学自发地采纳的各种本体论角度获得理解的。① 除非我们求助于某种不再相信行为—事物（comportment-chose）的假说、而是纯粹精神的行为—表现（comportment-manifestation）的假说的观念，否则我们就不能成功地获得关于这一行为的完整的观点。我们由此应该得出结论，自然的或天然的经验描述后来所揭示的那种介入意识的观念已经被科学经验的解释性批判所包含甚至强制要求。实际上，《行为的结构》的主题始终从属于《知觉现象学》的主题，就像科学家的经验在其起源上总是服从于它有责任说明的日常经验一样，没有日常经验，它也就不存在。"回到事物本身，也就是回到认识总在谈论的先于认识的这一世界，相对它来说，一切规定都是抽象的、符号性的、依存性的，就如同地理学相对于风景而言一样：我们在风景中最先知道了什么是森林，草原和河流。"②

然而，在我们看来从阅读《行为的结构》开始更为可取。这是

---

① 科学家此时不可能回击说：他不用本体论背景进行思考。相信人们不利用形而上学或者打算放弃利用之，这始终暗含着一种本体论，但却是非批判的。就像"技术专家"的治理并非都利用政治学，但永远都不会缺少一种政治学，而且通常是全部政治学中最坏的一种。

② 《知觉现象学》（"序言" 第 3 页）："全部知识都处于由知觉开启的那些视域之内。"（第 240 页）"科学的各种数量规定性折回到在它们之前就已经完成的世界构造的虚线上。"（第 348 页）

作者本人希望的顺序,[①]人们在没有严格理由的情况下不应放弃这一顺序。不但这样的理由不存在,而且相反地还有别的一些理由促使我们接受他的请求。这是因为作者所捍卫的看法不大会是一个容易的通道,如果这种看法没有触及到我们的存在的某种自发情感,它将直接地与现代哲学就这一存在教我们去思考的一切背道而驰。因此,为了正确地理解,不能够忽视走过的某些弯路,有必要预先说服我们:关于知觉及其延伸的问题,源自现代传统的各种解决都已经过时。此外,我们不应该一下子就渗透到某种艰深、把人难住的学说的深处,我们最好首先证明:为什么由某一历史所开辟的全部道路都是死胡同,然后我们或许就会看到,另一种光明将逐渐地从这些失败中被抚育出来。

这几个说明使我们能够避免某种严重的误解。就像对梅洛－庞蒂的一个批评有一天在我们面前所做的那样,这样误解就在于断言:由于这一哲学特别关心的是利用心理学的进步所揭示的事实,它因此与当前的科学是相互联系的,并且注定与心理学一道失败或获胜,在某种意义上,也就是说,从现在就受到责难。这绝对是一种误解,另外,在某些场合针对梅洛－庞蒂学说的大部分反对意见都借鉴于某种完全相反的(且同样错误的)思想,因为它们都指责它使科学变成无价值的或者不可能的。我们会证明:使我们迷恋于某一实验科学(生物学、生理学、心理学)的这种所谓的哲学

① 两本书的出版相距三年。

的奴化并没有任何合情合理的迹象。如果说梅洛一庞蒂不懈地核实和讨论科学实验或者精神病学(psychiatrie)提供给我们的事实,这仅仅是为了证明:这些事实完全打碎了它们被呈现于其中的那些通常暗含着的本体论框架。这并不是说作者希望科学家承担起形而上学家的任务或责任。这仅仅表示:对于这位哲学家来说,科学家(就像所有的人一样)自发地按照某种本体论进行思维;既然如此,某种长期习惯使其不言而喻的这一本体论,在我们不带偏见地深入理解它时,完全对立于自然而质朴的经验(全部的科学经验都扎根于其间[①])似乎要让我们接受那些观点。

① “全部科学都被置于一个‘完全’而实在的世界之中,却没有意识到,就这一世界而言,知觉经验乃是其构成要素。”《行为的结构》,1949年,第235页。

导　论*

我们的目标是理解意识与有机的、心理的甚至社会的自然的关系。我们在此把自然理解为彼此外在并且通过因果关系联接起来的众多事件。

在涉及物理自然方面，批判思维(pensée criticiste)给这一问题提供了一种非常著名的解决：反思(réflexion)发现物理分析不是分解成实在的元素，因果性(causalité)在其实际的意义中并不起一种生产性的作用。因此不存在着我们刚才赋予这个词的意义上的物理自然，在世界中没有任何东西是外在于精神的。世界是意识所包含的客观关系的整体。我们可以说，物理学在其发展中用事实为这一哲学提供了证明。我们看到批判哲学不加区别地运用机械论的、动力学的甚至心理学的模式，仿佛挣脱了本体论意图(prétention ontologique)的羁绊，变得漠然对待预设了一个自在自然(nature en soi)的机械论(mécanisme)和动力论(dynamisme)的各种经典二律背反(antinomie)。

生物学中的情形并不一样。事实上围绕机械论与活力论(vitalisme)的争论始终是开放的。其缘由大抵是：物理—数学类型的分析

* 为尊重原著起见，文中标题与目录不同之处均未加更动。——编者注

(analyse du type physico-mathématique)在这里的进展过于缓慢，于是我们对于机体(organisme)的印象大体上是一堆一些部分外在于另一些部分的(partes extra partes)物质的印象。在这些情况下，生物学思维最经常地停留为实在论的，它要么将那些各别的机制(mécanisme)并置，要么使它们从属于一种隐得莱希(entéléchie)。

至于心理学，批判思维除了让它一方面成为一种分析的心理学[①](psychologie analytique，与分析的几何学平行，它重新找到了到处呈现的判断)，另一方面成为对于某些身体机制的研究之外，没有为它留下别的什么对策。在它希望作为一门自然科学的范围内，心理学继续忠实于实在论和因果思维。在世纪之初，唯物论(matérialisme)把"心理"看作是实在世界的一个特殊区域：在众自在事件之中，那些处在大脑中的事件同时还具有自为地存在的属性(propriété)。唯灵论的反题把意识作为一种生产性的原因或者一种事物提出来：按照休谟的传统，这首先是关于"意识的诸种状态"(由因果关系联结起来的、平行并类同于"物理世界"的第二世界)的实在论；其次在一种更精致的心理学中，这是一种关于"精神能量"(énergie spirituelle)的实在论，它用大量的融合和渗透、用一种流动的实在代替了不连续的心理事实——但意识仍然是力量的类似物。当涉及到说明它对身体的作用时，当人们将必要的"能量创造"(création d'énergie)[②]缩减到最少，但没有能够消除它时，我们可以清楚地明白这一点：物理的宇宙完全可以被理解为一种

① 布伦茨威格(Brunschvicg)：《斯宾诺莎及其同时代人》。

② 柏格森(Bergson)。

自在的实在，人们使意识在其中作为第二层次的实在呈现。在心理学家那里，意识借助于一定数量的特征区别于自然的存在物，就像一个事物区别另一个事物一样。人们说心理的事实是没有大小的，是被单独认识到的……最近弗洛伊德的学说把能量的隐喻运用到意识中，用各种力量或者各种趋势(tendance)的相互作用来说明行为(conduite)。

这样，在法国当代的许多人那里，哲学(它使整个自然在意识面前成为被构成的一种客观的统一体)和各门科学(它们把机体和意识看作是实在的两种秩序(ordre)，在其相互关系中，则把它们看作是"结果"和"原因")处于并置之中。问题的解决在于完完全全回到批判主义吗？一旦对实在分析(analyse réelle)和因果思维进行批判，那么，在科学的自然主义(naturalisme)中就不再存在着任何有根据的东西，任何应该在先验哲学(philosophie transcendentale)中找到其位置的"获得了理解"、被转换了的东西吗？

我们"从底部"出发并且通过对行为概念的分析而接触到这些问题。这一概念在我们看来非常重要，因为就它自身进行理解，它相对于"心理的"和"生理的"各种古典区分是中性的，并因此可以给予我们重新界定这些区分的契机。① 我们知道，在华生(Wat-

① 我们可以说一个人或一个动物有某种行为，但我们除非借助隐喻才说一种迷幻药，一个电子，一块石子或一片云有某种行为。我们在目前的工作中已经寻求直接阐明行为的概念，而不是在美国心理学中去追溯对于行为的注意。通过回顾行为的概念在其源起的国家经历了怎样的意识形态混乱后才发展起来的，我们将简明地证明这一直接的进程。正像狄尔干(Tilquin)近著(它是在我们的著作可以为之提供证明的时候到达我们手中的)所表明的，行为的观念已经艰难地在尚未对它进行思考的哲学领域内开辟了一条道路。在它的主要首创者华生那里，行为概念找到的不过是一种不充

son)那里，根据古典的二律背反，对意识作为“内部实在”的否定被认为是有利于生理学的，行为被还原为反射(réflexe)和条件反射(réflexe conditionné)的总和(人们并不承认两者之间有任何内在的关联)。但是，正像格式塔理论清楚地证明的那样：正是这种原子主义解释(interprétation atomiste)在反射理论中遭到了失败(参看第一章)，更不用说在同样客观的关于高级行为的心理学中了(参看第二章)。通过超越行为主义，人们至少达到了把意识不是作为心理实在或作为原因，而是作为结构引入这样一个结果。有待于探询的是这些结构的意义或存在样式(参看第三章)。

分的哲学的表达。人们说行为并不定位于中枢神经系统(le système nerveux central)之中(狄尔干：《行为主义》，第72页、第103页)，它处于个体与环境之间(同上书，第34页)，因此，对行为的研究可以毫不谈及生理学(同上书，第107页)，最后，行为由有生命之物向它外周投射的活动之流(stream of activity)来支撑(同上书，第180页、第351页)，这种活动之流影响着特定的感官刺激(同上书，第106页)并将这些刺激吸收到反应之中(同上书，第346页)。这种对行为的直觉(也就是说把人洞察为是与物理世界和社会世界的永久讨论和“解释”)所包含的合理性和深刻性，却受到了一种贫乏的哲学的损害。作为对心理深处的各种晦暗不明的反应，行为主义在大部分时间寻求借助的不过是生理的、甚至物理的说明，没有看到这与其最初的定义是矛盾的——它自称是唯物主义的，没有看到这相当于把行为重新置于神经系统之中。在我们看来(这不是狄尔干的看法)，当华生谈行为的时候，他已经注意到了别人称之为生存的东西，然而，除非为了辩证思维而抛弃因果的或机械的思维，否则新的观念就不会获得其哲学地位。

第一章　反射行为

对行为的科学分析首先通过对立于素朴意识(conscience naïve)的论据而获得界定。如果我处于一间阴暗的房间中,一个亮点出现在墙壁上,并且在那里移动,我就说亮点"引起了"我的注意,我转动眼睛"朝向"它,它在其整个移动中都"吸引着"我的目光。从内部把握,我的行为呈现为有方向的,具有某种意向(intention)和某种意义。科学似乎要求我们把这些特征作为现象(apparence)予以抛弃,应该在这些现象之下发现另一种类型的实在(réalité)。人们说所见之光只不过"在我们之中"。它掩盖了一种从未给予意识的振动。我们把性质现象称作"现象之光"(lumière phénoménale),把振动称作"实在之光"(lumière réelle)。由于实在之光从来都没有被知觉到,它不会作为我的注视指向的**目标**呈现出来,它只能被思考为作用于我的机体的原因。现象之光是一种吸引力量,实在之光是一种 vis a tergo(排斥力量)。这一倒转立即引出了一系列的问题。从光线被界定为一种在我的视网膜上留下形象的物理动因(agent)那一刻起,人们就不再有权利把属于现象之光的那些特征看作是在这一光线中给定的东西。在我的视网膜上存在着许多不同的解剖学元素,对科学的分析来说,我们称之为"亮点"的刺激(stimulus)被分解成了如同我的视网膜上各种

不同的解剖学成分那样多的部分过程。同样，假如人们把亮点看作是一种超越于我的意识的实在，它对于我的眼睛的持续作用就分解为物理事实的一种无定限的连续。它必定伴随时间的每一时刻被更新，就像笛卡尔式的连续创造观念所表达的那样。仍然同样的是，我的注视亮点的眼睛的运动不会对素朴意识提出任何难题，因为这一运动处在一个目标的指引之下。但自此以后不再存在着 termnus ad quem（终点），而且，如果我的眼睛如此晃动以至于亮点被映照在我的视网膜中心的话，那么人们应该在运动的先前原因或条件中找到这一适应（adaptation）的充分理由。在亮点首先得以形成的视网膜的聚光处，必定具有一些装置（dispositif），它们适时地调整我的注视反射（réflexe de fixation）的振幅和方位（sens）。人们说视网膜的每一处都有一确定的“空间价值”，也就是说它通过一些预先建立起来的神经环路（circuit nerveux）与一定的运动肌联结在一起，以致触及它的光线只需启动已准备运行的某一机制就行了。最后，如果亮点移动且我的眼睛紧随着它，那么我在此仍然无需引入任何类似于某种意向的东西，就可以理解这一现象。在我的被考虑的视网膜上（不是被看作屏幕，而是被看作感受器[récepteur]或毋宁说一些不连续的感受器之整体），严格地说不存在着光线运动。一道波浪，只是对于一个注视着、看着它朝他涌来的人才是一个个体事物。在大海里，它不过是水的一些部分在垂直方向上连续地翻腾而已，并没有在水平方向上的物质移动。同样，光线在视网膜上的“移动”并不是一种生理学实在。视网膜只不过记载了光线经过的那些点的连续兴奋。光线在每一点上作用于不同的神经元素，它会引起类似于我们前面描述过的某种注视反射，所以我的眼睛似乎“跟随着”光线。实际上，它的运动是一系列部分适应的整合，就像行走是一连串没有发生的跌倒一样。一般来说，物理的因素不能够通过它们的运动、节奏、空间分布等形式(forme)属性使机体感受到。物理事件的空间或时间形式并不沉积在感受器上，除了一系列的彼此外在的刺激外，它不会把在任何别的印迹留在那里。这些刺激物(excitant)仅仅是由于它们的点状属性才能够产生作用。这样，一旦人们停止信赖意识的直接与料(donné)，一旦人们打算建构关于机体的科学表象，人们似乎就被引向了经典的反射理论——也就是说把刺激和反应(réaction)分解为在时间中和在空间中彼此外在的多个部分过程。反应(réponse)对于情境的适应由于某些感受器官(organe ou appareil récepteur)与某些效应肌(muscle effecteur)之间的那些预定的关联(通常被设想为一些解剖学装置)而获得说明。最简单的神经机能(fonctionnement nerveux)不过是让大量的自主环路运转起来而非别的什么。我们可以说反射是一种“纵向”现象，它是某一确定的物理动因或化学动因对于某一定位确定的感受器的作用，它通过某一确定的通道(trajet)引起某一确定的反应。

在这一物理和生理事件的线性系列中，刺激有着作为原因的地位，在经验论意义上是恒常的、无条件地在先的东西，而机体则是被动的，因为它局限于执行由兴奋位置和源自这里的神经环路为它规定的事情。常识相信人们把眼睛转向一个对象“是为了看到它”。这一“预期活动”(activité prospective)[①]不仅被抛回到内

① 德让(Dejean)：《关于视觉“距离”的心理学研究》，第109页。

部观察的那些拟人化材料，而且甚至只能够以反射机制的结果的名义存在。空间知觉不仅不能够引导我的眼睛的注视运动，而且甚至必须说它是这一运动的结果。我知觉到了亮点的位置，因为我的身体通过适应反射对它作出了反应。[①] 在对行为的科学研究中，人们应该将全部关于意向、或者效用、或者价值的观念作为主观的予以抛弃，因为它们在事物中没有基础，不是事物的内在的规定性。假定我饿了，沉浸在工作中的我把手伸向一个碰巧放在我旁边的水果，并把它送到嘴里，水果并不是作为被赋予了某种价值的对象而起作用的，促动我的运动反应的乃是颜色和光线的整体，是物理和化学的刺激。假如，我由于心不在焉把手放在了“目标”的边上，那么抓牢它的第二次尝试不应该与某种持久的意向联系在一起，而只能由引起第一次尝试的原因之持久性获得说明。如果说行为看起来是意向性的，这是因为它受到某些先定的神经通道的调整，以至于我事实上获得了满足。一个机体的“常规”活动只不过是由自然所配置的这一器官的机能。不存在真正的规范，只存在实际的结果。经典的反射理论、实在分析与因果解释的方法（反射理论不过是这些方法的应用）似乎能够独自构成关于行为的科学而客观的表述。科学对象由于其各个部分或各个过程的相互外在而获得界定。

然而，经典反射理论已经被当代生理学所超越乃是一个事实。修正它就够了呢，还是应该改变方法？机械论的科学缺乏关于客

① 参见皮埃龙(Piéron)的“反射的先天性”(Nativisme réflexe)概念，出自《定位反射在空间知觉中的作用》，“心理学杂志”第十八卷，1921 年 10 月，第 804—817 页。

观性的界定吗？主观和客观的区分是错误地作出的吗？完全外在于自我的科学世界与由自我向自我的完整呈现所界定的意识世界的对立是站不住脚的吗？如果实在分析失败了，生物学将会在物理—数学类型的理想分析中、在斯宾诺莎式的理智中找到它的方法吗？或者价值和含义并不是机体的内在规定性——机体只有在一种新的“理解”模式中才是可以通达的吗？

*

*　*

如果反射中的秩序[①]——也就是说反应对于刺激的适应和各局部运动在整体动作(geste)中的协调(coordination)——获得了自感受表面一直到效应肌的先定联系的保证，那么经典观念就将地形学(topographie)考虑放在了首要的方面；兴奋的位置必定决定反应，刺激必定通过其各种属性的反应(它们会改变逐个地被把握的解剖元素)而起作用；神经环路应当被隔离出来，因为，如果它不以这种方式被引导，反射就不会像它事实上那样地适应刺激。然而，人们老早就知道，这样界定的反射是非常难得观察到的。

1.“刺激”

刺激通常较少通过其基本属性起作用，更多地通过其空间分

① 在本章中将要提到的事实差不多全是牢靠地已知的。但它们在像韦赛克(Weizsäcker)或戈尔德斯坦(Goldstein)等德国作者那里是用一些原创的范畴来进行理解的，这些范畴回应的是生理学中的某种新的说明观念。正是这一点为本章提供了保证。

布,通过其节律(rythme)或者其强度(intensité)的节律而起作用。更一般地说,最经常发生的情况是:某一复杂刺激的结果是不可能从构成它的那些元素中预见到的。

我们从来都没有通过神经干(tronc nerveux)刺激获得可以与感受器刺激所引起的反应相比的反应。我们可以证明,在蛙那里,在儿童那里(谢林顿,Sherrington),后根(racine postérieure)刺激在那些依赖于相应的前根(racine antérieure)的肌肉层面上引起收缩:这种分节、分段以及在构造(organisation)层次上缺乏生物学含义的反应,在行为受到感受器兴奋的调节时是不会重新出现的。这无疑是因为这些感受器——它们自身或者它们的中心投射(projection)——容易记录刺激形式的各种属性,因此远不是刺激物的地点和性质,而是刺激形式的属性决定着反应。① 同样的理由说明典型的反射可能只有非常有限的数量:如果它们属于同样的空间—时间形式的话,刺激"内容"可能产生变化,引起的反应本身却并不产生变化。② 在多个刺激同时发生的时候,远非性质、地点甚或刺激强度,而是形式决定了作为结果的反射。③ 阴茎的疼痛刺激,即使非常微弱,也会抑制勃起反应。触摸使有脊椎的游蛇静止不动(卢齐生格,Luchsinger),而更有力的皮肤刺激则引起非常不同的反应。根据所利用的刺激

① 韦赛克:《反射规律》,载于"正常的与病理的生理学手册",贝特编选,第十卷,第38—39页。

② 同上。

③ 同上书,第44页。

物的结构，我们可以通过作用于猫耳朵而获得五种不同的反射反应。当我们折卷耳廓时，它会收缩，但轻戳耳廓，则会做出快速跳动的反应。依照电刺激的形式（交流电或者直流电）或者其功率，反应的情况会产生完全的改变：例如弱功率引起有节奏的反应，而强功率引起振奋的反应。当水被灌入切除大脑的猫的咽部时，它会把水呕吐出来，但添加几滴酒的水却会造成起皱反应和舌头活动（谢林顿和米勒［Miller］）。

反射对于刺激物的形式属性或者整体属性的依赖在经典观念中不过是一种表面现象。要说明神经机能，这或许只是要把复杂化约为简单，只是要发现构成行为的那些不变要素。人们因此把刺激和反应一直分解到他们在“基本过程”中所发现的东西——这些基本过程是由在经验中始终联系在一起的刺激与反应构成的。例如抓挠耳朵的刺激活动，将被分析为耳朵里面的、解剖意义不相同的触觉感受器的诸多局部活动。耳朵对这一刺激物做出的跳动反应则将被分解为一定数量的基本收缩。原则上，刺激的每一部分都应该有反应的某一部分与之对应。以不同方式组合起来的这些相同的基本系列，可能构成了全部这些反射。如果在刺激和反应的情况下同样的感受器真的受到了影响，那么，情景（situation）的性质属性和反应的性质属性——这对于意识来说构成了抓挠和折卷动物耳朵之间、耳朵的跳动与收缩运动之间的不同——就应该被归结为某些相同的刺激、相同的基本运动的不同的组合。这就绝对排除了某种机体基质能够依次实现各种真正不同的机能，而反应，因为依次适应于那些相同的器官的兴奋节律的某种简单差异，会改变自己的本性。然而我们刚才列举的那些反射不能被

分解为基本的反应。只需举两个例子,添加了几滴酒的水对于一只动过脑手术的猫的作用是无法借助纯水和纯酒的作用得到理解的。另一方面,水和酒并没有构成为一种化学化合物——可以对感受器施加一种不同于诸成分的作用的化合物。因此正是在机体中,我们有必要寻找把复杂的刺激构成为有别于其元素的总和的东西。同样道理,皮肤接触对于有脊椎的游蛇的抑制效应,不能被理解为是由它引起的那些刺激和引起爬行的另外的一些刺激的简单的代数上的相加。想想最通常的那些观察,没有哪一种容许我们把我们称之为性质的反应看作是现象,把符合于反射理论的那些反应看作是仅有的一些实在的反应。

这些看法连同刺激形式或刺激整体的观念,并没有引入某种为了记录刺激而把心理预设为其前提的东西;然而,人们有理由指出,物理学认识到了某些为了获取形式而专门构造出来的机器。[①]一只键盘完全就是一个器官,按照接受的指令和脉冲节奏,它能够产生不可胜数的、彼此间完全不相同的旋律(melodie)。我们知道键盘隐喻在神经中枢生理学中可以有什么样的用途。[②] 一部自动电话更为明显地是一个器官,它只是用某一特定的形式对刺激物作出反应,并且依照刺激的空间和时间秩序修正其反应。但是一组一组的刺激物就像钢琴家的10个手指作用于乐器那样作用于机体吗?在钢琴本身中,产生的从来都只是琴槌或者琴弦的单独

① 吕耶(Ruyer):《一种机械的意识模式》,"心理学杂志",7—12月卷,1932年,第552页。

② 参看本书后面第二章。

的运动,相反,正是在演奏者的运动合成中,在听众的神经系统中,以钢琴为其基底的那些独立的物理现象才构成为一个单一的整体现象,随后的旋律及其有特色的节奏才真实地存在了。机体恰恰不能够被比作为诸外部刺激作用于其上、并在其中呈现出自己的形式的键盘,理由很简单:机体参与了这一形式的构成。[①] 当我拿着捕捉工具的手随着动物的每一挣扎而活动时,非常明显的是,我的每一个动作都回应着一种外部刺激,但同样明显的是,如果没有我借以使我的感受器受到那些刺激的影响的动作,这些刺激也不会被感受到。"……对象的属性和主体的意图……不仅仅混杂在一起,而且还构成一个新的整体。"[②]当眼睛和耳朵追踪一只逃跑的动物时,在刺激与反应的交替中,要说出"哪一个先开始"是不可能的。因为机体的全部运动始终都受到外部影响的制约,如果我们愿意,我们完全可以把行为当作是环境的某种结果。但同样,就像机体获得的全部刺激只有借助于其先前的运动(它们通过把感受器官暴露给外部影响而得以完成)才得以可能一样,我们可以说行为是全部刺激的首要原因。这样刺激物的形式是由机体本身、由它自己呈现给外部作用的固有方式创造的。为了能够维持,机体无疑必须在它自己外周与一定数量的物理的和化学的因素打交道。但是正是机体按照其感受器的本性,按照其神经中枢的阈限(seuil),按照其组织的运动,在物理世界中选择了它要感受的那些

---

① 韦赛克:《反射规律》,第 45 页。韦赛克说,"机体是刺激的创造者(Reizgestalter)。"

② 同上。

刺激。[1] “环境(umwelt)依据机体的存在在世界中显现出来,而机体可以理解为:机体除非在世界中寻找到一个合适的环境,否则就不可能存在。[2]”机体乃是一个钢琴键盘,它以可变的节奏,依照其给外部琴槌的单调作用提供这种或那种音符的方式而活动。

自动电话模式看起来更让人满意。我们的确在这里找到了一部自己转化刺激的装置。由于安装于自动中心的各种装置,同样的外部作用,将会依照先后作用的背景产生不一样的结果。在自动刻度盘中显示出来的一个O,根据它出现在第一位置(比如当我要求Oberkampf线路时),或者出现在第二位置(比如当我要求Botzaris线路时),将具有不同的价值。我们可以说在这里就像在机体中一样,刺激物(使装置处于运动中并且决定其反应性质的东西)不是部位刺激(stimuli partiel)的总和,因为总和并不在意于它的各个因素(facteur)的秩序,相反,它乃是一个群集(constellation),一种秩序,一个全体,它把它的暂时意义给予每一部位刺激。操作B始终有着同样的直接效应,但在自动中心,依照它先于或者后于操作O而发挥不同的功能。这就像同一块着漆的盘板,依照我在粉红背景上看出了一张蓝色唱片,或者相反地看出一个粉红的圆环处在蓝色背景上,它会呈现出两种性质不同的外表一样。在为了实现有限数量的操作而构造的自动电话的简单例子中,或者在一个基本反射的例子中,各种刺激的中心组织本身可以被看作是预

---

① 韦赛克:《反射规律》,第45页。韦赛克说,“机体是刺激的创造者(Reizgestalter)。”

② 戈尔德斯坦:《机体的构造》,第二章,第58页。这里不存在任何的“活力论”。这些描述应该按照它们实际上之所是来理解。解释将在本书后面出现。

先建立起来的装置的某种运作:第一个操作应该达到这样的效果,使一只键盘只能够被可以记录在该键盘上的那些随后的操作所进入。我们必须研究,在某一高级层次的各种反应中,我们是否能够以同样的方式,让每一刺激有一明显的活动与之相对应,让每一"因素"有一可见的装置与之相对应,或者甚至把功能与某些独立的理想变量联系起来。从此可以确信,即使在反射层次,刺激间的相互作用也阻止我们把神经活动看作是从感受器一直到效应器(effecteur)都在发生着的各种"纵向"现象的总和,就像在自动中心中一样,应该会在神经系统内的某处产生一些"横向现象"①。

这些看法并不仅仅关系到复合反射(réflexe composé)。生理学家长期以来就一直在以"反射组合"(combinaison des réflexes)的名目研究各种复杂的反应,它们是无法从简单反射的规律出发被完全预见到的。但正是抱着把它们重新纳入到这些简单规律中的希望,复合反射才获得了更好的规定。事实上最微弱的刺激却同时影响到了感受器上的诸多的解剖元素。"反射复合"(composition des réflexes)规律不就是反射本身的规律吗?② 我们所熟悉的全部反射都是对某一刺激组合的反应,人们所谓的基本反应不过是推测。我们甚至不能够假定一种简单的功能必然对应着某一简单的解剖元素。事实上,某些生理学家被导向重新将性质引入到科学语言中。③ 为了表述"反射复合"的规律,谢林顿考虑了刺激的

① 威特海默(Wertheimer)所说的"横向功能"(Querfunktionnen)。参看《对运动视觉的实验研究》,"心理学杂志",第 61 卷,1912,第 247 页。

② 韦赛克:《反射规律》,第 50 页。

③ 同上书,第 45 页。

生理价值,他说:当两个刺激同时发生时,疼痛的刺激会抑制另一刺激。[①] 但是,就像他仍然坚持的经典观念要求反射依赖于某一局部装置一样,就像刺激的生理价值(看起来是决定性的)不具有相应的感受器一样,他假定某些局部的神经末梢(terminaison)专门用来接受疼痛刺激。[②] 在他不得不把价值引入到刺激的定义中的同一时刻,他可以说是在不同的感受器中认识到了它。在神经机能理论中出现的情况是,我们仿佛不得不在反射的拟人特征(anthropomorphisme)和反射的解剖观念之间进行选择,然而我们却或许应该超越这种选择。在任何系统的解释之前,对已知事实的描述表明,刺激的命运取决于它与机体状态的整体、与同时刺激或先前刺激的关系,而在机体与它的环境之间的各种关系并不属于直线因果性,而是属于循环因果性。

2. 兴奋的位置

我们不能够为每一个刺激物说出一个解剖学上可以划定的感受场(champ récepteur),这一点似乎获得了确认。

谢林顿已经指出,对于抓挠反应来说反射场(champ réflexogène)的限度是随着光线和环境而变化的。[③] 我们可以补充说,是随着刺激的强度和频率而变化的。[④] 感受场只

① 这一规律受到质疑,但我们的目标不是精确地探讨它。

② “伤害感受器"(des Nocicepteurs)。

③ 戈尔德斯坦:《机体的构造》,第二章,第 46 页。

④ 韦赛克:《反射规律》,第 40 页。

> 能在实验室实验的人工条件下，以及在病理条件下才能获得严格地界定：只是在骨髓横向截断之后，同侧伸展反射的感受器在人那里才是不变的。[①] 人们通常承认不可能为视网膜的每一点确定一固定的“空间价值”，因此每一感觉（sensation）——如果人们保留这一观念——的“部位信号”（signe local）并不是视网膜上刺激物位置的一种简单函数（fonction）。在此把知觉作为反应的一个特例加以考虑，我们被允许真正地把感官生理学教给我们的东西运用到反射理论中。[②] 视网膜黄斑（macula）的兴奋，依据眼睛相对于眼眶、头相对于身体的位置，可以产生定位在“正面”、“右面”、“左面”的各种感觉。以同样的方式，某一感受器的兴奋会引起不同的反射，而两个不同点的兴奋会产生同样的反射。[③]

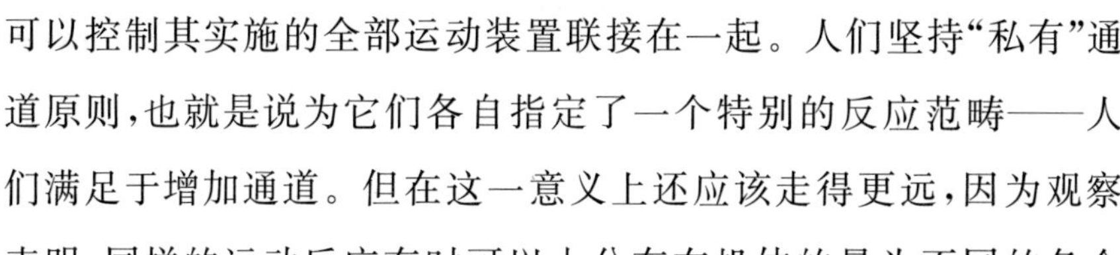

经典理论试图首先对这些事实提供一种解释而不放弃其指导性观念，因此必须假定每一感受器都借助于预先建立的联系与它可以控制其实施的全部运动装置联接在一起。人们坚持“私有”通道原则，也就是说为它们各自指定了一个特别的反应范畴——人们满足于增加通道。但在这一意义上还应该走得更远，因为观察表明，同样的运动反应有时可以由分布在机体的最为不同的各个

① 韦赛克：《反射规律》，第 40 页。

② 皮埃龙（Piéron）已经把条件反射理论的进步与知觉理论的进步加以对比。（参看“知觉问题与心理生理学”，“心理学年鉴”，第二十七卷，1926，第 1 页。）我们很快将有机会证明神经功能在其运动部分和其感受区域的统一。

③ 桑德斯（Sanders），埃仁（Ezn），路德维希（Ludwig），转引自韦赛克：《反射规律》，第 42 页。

点上的控制(commande)所启动。另一方面,由于传入通道五倍于传出通道,谢林顿承认各种离心装置包含有一个“最后的公共部分”——在其间同样的神经基质(sustrat)会有助于发动性质上不同的各种反应。这样,他不是放弃了根据某一特定的感受器与某一特定的效应器的相互联系来说明秩序的经典秩序观念吗?如果同样的运动基质可以承担许多的功能,人们就看不出是什么原则上排除了把这一假设扩展到传入区域。各种不同的反射,并非与相等数量的“私有”环路相一致,而是代表了同一种神经器官的机能的多种样式。我们还没有把这一不同的观念看作是既定的,但由于事物的力量,神经机能的古典理论被导向不得不接受某些几乎与它相矛盾的辅助假说——就像托勒密(Ptolémée)的体系已经由于大量的特设假说(为了使其与事实相一致,必须求助于这些假说)而显示出其不充分一样。

3. 反射环路

当人们从兴奋走向反应时,存在着一条确定的通道、一个孤立的传导进程吗?由于谢林顿,首先外感受性(extéroceptivité)、内感受性(intéroceptivité)和本体感受性(proprioceptivité)的区分看来是不言而喻的。然而,谢林顿的著作和当代生理学的观察无疑使我们可以确定:从来都不存在着纯粹的外感受性反射,也就是说那种只需要依赖于外部刺激的干预就能存在的反射。在机体之内所有的反射都要求外在于反射弧(arc réflexe)的诸多条件的协助,这些条件同“刺激”一样有权利被称作是反应的原因。人们在自然认识中指出的东西同样在机体认识中发生了[1]：人们习惯于把我们可以最为容易地对其施加影响的条件作为“原因”对待。如果人们在反射的前提条件中忘了提及那些内在于机体的东西，那是因为它们经常刚好是联结在一起的。但是机体内条件的这种相对稳定使它自身成为一个难题，因为，不管是从解剖上还是从功能上看，反射器官都不是一个孤立的器官，于是各种内部条件的持久性不能够借助于一种预先确定的结构而被看作是给定的。

反射最初似乎完全处在一系列化学条件、分泌条件和植物性条件的巨大影响之下，这些条件为的是压制、有时甚至为的是倒转某一刺激的预期效果。根据体液状态，交感神经（sympathique）或者迷走神经（vague）的兴奋可以通过极端多样的反应表达出来。通常会放慢脉搏的钙在主动脉缺陷的情形下却会加快之。对迷走神经产生常规刺激的匹鲁卡品，在某些条件下会成为作用于交感神经的刺激物。在用尼古丁进行治疗后，迷走神经的兴奋会加速心脏跳动。依照垂体分泌，肾上腺素的感受性在一个感受器内会产生相当大的变化。在血胆固醇含量方面，肾上腺素的感受活动依赖于化学环境——它应当是中性的或酸性的，这等于说离子状态制约着自动系统的机能。但后者还假定了在电解质与胶态部分之间的某种平衡（équilibre），这种平衡本身又潜在地与细胞表面联系在一起，它依赖于整个一系列的因素，并最终依赖于植物神经系统的状态。因此这里最终涉及到的是一种真实的因果性。但动物

① 拉兰德（Lalande）：《归纳与实验理论》。

系统本身依赖于植物系统。迷走神经的切除改变了皮质(écorce)区域的时值(chronaxie)。对植物系统的药效作用改变了外周感受器官的时值。此外,相反地,从战争创伤观察到的某些大脑损伤导致了血压、脉搏、瞳孔神经分布的改变。①

应该把大脑和小脑的影响补充到第一系列的条件中,至少在人那里,这些影响很可能在全部的反射中都起作用。没有人能够怀疑"休克"现象的存在,比如就蛙而言,在压碎内部器官或者腿之后,这一现象中断或者改变了全部的反射。②我们很久以来就知道,在人那里,指向某一反射的注意有时足以抑制它。疲劳、催眠状态通过减轻或者加强反射而改变了反射。由足底兴奋引起的脚趾头弯曲的反射,是如此地依赖于大脑条件,以至于不是弯曲活动而是伸展反射的出现被看作是椎体道层次上的损伤的标志(巴宾斯基,Babinski)。一般而言,看起来不容置疑的是:被切除大脑的动物的反射非常不同于那些常规的反射。③ 在某些章鱼那里,在切除了大脑淋巴结以及一部分中枢淋巴结之后,阈限将升高或者相反地极度降低;腕的各种活动的协调会受到损害;就蟹而言,攫握与消耗的反射是没有规律的。④ 所谓的脊柱活动因此取决于大脑或者小脑的影响。

① 这些结论都是由戈尔德斯坦总结出来的,参看《机体的构造》第二章,第46页。

② 韦赛克:《反射规律》,第51页。

③ 同上书,第53页。

④ 拜顿迪克(Buytendijk):《章鱼在脑局部损伤后的行为》,载于"荷兰生理学档案",第十八卷,1933年,第52—53页。

作者们只是在解释这些事实时才产生了意见分歧。他们通常寻找这样一种说明，它通过使反射仅仅服从于大脑的某种调节(regulation)、首先是服从一种完全消极的控制(contrôle)而让反射观念得以继续有效：他们承认大脑拥有某种一般的抑制(inhibition)能力。但这些事实并没有迫使我们把我们前面谈到的“休克”解释为是对大脑固有的抑制装置的启动，因为在切断脊柱(脊柱休克)的那些时候，我们也可以达到完全的抑制。休克难道不是机能(而这种机能并非定位在任何地方、而是能够源起于非常不同的神经区域)的某种改变？如果我们承认这一点，由于存在着某种大脑休克，反射中的大脑干预(intervention)不会仅仅在于授权或者禁止某些完全激动的反应，而是应该为它们的展开提供一种积极的贡献。从这个角度看，一旦要说明感染、疲劳和催眠中反射的缺陷，“醒觉状态”这一质的观念(海德，Head)就会更为令人满意。但这一观念只是给出了行为的一个过于朦胧的描述，并且没有充分确定大脑的角色。大脑仅仅起着一种协调和整合的功能吗？这些观念可以确定某些先定的机械活动(automatisme)的简单连接。整合或协调的观念与控制或抑制的观念两者都假定：人们承认在神经系统之内存在着两个层次的等级结构，第一层次由与古典类型相符的反射弧组成，重叠其上的是一种高级机构(instance)，即负责控制机械活动、联结它们、瓦解它们的那些协调中心或抑制装置。我们打算借助一个例子——同时间接地指向整合和控制的观念——来考察的正是这一等级概念。

我们在前面提醒过，足底弯曲反射在锥体管损伤的情形中被脚趾头的伸展反射所取代。人们尝试说明这一事实，假定：在正常

被试者那里,准备起作用的伸展反射处于被锥体兴奋所抑制的状态。按照谢林顿的看法,从外部来源看,锥体兴奋有利于阶段性脊髓反射(réflexe médullaire phasique),而损害了紧张性反射(réflexe tonique)和本体感受性反射。[①] 但这一假设是无法核实的:人们假定了某种在成年且正常的被试者那里绝对无法获得证实的反射装置的存在,以便能够用简单的"逃避控制"或摆脱机械活动来说明它在病人那里的呈现。如果我们局限于描述疾病的后果,就应该说疾病自己带来了反射形式的改变。依照整个神经系统还是仅有神经系统的一部分对其起作用,反应的状态和结构将产生变化。经典反射理论正是把行为的这种性质上的改变看作是一种现象。它把这种改变归结为从一条先定的环路到另一条的简单替换。病理行为应该被理解为对正常行为的偏离,人们把疾病当作是一种单纯的缺陷,或者总体上说的一种消极现象,人们希望在机体中并没有真正的事件。有关在正常被试者那里准备起作用的伸展反射假设明显地是一种构造。它将由此引出第二个构造。如果在正常被试者那里真的存在着一条能够启动伸展反射的环路,就需要理解这一反射为何没有产生。人们假定说它被抑制了。人们虚构这一抑制的观念,以便为任意假定的一个伸展反射的缺失提供辩护。在这里,这一观念的引入不是为了使事实本身变得可以理解,而是为了掩饰理论与经验之间明显的不一致。因此可以说控制和抑制的辅助假说更多地是为了维护经典的反射理论,而不是积极地弄明白神经活动的性质。病人的行为,就像动物、儿

① 韦赛克:《反射规律》,第53页。

童或“原始人”的行为一样，不能够从成人、健康人、文明人的行为出发，被理解为单纯的解体（désagrégation），这或许是现代心理学中最少引起争议的观念。应该把生理学说明与心理学的描述结合起来。因此让我们尝试按照我们已经选择的例子，弄清楚作为疾病本质的神经机能的性质变化。伸展反射存在于外周麻痹中，在外周麻痹中没有涉及从皮层到锥体管、到前角的通道，因此也不可能假定摆脱了机械活动。许多被试者，在正常状态中表现出伸展反射，而在他们的膝盖弯曲时，在我们使其膝盖顶着腹部时，或者仅仅是在我们使他们进行某些头部运动时，他们就不再表现出伸展反射。如果伸展反射似乎受到时值的颠倒的制约——曲肌的时值大于伸肌的时值，伸展比弯曲容易，我们就说这些时值的正常或病态的关系不是由某个局部的抑制装置，而是由机体整体中的神经和运动状况决定的。[①] 因此，大脑对于反射活动的作用不再是由某个高级机构给予或拒绝给予某些自动或自主过程的权能。被重新引入到神经环路中的大脑，在丧失了它在种种准备运作的机制之间的仲裁角色的同时，在反射反应的构造本身中承担了一种积极的角色。正是大脑使得一种组织较另一种组织占有优势，比如曲肌较伸肌占有优势。[②] 我们在这里触及到神经定位或者神经系统中功能与基质间关系的一般问题。如同在中枢机能理论中一样，在反射理论中我们首先倾向于为每一神经元素指定一个依赖于它的行为片断：我们定位“言语形象”（image verbale），我们为每

① 戈尔德斯坦：《机体的构造》，第 90 页。

② 同上书，第 307—308 页。

一反射运动寻找一个特定的装置。各种事实使我们不能满足于这种把行为分析为孤立片断的实在分析。我们越来越觉察到不同的神经区域并不对应于行为的一些实在的部分——并不对应于语词、对应于由其刺激所确定的这种或那种反射——而是对应于活动的某些类型或者某些层次，比如对应于不同于自动语言(langage automatique)的自愿语言(langage volontaire)，对应于比伸展反射具有更为精微、更高价值适应的弯曲反射。因此这是一种建立在行为的生物学意义上的新的分析类型，它既使心理学又使生理学有了必要。① 大脑影响的干预，为了重新组织行为，把行为提升到了一个高级的层次，生命的层次，而不仅仅是联合、瓦解预先建立起来的装置。这里涉及到的不是一种任意的构造。这一假说是仿造事实而来的，而经典的观念则不得不把巴宾斯基反射看作是对抑制的抑制。此外，这一假说还与其他的病理学结论相一致。它把神经系统表呈为一个全体，而不是由两个异质的部件构成的装置。然而，在某种一般的方式上，理性的呈现，即高级神经系统的呈现转换了行为的那些依赖于中脑并且表现为最本能的部分本身。简单隶属的二元论是不可能的。②

① 后面有一段(参见本书第二章)将表明：这两种定位类型都存在，身体空间是双重意义的。对于我们来说，正是这一点使得这一研究变得重要起来。机体既是一部机器(在此整体活动是局部活动的总和)，又是一个全体(在此局部活动并不是孤立的)。那么，机体拥有什么样的存在样式？它又如何实现由彼此外在向统一的转变？它怎么会按照第一种观点是事物，而按照第二种观点则是观念？

② 例如，戈尔德斯坦证明：皮质的某些损伤不会使性行为完好无损："对于这样的患者，例如为了使他们产生性行为，就需要从外部提供特别的帮助。"《机体的构造》，第301页。作者继续写道："不能一般地说需要某种特别强烈的冲动；正相反，唯有基于完全外部的接触而导致性器官的使用，性宣泄才绝对地得以产生。"

要使“反射环路”(circuit réflexe)起作用，还依赖于同时的或先前的反应。这一事实长期以来就在“反射复合”的名义下被研究。一般说来，当一种反应发生时，其他刺激在同一时刻可能引起的全部反应就会受到抑制。当两个对抗的反射处于竞争中时，两者间不存在任何调和，只有其一得以实现。[①] 一切的发生就如同神经系统不可能同时做两件事情。这正好使我们不得不在神经环路之间确定横向关系。但在许多作者那里，关系仍然停留在经典观念的纵向关系那样的类型中：机体在刺激的转化中不发挥任何积极的作用。这乃是由谢林顿引入的相互抑制和神经支配(innervation)观念的意义。支配曲肌收缩的神经过程自动地引起伸肌的抑制，反过来也一样。但在这里，在各个神经环路之间预设的连接方式仍然不是那么灵活：按照戈尔德斯坦的看法，除非我们通过电刺激作用于某些被剥离粘附关系的肌肉，否则我们就观察不到相互抑制现象。自然的神经支配——除非是剧烈运动的神经支配——并不遵循这一严格的规律。在涉及到手的某些灵活运动、或者甚至是抓握这样一些运动时，人们看到了各种拮抗肌(antagoniste)同时发生的神经支配，其分布取决于要达到的目标，要实施的运动的类型。这并不是说发生在曲肌层次的过程决定着发生在伸肌层次的过程，或者相反，而是说这两个局部过程作为有待于描述的整体现象的方面出现。[②] 更一般地说，似乎有必要考问拮抗作用(antagonisme)这一观念的价值，而且我们可以，比如说，质

① 韦赛克：《反射规律》，第 76 页。

② 戈尔德斯坦：《机体的构造》，第 175—183 页。

疑植物性生命就在于交感神经兴奋和副交感神经兴奋之间的平衡的看法。[1] 为了不增加没有什么必要的假说，应该界定神经机能这一概念——它使我们可以同时并且根据同一原则认识到反射间的相互排斥以及每一反射内部的各个神经环路之间多种多样的合作。如果我们承认每一反射预设了对整个神经系统都利害相关的各种刺激的转化，那么，无需假定任何特别的抑制机制我们就可以完全明白：神经系统不可能"同时做两件事情"。至于运动兴奋的有规律的分布，它恰恰是在刺激的这一相同转化中（这是神经系统固有的功能）获得了其说明。此外，如果我们打算预设一种先定的装置以便说明施加于反射的每一种影响，就应该将这些影响扩大到全部限度之外，效应器官本身也应该通过那些被专门指定来规定立时反射（réflexe imminent）的传入导体而与中枢联接起来，因为观察证明，立时反射就是它在其中得以完成的肌肉本身的最初状况的功能。

> 对海星腕做同样的刺激，如果腕在水平面上伸展的话，引起的是朝向被刺激点的运动，如果腕处于悬伸状态，则相反地引起朝向伸得更直的一边的均匀运动。[2] 在人那里，如果被撞的那条腿与另一条腿交叠在一起，髌骨下面的撞击就会引起伸展反应，如果这条腿被动地伸展开，则会引起弯曲反应。根据女人怀孕与否，垂体萃取物引起朝向子宫的相反的反应。根据被考察时刻贲门是收缩还是扩张，迷走神经兴奋具有对

---

① 戈尔德斯坦：《机体的构造》，第175—183页。

② 同上书，第45—46页。

立的效应。[①]

我们在此还有必要预设那些根据末端器官的状况而禁止这种或那种反射的特定的抑制装置吗？只是根据经典方法的那些假设，这些装置才成为有必要的。人们按照从外周神经到中枢神经这一走向来分析机体的机能；人们按照在机体表面获得的离散刺激（stimulations discrètes）模式来设想神经现象；人们把感觉器官末梢的不连续延伸到神经系统内部，以至于机能最终被表呈为一些彼此干扰、相互纠正的自主过程的某种镶嵌（mosaïque）。既然我们从假设各种预定的反射弧的存在开始，当我们观察到我们的反应随着它们将要干预的肌肉状态而变化时，我们就不得不把可以及时抑制它们的那些补充装置添加于常规装置之中。但是，如果一个物理学家在每一次新观察中都不得不把与其理论之应用不同的东西作为保障性条款附加于其理论，我们怎么看待他？真实的情形是，正像一个图形独具特色的外貌归因于图形突出于其上的背景一样，每一运动在神经系统的整体中都预设了一些积极的和消极的条件，[②]但是它们不会单独地得以实现，仿佛它们被附加到了已经预备好的反应中，并且在最后时刻修正它们一样。把中枢神经系统看作是机体的整体“形象”获得转化、每一部分的局部状态获得表达的地方更符合事实——这在某种方式上还需要准确表达。正是这一整体形象控制着各种运动冲动的分布，一下子就为它们提供了我们的最轻微的动作都能够体现的组织，并且在曲

① 戈尔德斯坦：《机体的构造》，第175—183页。

② 同上书，多处地方，比如第175页。

肌和伸肌之间分布兴奋，说明末梢组织的状态。

同样的假说说明了我们还需要谈论的一个最新事实：每一反射都依赖于那些先于它的反射(谢林顿)。

> 我们已经观察到一个给定的反射通常伴随着一个相反的运动，这一现象是由一些意义项来规定的：时而是反冲(contre coup)[①]，时而又是"连续诱导(induction successive)"(谢林顿)[②]。

反应在时间上的展开和先前效应的影响在反射的扩散(irradiation，谢林顿)和反向(renversment)现象中更加明显。某一长时间地、以不断增长的强度被运用到某一感受器官中的刺激物引起了越来越广泛的反应，以至于整个机体最终都会附合它。[③] 依照经典的解释，如果说对于相同的刺激物，反应发生了变化——先是一条腿的曲肌，然后是另一条腿的伸肌收缩(除同侧的一些伸肌与对侧的一些曲肌之外)——这是因为同样的兴奋散布在感受器上，并且连续地通达那些越来越远离最初被触之点的神经区域。

---

① 我们用这个词翻译德文的"Rückschlag"(尤其参看韦赛克：《反射规律》，第71页)。

② "在这里，生理学家仍然寻求通过把部分与部分联接起来以说明事实，而它涉及到的或许是以二相形式为特征的单一的整体反射，伴随着相继定向在两个相反方向中的后果。"(同上。)

③ 在某种意义上，这一现象可以被看作是替代的最特殊情况，这些替代发生在某一运动反应受到妨碍的时候。我们知道，当我们使动物进行抓挠的一条腿静止不动时，另一条腿会承担起对于第一条腿变得不可能的运动；如果我们使一个动物躺在被抓挠的那边(同上书，第93页)，它会在没有被抓挠的那边给自己抓挠，而且我们应该进一步地在昆虫那里研究反射迁移(transfert)和补充的更为令人震惊的情形。最后，效应器本身以反射形式呈现出来的影响是同样的派生过程的特例。

但这一解释与事实不大相符。在谢林顿从他自己关于(神经)根兴奋扩散的研究中引出的五条规律中,我们正好找到了一条"空间接近"律,它使得传入和传出(神经)根之间的功能关系依赖于距离;但第二条规律确认,即使对于最微弱的刺激物,运动的释放也是分布在多个片断上的,于是运动(神经)根并不是一些功能的统一体;第三条规律是运动器官不仅各自要求一定数量的刺激物,而且要求某种性质的刺激物(马钱子碱刚好有这样的效果,它使伸肌装置对于那些刺激曲肌的相同的动因变得敏感[①])。因此有可能,自最微弱的兴奋起,某些肌肉整体、因而某些神经整体就完全运转起来了。[②] 每一起伏,哪怕是最微小的起伏,似乎都会完全传遍整个系统:随着观察方法的改进,我们会发现每一兴奋的更远距离的效应,而且我们说过这样一些区域的切除将改变全部反射。[③] 在扩散现象中,由于基本兴奋扩大到全部环路之中,附加兴奋不会简单地把让它重新起作用(控制在这种情况下更为远离最初的兴奋点)当作目标。附加兴奋无疑引起了刺激和抑制的重新分布,引起了"对整体状况的重新排序","就像我们摇晃一下万花筒那样"。[④] 谢林顿的伟大功绩在于将抑制观念普遍化,在于搞明白了:任何反射都根据不同的比例包含着兴奋和抑制。随着刺激的持续和越来越强化,发生变化的正是这些抑制和刺激活动的分布。[⑤] 抑制在

① 《反射规律》,第80页。

② 同上书,第78页。

③ 同上书,第79页。

④ 谢林顿,转引自韦赛克,同上。

⑤ 同上。

这种意义上作为合作的一个特例出现。另一方面，由于很少出现某一肌肉区域的兴奋为其他区域的单纯抑制所伴随的情况，所以在运动神经元素的机能中，我们既不能够把全部规律都看作是既成的，也不能认为没有任何规律是既定的。依据被考察时什么东西受到了系统的整体状况的规定，它们中的每一个看起来都能够以不同的方式运作。如果我们不是去研究那种不太适合于脊柱兴奋的情况，而是描述某些皮肤兴奋(尤其是身体最活动部分的皮肤兴奋)的后果，这些结论就会得到证实。就耳甲的某种不断增强的兴奋而言，我们在猫那里依次得到了：颈背和同侧前爪的运动——同侧后爪的运动——尾巴和上半身的肌肉收缩——对侧后爪的运动——对侧前腿的运动。因此所谓的扩散搞混了对称的和不对称的反射、短的或长的反射，并且不会按照各种运动装置的解剖学排序蔓延到这些运动装置中去。但是，如果空间接近律不起作用，我们借助这些观察可以使何种规律呈现出来呢？前面谈到，在兴奋被移到一条腿的曲肌上之后，它使另一条腿的伸肌收缩，这似乎是为了不让动物的直立姿势变得不可能。同样，在这里，"是行走活动的基本形式而非神经物质(substance nerveuse)中的空间扩散决定了反射的状态。"[①]既然刺激以一种持续的方式增强，机体就不会以那些表达兴奋通过预定环路而持续地扩散的运动来做出反

① 《反射规律》，第 82 页。参见 L. 拉皮克(Lapicque)：《神经系统的普通生理学》，收在迪马(Dumas)的《心理学新论》，第一卷，第 4 章，第 201 页。延伸的兴奋总是超出肢体而朝向习惯性机能中与之相联系的另一肢体：在通常以匀称的运动前移的蛙那里，一条腿的伸展将伴随着另一条的伸展；但在其通常运动是交错着的狗那里，兴奋在引起一条腿伸展之后，将引起另一条的收缩。

应:兴奋以这种方式被转化,以至于在每一明显的增强中,它都借助新的运动把自己表现在运动器官中,并且把自己分布在它们之间,以便启动某种具有生物学意义的动作。在谢林顿的那些观察中,反射运动兴奋表中这一非连续形式的变化,这种新的秩序类型——不再被建立在某些环路的持久性的基础之上[①],而是在每一时刻通过神经系统本身的活动、并且依照机体的生命愿望被创造出来——在神经机能中的出现,已经超出于经典反射观念,然而他却依然迷恋于这种经典观念。[②] 假如能够发现某种行为规律,这一规律也不会把观察到的那些反应直接地与某些部位装置联系在一起,反应依赖于神经系统的整体状况,以及就机体的保存而言乃为必要的积极干预。如何理解部分对于整体而言的这种依赖?我们不能够通过忽略目的论(finalisme)由以引出证据的那些事实来拒绝目的论,而是应该比目的论更好地理解这些事实。

某一反射对于那些先于它的反射的依赖,还可见于那些关于反射的反向的事实。这里涉及到的是阈限现象的一种极限情形。韦伯法则(loi de Weber)表明,依据它是在一系列其他兴奋之后起作用,还是相反地遇到了处于放松状态的神经系统,同一刺激引起

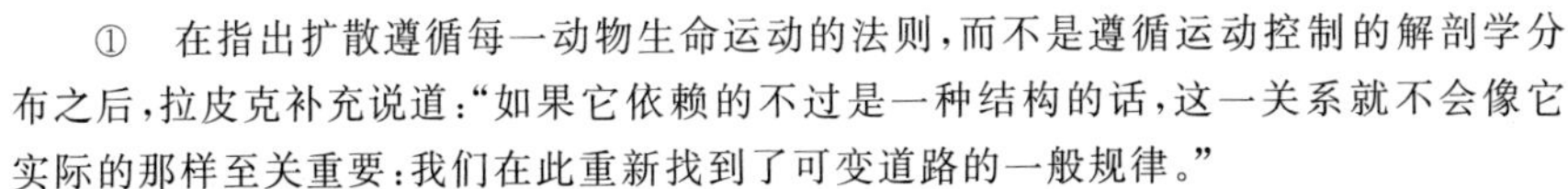

① 在指出扩散遵循每一动物生命运动的法则,而不是遵循运动控制的解剖学分布之后,拉皮克补充说道:"如果它依赖的不过是一种结构的话,这一关系就不会像它实际的那样至关重要:我们在此重新找到了可变道路的一般规律。"

② 在旧的意义中,扩散一词是指某一刺激的弥漫,它侵入到最临近的神经通道中,这只能在某种特殊例子中——在很痛苦和极端的例子中——获得证实。这里第一次有机会指出:旧的神经机能观念表达的与其说是生物的正常活动,不如说是某些病理现象或者某些实验室经验。参见韦赛克《反射规律》,第 82 页。我们必须考虑这些特殊例子本身,不得不说明一个机体如何会在人工环境中、在它的生命环境中按照不同的规律而活动。

或不引起机体的反应。在反射的反向中，同样的刺激不仅引起非连续的反应，而且还有相反的反应。然而，为这些现象寻找物理模式并不困难。按照气体是否接近于实验中气温的最大压力，给气体增加相同的压力会产生不相同的后果。在物理学中及在自然科学中，“相同的原因产生相同的结果”是含糊不清的。但是，就算在物理学中存在着“阈限”，除非物理的解释必定是机械论的，否则这一事实就不能支持一种机械生理学。经典反射理论把“阈限”现象理解为对环路的一种替换：只有某种具有确定强度的兴奋才能够进入反射通道，当累加兴奋超出了指定给其中一个环路的阈限时，它们就被转移到另一环路中。效应的不连续通过解剖基质的不连续、通过要素的绝对属性而得以说明。反射理论家似乎相信，这种说明方式是唯一“科学的”方式。物理学表明它绝非如此。不管关于状态变化理论目前的趋势如何，没有哪位物理学家相信科学的命运与一种机械论解释联系在一起——这一解释把气态向液态的过渡看作是半固体的、预先存在于气体中的部分的凝固，并且通过预设具有不变属性的粒子来消除现象外表的不连续。现代物理学有时会考虑不连续的、可以说是解剖学的结构，但它最通常是把这些结构纳入到力场中。① 在任何情况下，现代物理学都不认为自己要在连续或者非连续、力量或者广延的本体论断言之间进行选择。如果生理学想从物理学中获得启发，那么就该轮到它超出实在分析的偏见了。因此没有任何原则的理由、任何科学方法的要求迫使我们用旧的反射理论的语言来解释韦伯法则，也就是说借

① 参看本书后面第三章。

助于不同器官自己的结构把这些器官的阈限看作是一劳永逸地确定的。至于事实，我们知道中枢损伤或者单单是疲劳通常就有提高或者降低反射阈限，更一般地说使它们不稳定的后果。阈限因此是神经系统一般状态的功能。血管肌肉中的紧张度越是增高，少量肾上腺素就足以降低血压（坎农，Cannon）。但是，如果肾上腺素的作用在胃肌肉放松时产生，它相反地会有一种紧张效应（格鲁茨，Kroetz）。摆脱全部预先构成的假设，人们这样来准确地描述这一事实：每一有效兴奋在其中都引起平衡断裂的神经器官，超出某些强度之外就会对外部干预不敏感；如果这些外部干预继续产生，神经器官将以这样的方式做出反应——事实上外部干预不是引起兴奋的一般状态的增长，而是导致其降低。既然那些阈限本身并不是某些神经器官不变的特征，没有任何东西会允许用生理学原子主义语言来翻译这种描述，会允许比如假定某种被确切地归于某些装置的紧张反射，只能在一劳永逸地固定的某种阈限之下产生，而且，一旦达到这一阈限，兴奋就自动地扩散到承担相反的反射的另一器官中。预先为某一紧张器官（如果我们设定存在着一个的话）规定其暂时阈限的，乃是神经系统的一般状态；关闭这一器官并且相反地为其拮抗装置规定一种时值者（就像轮到它被兴奋所通达那样），仍然是神经系统中心的活动性。即使假定每一典型的反应都与一种不同的器官联系在一起，我们仍然不能够避免关于一种中心转化的假说，在这种中心转化中，机体生命的必要条件事实上获得了表达。一切的发生，就如同机体围绕着某种优先兴奋状态（我们的反射把它作为规律来维持，而它也为每一刺激预先规定了其效应）而产生波动。但从这一观点看，反射的反

向，不是“被归结为”韦伯法则，而是可以给予它一种我们起初没有意识到的意义。[①] 当机体面对一种附加刺激时，它不是反向反射，而是局限于推迟反射，这种对新兴奋的抵制不应该被解释为一种简单的惰性现象。还是在这里，如果有某些兴奋处于阈下，这是因为神经系统以这种方式转化它们，使得平衡状态没有改变(考夫卡[Koffka]的均等律[loi de nivellement])。当附加兴奋继续增加时，平衡因为不再与系统到那时为止还一直维持的状态相容而告结束。因此，平衡在兴奋的另外一个层次上——高于当前刺激所要求的兴奋层次——得以重新组织起来(考夫卡的加强律[loi d'accentuation])。在这一层次，机体会维持一段可以感觉到的时间，与此同时，刺激持续地增长。[②] 因此兴奋从来都不是对外部作用的被动记载，而是对这些影响的转化——这一转化使这些影响事实上服从于机体的描述规范。[③]

4. 反应

即使存在着特定的刺激、感受器、神经通道，它们也不可能通过它们自身来说明反射对刺激的适应，因为在每种情形下进行的活动都依赖于肢体的最初位置，而这种最初位置是可变的。在某

① 我们在此看到的不过是这一法则的最含糊的、最少得到验证的表述，它使感觉的不连续的变化与刺激的连续变化对立起来。

② 考夫卡:《知觉，格式塔理论导论》，“心理学通报”，第十九卷，1922 年，第 537—553 页。参看苛勒(Koehler):《睡眠和平静状态中的身体格式塔》，第 6 页，第 211 页及以下。

③ 关于知觉生理学中为这一假说提供论证的那些事实，请参看本书后面第二章。

一抓挠反射中，根据我的手起初是伸向右边还是左边，把手放回到兴奋点所必需的肌肉收缩是完全不同的。我们会设想被抓挠处的先定环路与我的手的可能最初位置一样多吗？我们还是不理解，在这些敞开的通道中，为什么神经冲动正好选择了在所考虑的情景中引起适当运动的那一通道；而谢林顿让我们看到，在没有来自被驱动肢体的任何本体感受信息的情形中，一种适应运动也是可能的，这阻止我们设想存在着中枢系统依据本体感受性的指示而为初始运动带来的一系列纠正。因此“反射自身包含着正确定位运动的条件”。[①] 但是，既然这些条件并不是一开始就随着部位刺激而被给予的，那么反射从何处得到它们的呢？我们反射的这一立即适应并不仅仅相对于我们的身体所占据的空间而发生。反射同样可靠地通达外部空间。假定一个眼睛被蒙住的被试者向后移动一定的距离，随后我们要求他再走向从前的地方，不管是正向走还是侧向走，不管是小步走还是大步走，他都成功地到达那里了。在这种情形下，是什么在安排和控制他的活动？[②] 我们如何表现其生理基质？这里不可能涉及到视觉控制，因为被试者的眼睛被蒙上了。华生以一般的方式表明：活动不可能由外感刺激的再现所引导。我们可以说前面的活动在自己后面留下了有助于控制后面活动的动觉印迹（trace kinesthésique）吗？但拉什利（Lashley）已经确证：在切除小脑之后，老鼠仍然能够正确地穿越它们“学习过”的一个迷宫，这至少阻止我们把各种动觉形象看作是运动仅有

① 韦赛克：《反射规律》，第 41 页。

② 拜顿迪克：《关于运动控制的试验》，“荷兰生理学档案”，第十七卷，1932 年，第 63—96 页。

的一些指导原则。[①] 此外，在我们已经掌握的例子中，一个部分一个部分地考虑的话，预备实验中实施的活动和临界实验(expérience critique)中要求的活动是不可通约的，因为我们颠倒了步伐的方向而且修正了步子的幅度。在这种类型的情形中，那些通过反射理论来表明身体解释原理的作者们，已经尝试着让"理智"起作用。但是，这不仅没有免除把理智确定为身体的工具，而且当前或童年学习期的理智反应还是太不可靠了。如果，在我用右手指向一个对象时，有人蒙上我的眼睛并要求我用左手或者用头来确定这一对象[②]，我不作判断就成功了，那么理智(假定它起了作用)在此就应该是完成了一件非常费时的活动，对此我在反思它之前甚至就没有想到过。应该相对某一协调系统来确定我的右臂的位置，并计算我的左臂为了确定同一对象的方向，相对于同一系统应该占据的位置。事实上，我掌握了结论，而前提却没有在任何地方被给出，我执行提出来的任务却不知道我之所为，这就好像一组肌肉获得的那些习惯能够直接地转换为另一组的：我在黑板上的书写与我在纸上的书写相似，尽管两个地方涉及到的并不是同样的肌肉。在我们的各种反射反应中，存在着某种使它们能够合理地进行这些感受器替换的一般的东西。当被蒙上眼睛的被试者向后退一定数量的步子后，这种活动就必定不是以实际产生的肌肉收缩的形式，而是以"所经历的空间"(可以直接用不同幅度、不同方向的步子来表达)的整体形式被记录在各个中枢中。以决

---

① 转引自拜顿迪克：《关于运动控制的试验》，"荷兰生理学档案"，第十七卷，1932年，第94页。

② 同上。

定性的方式控制我们运动反应的，乃是并不必然与行为的物质方面联系在一起的一般因素。“……就像人一样，动物能够到达并没有在知觉中被给予的某一空间点，而且无需拥有一些指明‘路径’的标记。”[①]动物和人因此以某种适当的方式对空间作出反应，即使没有适当的实际刺激或者近因刺激也是如此。“这一空间作为动物肉体(chair)的一部分与动物自己的身体连接在一起。当动物在它所适应的这一空间中活动时，某种空间特征的旋律以连续的方式展开并且在不同的感觉器官区域中起作用。”[②]科学应该构想关于这一“运动意向”[③]的生理学表象。而这种运动意向“最初是作为一个核心被给出的，运动的整体性从此之后开始分化”[④]。处在活动中的身体不能被定义为一种盲目的机制，不能被定义为各自独立的诸因果系列的某种镶嵌。

我们已经试着和生理学家一道为某一给定的反应找到一些适当的刺激，一些特定的感受器，一些不变的反射弧——也就是说我们不是要对事实进行分类，而是冒着重复的危险用某种秩序来表呈这些事实：在这一秩序中，这些事实被给予某种按照经典假设而建立起来的研究。但这些重复是有意义的：随着我们希望准确表达刺激、感受器、反射弧这些概念，我们发现它们彼此相混，反射不再是一系列并置于身体中的事件，我们面对着我们期望通过总结

① 拜顿迪克：《关于运动控制的试验》，“荷兰生理学档案”，第十七卷，1932 年，第 63－96 页。

② 同上。

③ 运动意向(Bewegungsentwurf)。

④ 施尔德(Schilder)：《身体图式》，第 65 页。

前面那些篇幅所要表达的一个难题：适当的刺激不会自在地、独立于机体地获得界定；它不是一种物理的实在，而是一种生理的或生物的实在。那必然开启某种反射反应的，不是一种物理化学动因，而是物理化学动因仅为其契机而非其原因的某种兴奋形式。因此生理学家并没有成功地在他们的刺激定义中消除那些已经规定了机体反应的项——比如他们在谈论那些疼痛刺激时。由于兴奋本身已经是一种反应，所以它不是从外部引入机体的一种效应，而是机体固有机能的最初行为。刺激的观念反涉到原初的活动性，机体借助这种活动性汇集局部地、暂时地分散在其感受器上的兴奋，并且赋予这些理智存在，（比如节律、图形、强度关系，简而言之各个部位刺激的总体形式）一种有形的存在。各个点状兴奋并不是决定性的，兴奋的位置更不是决定性的，这证明了感受场的不稳定性。这样，根据刺激群集以及刺激群集超越不连续的感觉末梢而产生的转化所预先确定的东西，同一个部位刺激会产生一些可变的效应，而同一个神经元素会以不同性质的方式起作用。我们能否如此设想这一转化，以便反射图式（schéma du réflexe）原则上保持有效呢？只需假定中枢活动通过关闭某些环路并且把兴奋引向预先建立起来的其他环路（抑制、控制）而起作用就行了。但是，除非调节被定位在某些可以与反射弧相比较的装置中，否则我们就不能够坚持经典的观念。可是调节似乎并非排他地与大脑活动连接在一起（甚至在大脑—脊柱通道损伤不存在的情况下——在大脑活动并不直接受到影响的某些整体抑制的情况下，也存在着某些自主活动被解除的事实），此外它也并非在任何地方都可以由连接或者分离（相互抑制，连续诱导）的自动装置获得说明。根据这些情况，神经系统的每一部分可以交替地显现为抑制因素和被抑制因素。我们可以像谈论协调那样谈论抑制：它到处都有中心，又无处有中心。[①] 归根结底，抑制与控制并没有说明神经机能。它们本身预设了一个支配其分布的过程。事实使反射不得不服从的那些高级机构本身需要获得说明，而且也是因为这些相同的理由，这些事实使那些机构得以被引入。必须在神经活动的最本质的地方，放弃把它设想为不仅服从于某些确定的通道，而且甚至是在多种预先确定的通道之间的一种选择。我们求助于某种整体的神经干预，这种干预能够分配兴奋并且贯穿地构造反射通道。铁路调度岗隐喻（poste d'aiguillage）是不适用的，因为我们无法找到它立于何处，因为它接收它所负责的那些车队的命令，并根据它们的情况临时安排道路或道岔的位置。刺激不会在感觉器官表面吸引（按照笛卡尔的比较）在反应中控制所及肌肉的那些纹理；不存在着"纹理"，而且刺激—反应关系即使在其稳定的时候（就像在正常人的足底弯曲反射中那样），也由于神经系统内部复杂的相互作用而变成为间接的。同样，组成一个反应的那些不同运动并不通过先于这一反应的某种物质联系而被整体地连接起来。如果在机体中一切取决于全体，在特定刺激被给定的情况下，其反应的相对稳定性从何而来，为什么存在着一些特殊的反应，为什么甚至会存在着一些"反应"而不是一些无效的痉挛？如果秩序不能够建立在某些先定的解剖结构基础上，我们各种反应的一致性以及它们对于刺激的适应从何处而来？

---

① 戈尔德斯坦：《机体的构造》，第 61 页。

这一问题是由谢林顿就扩散的事实而提出来的。他完全看到了，在这种情况下，某种生物秩序(步行活动的秩序)取代了解剖联接的机械秩序。他因此承认经典反射是一种抽象。但他仅仅把这理解为那些简单的反射环路事实上被一些高级机构的干预、被整合复杂化和掩饰了。他始终考虑的是用反射关系的组合来说明行为，这涉及到的不过是增加反射。他打算用各种抽象的汇总来重构具体。从传统图式到实际的神经活动，其差别在他看来不过是从简单到复杂。[①] 谢林顿的全部作品表明：秩序(反应对刺激的适应，以及反应的各部分之间的适应)不能够由先定的神经通道的自主获得说明。然而重叠在那些简单的反射弧上的各种抑制以及诸控制装置本身是按照反射弧类型来构想的。我们已经看到，这些新的环路并不比前面那些更自主，而且也将依次接受各种各样的相互干扰。控制本身因此应该服从于一种高级调节，而且我们仍然不会在这一层次上遇到纯粹的反射。但同样的推理应该无限地重新开始，其答案将始终被推迟，只有当我们把某一构造秩序而不是压制秩序原则引入到神经机能中时，这一答案才能被提供。理论上保留反射弧观念又不能把它运用到任何地方乃是荒谬的。就像在我们已经提到的任何特殊问题中一样，在其关于神经机能的一般观念中，谢林顿寻求保全经典生理学原理。他的范畴不是为了他本人已经强调过的那些现象而创造出来的。

*

*　*

让我们再一次考虑已经帮助我们界定过经典的神经机能观念

---

① 韦赛克：《反射规律》，第 75 页。戈尔德斯坦：《机体的构造》，第 59 页。

的眼睛注视反射，[①]即使我们承认那些最初的注视活动是不完美的，它们应该在随后要么借助学习（apprentissage）、要么借助神经器官的成熟而获得改进，我们也没有普遍地质疑反射的特征，因为这些活动在生命的最初几天就可以被观察到。说这些运动是反射，也就是说，像我们已经看到的，被光线触及到的视网膜上的那些点应该与运动神经（通过让眼睛转向，它们能够把光线印象［impression］引向黄斑）处于中心关联之中。[②] 但是，把每一视觉神经纤维与运动装置重新联接起来的这一关联系统仍然是不充分的。实际上，让我们假定一个注视着 A 点的主体之眼睛移向 A′点，随后，在头没有任何移动的情况下，眼睛移向了 B 点。B 点被映照到视网膜上先前 A 点被映照到的同一地方，因为它们彼此轮流充作眼睛的注视之点。当被试者的眼睛注视着 B 点时，B′点被映照到当眼睛注视 A 点时 A′点映照到的同一地方。于是视网膜的同一地方依次被亮点 A′点和 B′点所刺激。然而，为了各自从 A 点到达 A′点和从 B 点到达 B′点，将要产生的肌肉活动是非常不同的。如果我们想说预先确定的关联这样的话，就应该因此假定每一视觉神经纤维不仅与某一运动装置，而且还与它根据眼睛在眼眶中的位置必须使之起作用的所有装置联系在一起。[③] 我们将看到关于解剖结构的假设会引向

A′　　B′

A　　B

① 参看本书前面，第 1 页及以下。

② 比如可以参看彪勒（Bühler）：《儿童的智力演变过程》，第四版，1924，第 103 页及以下。

③ 考夫卡：《心理的发展》（*Growth of the Mind*），第 79 页。

一些什么样的复杂装置。对于这一假设会不会遭到否定我们仍然没有把握。因为,一旦承认视网膜上的每一点都拥有所需要的全部连接,那么还有待知道的是:在每一特殊情形下,是什么把兴奋引向了合适的通道。局部的光线印象明显不能满足这一条件。因为在上面的图形上,在涉及到注视 B′点和注视 A′点时,光线印象都是一样的。因此必须承认注视反射被那些局部的视网膜印象和那些在中枢中表达眼睛的初始位置的本体感受兴奋共同地规定。如何设想这些调节兴奋的干预?必定有某种特别复杂的道岔机制。承认注视运动不是来自于两个系列的独立兴奋的相加,而是来自于一个整体进程(视网膜兴奋方面和本体感受刺激方面在其中是难以分辨的)难道不是更加简单?促动生理学家提出在感觉器官表面的一些点和某些运动器官之间存在着先定的解剖连接这一假设的,只能是偶尔在兴奋的位置和运动效应之间观察到的盲目的一致。然而,我们在此遇到一种情形:兴奋的位置保持不变,而且活动的效应也是不变的,但一些中间现象,如果我们愿意这样说的话,即反射的工具却是不同的。因此在此没有任何东西促使我们保留先定连接的假说,促使我们把视网膜印象和本体感受刺激当作是总体兴奋的真正有区别的构成成分对待。

但从此以后我们应该如何表达运动反应与制约它的刺激群集之间的关系?解剖学观念之所以受到约束和妨碍,是因为它们不能够要么借助反射对之作出反应的情境、要么借助反射本有的效应轻易地引入一种反射调节。“本能活动,甚至绝大部分的反射活动呈现为高度适应的,动物在其环境中采取对它有用的行动,但是从这一理论的角度看,适应不是这些行为本身的一种属性,而不过是它们给予目睹者的一种印象。不管是在何种程度上，活动都不是由情境的内在性质，而是完全由预先存在的连接所决定的。情境只不过是作为转动钥匙、撤下按钮、开动机器的一个因素起作用。但像一部真正的机器一样，不管其活动符合还是不符合所在处境，动物都只能够依据预先建立的连接系统进行活动。情境与反应的关系由此是纯粹偶然的。”①反射的经典生理学要求功能只能是现存结构的产物或者结果，它总的来说否定功能固有的、客观的实在：它除了是一种用以指明机制效应的人为方式外不是别的什么。但科学的研究会服从于这一禁忌吗？“说明一种结构——其最令人惊奇的复杂性确保了一种适应功能，而这一功能却无助于引导发展——对于生理学家来说是一件没有希望的任务。”②为了各种生命运动能够在它们自身中一下子就拥有非常明显的准确性和灵活性，或者为了它们至少能够借助经验自我纠正，运动的神经支配在每一时刻都必须受到调节，在每种情况下都必须考虑到情境的各种特殊性。“依据我们用大写字体还是小写字体、快速地还是缓慢地、用劲地还是轻松地、用手臂的这个还是那个部位、从左边还是从右边、在纸的很上边还是很下边来书写，书写所要求的肌肉的神经支配——这只不过是文字表达形式的一部分——为各种可能的变化留有充分的余地。”③可是所有这些调节都是在瞬间

① 考夫卡：《心理的发展》(Mental dévelopment)，参看默奇生(Murchison)编《1925 年心理学》，第 130 页。

② 考夫卡：《心理的发展》，第 79 页。

③ 洪·克里斯(Von Kries)：《论意识现象的物质基础》，图宾根和莱比锡，1901 年，转引自考夫卡：《心理的发展》，第 272 页。

中进行的。除了在为运动反应做准备的那些传入过程中外，这些调节在哪里可以找到其源泉？有人可能已经提到：[①]手中握着一支铅笔的婴儿，连续六次把它放到嘴里，即使每一次都向一个不同的方向偏离。因此在每一时刻，被本体感受性表达在中枢中的手臂位置，不用学习就足以控制运动反应的方向和幅度。神经系统的感受部分和运动部分因此不再被设想成是一些独立的、在进入关系之前其结构就预先被确立了的器官。“我们习惯于把反射弧看作是由一个向心分支和一个离心分支构成的复合体，这两者被当作是各自独立的部分，而装置特有的特性乃是存在于它们之间的连接。”[②]事实相反地告诉我们，感觉器官（sensorium）和运动器官（motorium）作为某个单一器官的部分起作用。比如说我们知道，长久地注视一个处在日光照亮的景致中的物体是非常困难的，而相反地，在黑暗中作用于眼睛的一个亮点却是一种难以克服的吸引力量；我们还知道，我们眼睛的反射活动最通常地是根据被知觉对象的轮廓形成的；最后，我们知道眼睛始终在移动，以便从被注视对象接受尽可能丰富的刺激。[③] 一切的发生如同某种最大值律（loi de maximum）支配着我们眼睛的活动，如同这些活动在每一时刻都是它们为了实现某些优先的平衡情景（在感觉区域中起作用的那些力量以这些优先平衡为目标）而应该成为的东西。如果在夜里一个亮点出现在边缘区域，事情则表现为好像是感觉—

① 塞茵小姐（Miss Shinn）：《关于儿童成长的笔记》，加州大学论文，第一卷（1—4），1893年，第99页。

② 考夫卡：《心理的发展》，第71页。

③ 同上书，第81页。

运动系统的平衡被中断了；它由此引起了要靠注视活动（它把亮点移动到视网膜的功能中枢）来予以解决的紧张状态；各种运动装置因此表现为重建平衡的各种手段（平衡条件已经在神经系统的感受器区域中被给出），各种运动则表现为兴奋场的这种重组（可以与重力作用下的物体在容器中的下沉相类比）的外部表达。如果我们在立体镜中把一条垂直的线呈现给两只眼睛中的每一只，以至于两条线在正常的会聚度内看起来是平行的而且彼此很近，那么被试者马上就会看到它们合并为单一的一条。这是因为我们的两个眼球在我们毫无所知的情况下采取了某一会聚度——就像两条直线在相应的纬线上形成的那样。一切的发生就如同，与每一视网膜印象相应的那些生理过程在视觉中枢彼此产生了一种吸引（在运动区，吸引通过处于这些力量方向上的某些定向运动而获得表达）。“如果我们从物理学的观点来审视这种情景，这种类型的某一过程似乎真的会起作用。……在过程的一种平衡分布中，场始终充满着各种暂时相互抵消、但代表着能量储存的力量。这样，在视觉的例子中，似乎存在着一些试图把两条平行线统一起来的力量。在物理现象中，如果这种类型的某个场与某些运动部分处于功能关系中——其中以某种确定形式呈现的某些运动具有放松仍然存在于场中的张力之效应——由场中那些力量的可自由支配能量启动的这些运动就会即刻产生。这样说来，这些力量只不过是在‘等待’某一契机，以便让它们所包含的能量运作起来，比如在最佳平衡状态意义上作用于可以运动的部分。在物理现象中，最佳平衡状态总是处在以产生这种平衡为目标的诸力量的方向上，但在神经系统的特例中，它们不能够在场的内部直接地达到。它

们因此迂回地达到平衡(如果这有可能的话):对那些其能量在膨胀方向可以运动的部分(这里指的是眼睛肌肉)施加影响。在这种类型的有序的物理过程中不存在任何超自然的东西,没有任何直接或间接的过程会产生不以整个系统的更为稳定的平衡状态为指向的变化。如果我们把这一图式应用到大脑的视觉部分,应用到视觉部分与眼球肌肉的神经连接中,我们将获得对于注视运动的一种新的说明……"①

一种趋于平衡分布的液体,为了被引入到一个与液体所在的容器相通的另一容器中,在最直接的通道被阻塞的情况下,可以利用各种间接的通道;同样,由于某种理由,如果不再利用习惯的通道,反射可以借助替代的神经通道而得以产生。但这种比较本身是不准确的,因为在相通的容器中寻求其平衡的液体是沿着事先建立起来的通道的。我们最多可以假定最直接通道的阻塞,通过使液体上升到通常水平之上,借助于一种自动装置启动了预备起作用的替代通道。反射相对独立于它通常得以在其间实现的那些基质却处于另一层面上。因为,就像一滴服从于外力的水通过这些内部力量的相互作用,实现了其元素的分布和一种新的整体形式(它们重新回到了平衡状态)一样,反射活动能够临时组织一些接近的补充,这些补充永远不会是已经成为不可能的反应的精确等价物,而是在机体中维持着受到威胁的功能。接近于守恒的功能效果于是通过可变的"手段"而获得,因此可以公平地说,正是功

① 苛勒:《格式塔心理学的一个观点》,参看默奇生编:《1925 年心理学》,第 191—192 页。

能让我们明白了机体。因此，这些解剖结构在其为天生而具有的时候，应当被看作是原初的机能发展的身体结构的条件，它们可以被机能本身所改变，因此可以与控制电解现象、反过来又被电解现象所改变的电极相比；而在其为后天获得时，它们可以被看作是最习惯性的机能的结果；解剖就像是生理发展的一个剖面图。最后，如果每一情景下的神经过程都总是通向重建某些优先的平衡状态获得了确认，则这些优先的平衡状态就代表了机体的客观价值，我们就有权利相对于它们而把行为分类为有序的和无序的，有意义的或无意义的。这些远非外在的、拟人的命名属于这样的有生命之物。

然而在涉及到注视反射的方面，这些结论已经由玛丽娜（Marina）的那些经典的移植（transplantation）实验而得到了证实。[①] 如果在一只猴子那里，我们把其眼球的内部肌肉与通常控制外部肌肉的神经末梢相连接，另一方面把外部肌肉与习惯上控制内部肌肉的神经末梢相连接，被置于一间黑暗房间中的这只动物会正确地把眼睛转向比如出现在右边的亮点。不管这一适应的工具是什么，如果解剖装置起着决定性的作用，如果前面描述过的那种调节过程无法确保神经—肌肉嵌入的互换之机能适应，那么，这一适应就显然不能够获得理解。

苛勒的假说并不仅仅被运用到了注视反射中。为了抓住一个被看见的物品，或者为了把某一触摸到的东西放入嘴中，手会如何移动？在研究这样的问题时，人们也会引用这一假说。在这些情

① 玛丽娜：《旧脑的关系不是固定不变的》，“中枢神经学杂志”，第 34 卷，1915 年，第 338—345 页，参看考夫卡：《心理的发展》，第 271 页及以下。

形中就如同前面的情形中一样，与四肢和身体位置的中枢表象结合在一起的视觉或者触觉印象本身必定支配着运动反应，因为，就像有人已经注意到的，[①]儿童如果要抓一个物品，他不会看他的手而是看物品，如果想把拿在手中的东西放入嘴里，他从来都不需要用他的另一只手来确定他的嘴的位置。人们在说明头朝向声源的反射运动时，用的还是同样的说明。人们知道（卡兹，Katz），在这一反应（当其是反射时）中唯一起作用的是时距（intervalle），它把声音达到右耳和左耳的时刻分割开来，而且被试者并没有意识到这样的时距。因此应该假定，由两列声音刺激所启动的神经过程，还是趋向于一种平衡状态（两个系列的声波在这种状态中是同时的），并且引起了各种能够产生这一结果的定向运动。[②]

人们长期以来就知道，在一个或多个趾节被摘除之后，食粪虫可以立刻继续它的爬行。但继续存在的残肢的活动与身体整体的活动并不是正常爬行活动的一种简单持续。它们表现为一种新的运动样式，表现为对由摘除引起的新问题的解决。如果不是由于地面的性质使然，一个器官的这种重组（reorganisation，umstellung）就不再会发生——在即使截短了下肢也能够找到其落脚点的不平整的地面上，爬行的正常进行得到了保留；当来到平滑的地面上时，正常的爬行就被废弃了。因此机能重组不是由一个或多个趾骨的切除自动地启动的——就像在涉及到某一预先建立起来的应急装置时出现的情况一样。这种重组只能是在外部条件的压

① 纪尧姆（Guillaume）：《儿童的模仿》，第 123 页。

② 考夫卡：《心理的发展》，第 85 页。

力之下实现的，我们被引向认为它是由那些在神经系统的传入区域运作的力量临时安排的（就像前面谈到的注视反射）。特伦德伦伯格（Trendelenburg）的实验证明了这一点。

> 在部分切除相应的大脑区域之后，动物不能够用其右爪抓食物，但在用于替代右爪的左爪切除之后，又重新恢复了右爪的使用。如果人们在这一时刻切除控制右爪的那些中枢，在处境非常急切地要求时（比如当食物在笼子之外时），动物仍然能够启用它。几乎不可能给予实验的每一阶段一种新的应急装置（对于该装置来说，此时此刻的情境就是适当的刺激）；神经支配每一次都要重新分布，都要受到情境本身的支配，这一假说与现象的外观相当吻合。

此外，机能的重组，就像让那些替换活动（Ersatzleistungen）——某一肢体或某一器官取代了别的肢体或器官的功能——运作起来一样，并不会以一种特定的方式产生，除非某种生命兴趣在起作用，而不是涉及到某种“依据控制”的行为。这就是说它表达了某种回到神经系统之整体平衡的方式，而不是对一种局部的自动装置的启动。但机能重组和替换活动仍然是基本的神经现象，还没有达到所谓的有意识反应的灵活性：只要肢体不是被切除了而是仅仅不能活动了，它们在狗、蟹或者海星那里就不会出现。在这些情形中，活动极力进行替代解脱，而这种替代解脱逐渐地退化为了无序的行为。相反地，在人那里，如果肢体绝对不能活动，各种有用的“迂回方式”就会不加考虑地产生出来。这些事实因此对我们而言是实质性的，因为它们在盲目的机制与理智行为之间突出了经典的机械论和理智论没有加以说明的一种定向活动。[①]

但偏盲症患者(hémianopsique)的视觉[②]为我们提供了神经活动趋向机能平衡的最佳例证。如果我们通过测度视力范围来确定视网膜区域——它们在偏盲症患者那里能够继续引起光线感觉——我们就会注意到,他所利用的不过是两个半视网膜(semi-

① 关于所有这些观点,参看戈尔德斯坦:《机体的构造》,第 146 页及以下。我们已经有机会指出习惯的迁移现象:严格地说右手的切除不需要左手学习写字;不管我们仅用手指肌肉写在一张纸上,还是用整个上臂的肌肉写在黑板上,我们的字迹都拥有一些不变的特征。能够在不同的活动整体中获得表达的机能结构或者"形式"在脑中的不变性将在第二章中进行研究。也有必要把这些活动与反射补充加以比较——盖尔布(Gelb)和戈尔德斯坦的被试者借助这些活动模仿呈现给他的视觉的物体之轮廓,而且这些活动在他那里取代了视觉整体的正趋衰退的知觉能力(《脑病理衰亡的心理分析》,第一卷,第一章,第 1—142 页:"论视觉感知与器官识别心理学")。基本的观点是:被试者既忽视了视觉缺陷,也忽视了掩饰这一缺陷的运动补充(同上书,第 5—24 页)。在所谓的高级神经功能与不严格而言的低级神经功能之间,一切过渡状态都被给定了。到此时为止,"形式"观念是唯一使我们能够同时说明在后者中已经意向性地有了的东西和在前者中依然盲目的东西的观念。这一观念同时也说明了存在于这样的反射行为与高级行为之间令人震惊的平行,在病人那里尤其如此。按照拜顿迪克和普莱西纳(Plessner)的看法(《行为的生理学解释:对巴甫洛夫理论的一个批评》,"生物理论会刊"系列 A,第一卷,第三部分,1935 年,第 151—171 页),我们有机会描绘一种真实的"实验神经症(névrose expérimentale)",这是对巴甫洛夫做切除手术的那些狗中的一只重复进行实验所产生的,它具有人类病理学清楚地认识到的消极态度和任意的行为。戈尔德斯坦本人(《机体的构造》,第 24 页)把那些在交感神经切除之后逃避热风和穿堂风的动物的行为(坎农),与那些由于大脑受损伤从而避开它们无法支配的全部情境并因此缩小了它们生存环境的动物的行为加以对比;"装死"的动物的态度和始终"忙碌"的病人的态度,永远都不能够自由地应付环境可能会突然地向他提出的某种任务。或许我们甚至可以在行为的"形式"中寻找由伽约瓦(Caillois)指出的,动物生命的一些悲惨事件与最为顽强的一些人类神话之间的类比推理(《螳螂:神话的性质和意义研究》,"测量杂志",1937 年 4 月卷)。从我们在所谓的基本的神经现象中认识到一种定向,一种结构开始,这些无论如何提出了一个难题的对比不再具有任何拟人性质。

② 参看富克斯(Fochs):《偏盲症患者的假视网膜中央凹》,"心理学研究",第一卷,1922 年,第 157—186 页。富克斯的这些结论是由戈尔德斯坦总结和解释出来的,参见《机体的构造》,第 32—38 页。

rétine)，我们因此期待他的视觉场对应着正常视觉场的一半（根据情况或右或左），而具有一个外周清晰的视觉区域。实际情况绝不是这样。被试者觉得看不清楚，但并没有被缩小到一个视觉半场。这是因为机体通过重组眼睛机能，已经适应了由疾病所造成的情境。眼球已经转动，以便让未受损伤的视网膜部分呈现给不管来自右边还是左边的光线刺激；换言之，保存下来的视网膜区域，并没有还是像生病之前那样接受来自另外半个视觉场的光线，而是被定位到了眼眶的中心位置。但肌肉机能的重组（可以与我们在注视反射中所认识到的相比），如果不伴随着视网膜元素和距状区元素功能的重新分布（这些元素似乎点状地对应于这些功能），就不会具有任何效果。

我们知道，在正常被试者那里，就视敏度（acuité visuelle）、就颜色知觉和空间知觉而言，视网膜的不同区域远非是等值的。既然自此以后，某些在正常视觉中处于“边缘”的视网膜元素变成了“中心”，那么，反过来，在它们之间完全应该发生系统性的功能转换。尤其是被排斥到外周的旧的视网膜中央凹（fovéa）丧失掉了其清晰的视力，并且被某种处于自此以后容易产生兴奋的区域中心的假视网膜中央凹（pseudofovéa）所取代。富克斯的测量表明，假视网膜中央凹的视敏度高出于解剖意义上的视网膜中央凹1/6，1/4，甚至1/2。它所获得的光线刺激是由被试者“正面”地定位的。所有的颜色最后都由新的视网膜中央凹来感知，即使后者在正常被试者那里处在一个红绿色盲的视网膜区域中，也是如此。如果我们限于那些把视网膜上的每一点的知觉功能与其解剖结构(例如与解剖结构中锥体和杆状体的比例)联系在一起的经典观念,偏盲症中的机能重组就是难以理解的。只有在视网膜上每一点的属性不是由预先确立的局部装置,而是由灵活的分布过程(可以与悬浮在水中的一滴油的力量分布相比)来进行规定的情形下,这种重组才成为可以理解的。一系列实验[①]为这一假说提供了支持。

> 如果被试者注视我们投射字母于其上的屏幕旁边的一个明显的点,不管他与屏幕之间是一米还是两米远,被注视点与看起来最清楚的字母之间的客观距离几乎没有变化,这一距离差不多与从最清楚地看到的字母到场的边缘的距离相等。最清楚地看到的点不会因此与某个一劳永逸地固定下来的视网膜元素相对应,它在每一时刻都处于被有效地知觉到的视觉场的中心,而这一中心绝不会与客观地投射到视网膜上的世界区域相重合。如果我们使屏幕上字母大小产生变化,那么我们就可以观察到,从注视点到清楚所见点的客观距离,我们知觉所覆盖的客观大小都会随着被投射字母的大小而扩大。就像第三系列的实验所证明的,被知觉物体的特征对于视觉场客观大小的影响远远大于严格的解剖条件的影响。如果我们同时并且按比例地改变字母大小及被试者与屏幕的距

① 据考夫卡的报告,参看《格式塔心理学原理》,第 202—208 页。这些实验预示了下面一章,在那里涉及到的是更专门的知觉行为问题。我们在这里引述它们是为了证明"视觉"的生理现象的统一(我们在这里无法孤立地看待各种"眼动反射"[reflexe oculo-moteur])。运动神经冲动的组织取决于传入兴奋的组织,而后者也是不能够一部分接一部分地获得说明的。

离，即使在这些条件下每一字母藉以被看到的角度保持不变，我们也会注意到，对于大一些的字母来说，从固定点到看起来最清楚的字母之间的距离客观上要大一些，被知觉的视觉场的表面也因此要大一些。由此看来：我们的知觉所包括的空间量和现象场中的最清楚视觉区域的位置表达的远远不止于物体在视网膜上的几何投射，而是与呈现给眼睛的物体的诸特征联系在一起的感觉场的某些组织方式，它们取决于神经系统的某些固有的平衡规律而不止于一些解剖结构。

“视网膜各部分在整体进程中实现的功能，根据机体所面临的任务，根据每一特殊情境所必要的解决方式而产生变化。”[①]这并不是因为某一对象被投射到了黄斑上，所以它被知觉为是“正对着”我们的或者是被清楚地看到的，相反地应该说，黄斑往往是被知觉对象被正对着地、看得清楚地投射其上的那一视网膜区域，而这些特征依次由生理过程所占据的情景（这些生理过程在该时刻的诸知觉过程群集中与这些特征相符合）、由各种平衡关系（它们是根据苛勒的一般图式在那些知觉过程彼此之间建立起来的）进入到各个现象对象之中。这些关系往往把对象清楚地、以正面情形出现当作为目标（对象形象在易兴奋区域的中心得以形成）。[②]

① 戈尔德斯坦：《机体的构造》，第 37 页。

② 前面引述的实验却表明：具有最清楚视力的视网膜点并不必然处于易产生兴奋的区域的中心，而是处于那些有效的视网膜刺激的中心，也就是说，处在那些在现象的视觉场中得以表象的视网膜刺激的中心。在当前的认知状况下，以一种没有获得授权的严格性来系统表述这些假定的法则还为时过早。其实质乃在于：我们大体上可以把清晰视觉和混乱视觉同视觉过程中被掩饰和掩饰的部分关联起来，并且把易于产生兴奋的区域之中心地区理解为“图形的意义”（考夫卡：《格式塔心理学原理》，第 202 页及以下），把其边缘区域理解为“背景的意义”。

与意识所认识到的这些现象特征[1]相对应的应该是作为基础的生理过程的某些特定属性。我们明白这些组织是被它们改变的，因此功能创造出了一些合适的器官，在偏盲的完好的半视网膜中，一种假视网膜中央凹构成了。把这种解释扩展到至目前为止被看作是天生的解剖结构中还为时过早。[2] 但就涉及到后天的定位而言，必须承认借助功能进行的调节。只要对象的认识并没有被当作是不可能的（比如在偏弱视[hemiamblyopie]的例子中），任何功能重组都不会自己产生出来。[3] 在这一根本的功能被压制之后，它反而在病人不知道的情况下开始发挥作用。

既然我们最微弱地意识到的那些反应在神经活动的整体中也永远都是无法被孤立出来的，既然它们似乎在每种情形下都由内部和外部的处境本身所引导，并且达到能够适应处境特别拥有的东西的程度，那么，我们就不再能够维护经典观念在理论上建立的“反射”活动与“本能”或“理智”活动之间的截然区分。我们不能够把某种意向活动与一种盲目的机械活动对立起来（况且，由于这种意向活动，两者之间的关系始终是模糊不清的）。尽管如此，经典反射观念也建立在必须加以说明的一定数量的观察的基础之上。这是因为在结构中、在行为的整合中存在着各种等级。正如电荷按照均衡法则得以在其中分布的一系列内部导体，可以被一些非

① 我们完全可以说“被表达在言语行为中的”。在此没有必要引入意识，我们这样做是出于简便。

② 考夫卡本人也只是以有待核实的方式才这样做的。《格式塔心理学原理》，第207页。

③ 戈尔德斯坦：《机体的构造》，第34页。

常纤细的线路连接起来却并不构成为一个单一的物理系统，同样，神经活动可以再分为一些局部整体，连接为其相互影响可以忽略不计的一些不同的过程。如果在机体中就像在自然界中一样，一切依赖于全体，那么就不会有法则、不会有科学。苛勒的整体过程承认一种内部区分，格式塔理论与单纯协调（Und-Verbindungen）的哲学观念、与自然绝对统一的浪漫观念保持着同样的距离。[①]但格式塔理论希望把依据现象自然连接的真实分析，同某种把现象全都看作是一些事物、也即看作是具有绝对属性的整体，而不注重它们被纳入其中的那些局部结构的分析区别开来。在经典观念中如此获得界定的反射并没有表达动物的正常活动，它表达的是：当我们让某一机体接受训练，可以说是让它以零件的方式回应一些孤立的刺激而非复杂的刺激时，我们从这一机体中获得的反应。也就是说它相应于某一病态机体的行为（损伤的第一后果是中断了神经组织的功能连续性）、相应于“实验室行为”（在这里，动物被置于一种拟人情景中：因为它不是与某一事件、某一猎物所属的这些自然的统一体打交道，而是被限定在一定的区分之中，它必须对某些只是在人类科学中才单独存在的物理和化学动因作出反应[②]）。任何器官反应都预设了兴奋的整体转化，这种整体转化给予每一兴奋以其并不独自拥有的属性。我们甚至在实验室中也很少发现纯粹的反射，这并不奇怪：只有在感受器和效应器之间存在着直接关系的情形下，只有在涉及到器官的自动调节反应——戈

① 参看苛勒：《睡眠和平静状态中的身体格式塔，一种自然哲学的研究》，第156页及以下。

② 戈尔德斯坦：《机体的构造》，第106页及以下。

尔德斯坦的自反射[Eigenreflexe]——的情形下(我们可以说这些器官在这种情形下对它们自身产生作用),我们才能够发现符合经典定义的反应(也就是说对于某一给定的刺激物的固定反应)。这些反应的形式是有特色的:它始终涉及到的是相对于刺激物的一种简单定向运动,最多是一种专心和捕捉的运动。机体于是达到了对于危险刺激物的中性化,而固定反射(réflexe constante)因此是一种出现在各种"极限情景"[①]中的"灾难"反应,如果我们愿意的话,可以把它与逃避人类病理的那些单调反应相比。经典的生理学,当其寻求在实验室中获得一些固定反射时,有时会观察到对于相同刺激的某些相反反应,或者对于不同刺激的相同反应。被它当作正常反射的假—守恒和那些似乎与它矛盾的任意变化,实际上是同一种机能反常的两个不同方面。这是因为,这些反应并没有在机体的整体活动中牢固地"中心化",以至于尽管发生了刺激的改变,它们仍然可以表现出这种单调不变;相反地,如果在刺激保持不变的情况下,一种反应可以突然地替代另一种,这是因为,不管是此一反应还是彼一反应都没有被纳入到要求、并且只要求该反应的动态整体之中。[②] 高级行为病理学也认识到了刻板不变与"怎么都行"[③]之间的这一交替,刻板不变与怎么都行同等地表达了被试者对于控制情景的无能为力。自从它打算分析那些不那么基本的适应方式以来——不再是器官的简单的自我调节(自反射),而是一些解决由环境提出的问题的反应(异反射,Fremdre-

① 戈尔德斯坦:《机体的构造》,第112页。

② 同上书,第106页。

③ 皮亚杰(Piaget)。

flexe)；不再是单纯的补偿过程而是真实的作用(抓挠“反射”已经是这种意义上的一种)——生理学既没有发现前面那些反应的守恒性，也没有发现其极端的不稳定性。尤其是如果我们把动物置于一种自然的情景中，我们所观察到的将是另一种类型的守恒与另一种类型的变化。在走路时，如果我伤到了脚跟，脚的曲肌突然感觉到了松弛，而且机体通过突出这一将会放松我的脚的松弛来作出反应。相反地，如果在下山时我脚步出现错误，脚跟先于脚掌猛然触地，这一次还是曲肌突然松弛，但机体立刻以收缩作出反应。这里涉及到的是这样一些反应，它们“在刺激物的整体情景范围内产生，当刺激物在不同的整体情景中起作用时，也就是说当它对于机体具有不同的意义时，这些反应可能就会有所不同。”[①]面对类似的刺激，反应的变化在此与刺激出现的情景的意义联系起来，反过来也会出现：看起来各不相同的一些情景(如果我们用物理—化学刺激的用语来分析它们)可以引起类似的反应。实验室的反射和一个在夜晚走路的人的运动相似，触觉器官，两只脚，两条腿可以说是孤立地起作用的。[②] 以单独的部分起作用在动物的个体发生中代表着后天的获得：我们只能够在成年蝾螈那里找到严格意义上的反射，胚胎则进行整体活动，全身的、没有分化的活动。[③] 或许是在人那里，我们才能最容易地找到纯粹反射，因为或许唯有他能够使他的身体的某一部分孤立地接受环境的影响。当我们在一个被试的人那里考察其瞳孔反射时，我们可以说被试者

① 戈尔德斯坦：《机体的构造》，第111页。

② 同上。

③ 拜顿迪克：《大脑与智力》，“心理学杂志”，1931年，第357页。

把他的眼睛"借给了"实验员,那时且唯有那时我们才为某一给定的刺激观察到了一种差不多固定的反应;这种规律性在视觉的生存运用中是无法找到的。[1] 于是,反射(作为病理解体的后果)并不标志有生命之物的基本活动的特征,它标志的是我们用来研究这种基本活动的实验装置的特征——或者说在个体发生及系统发生中的多余的、后来才有的活动,只是根据某种拟人的错觉才会被看作是动物行为的构成要素。[2] 它更不是一种抽象,就此而言,谢林顿错了:反射存在着,它代表了行为的某一非常特殊的情形,是可以在确定的条件下观察到的。但它不是生理学的主要对象,并不是要借助于它我们才能够理解其余的东西。我们不应该把在实验室里或者在人工条件下通过考问一个机体得到的任何反应都当作生物学实在考虑。生物学的目标是把握使某一有生命之物成为一种有生命之物的东西,也就是说,不是(按照共同于机械论和活力论的实在论假说)基本反射的重叠或者某一"生命力量"的干预,而是行为的某种不可分解的结构。正是借助于那些有序的反应,

① 我们已经有机会指出(参看本书前面第 41 页):在偏盲患者那里,对视觉区域的测量及自然运用中的视觉功能的观察也给出了一些不一致的结果。一种功能重组在第二位的姿态中起作用——这种姿态不会在实验室的考察中形成,因为我们要求机体对适时刺激作出反应。反射学的规律让自己被心理—生理学规律所转换,而且,我们很快将看到,被心理学规律所转换。

② 在谈及感觉这一观念时,实在分析的要求与被研究现象的要求之间的同样冲突也会碰到。感觉远不是意识的初始的、基本的内容,也就是说对某一纯粹性质的感知,它乃是人类意识的一种迟来的、例外的组织模式,那些打算构建感觉意识的学说源于拟人的错觉。在行为中,就如同在知觉中一样,从时间上看在先的既不是外在部分的镶嵌,也不是分析使之得以可能的精确统一,而是人们经常所说的混沌状态(syncrétisme)。

我们才能够在退化的名目下理解自动反应。就像解剖学求助于生理学一样，生理学也求助于生物学。“反射运动的诸形式乃是生命的木偶戏……是机体在其站立、行走、格斗、飞翔、抓拿与吃喝时，在活动与繁衍中实现的各种运动的形象。”①

*

* *

概括地说，对反射理论的批判和就几个例子进行的分析表明：我们必须把神经系统的传入区域看作力场，它同时表达了机体内部状态和外部因素的影响；这些力量根据一定的优先分布模式趋向于自我平衡，并且从身体的运动部分获得这一结果所特有的运动。随着这些运动的进行，它们引起了传入系统状态的某些改变，这些改变反过来又引起新的运动。这一动态循环过程确保了人们为了说明实际行为所必需的灵活调节。

按照苛勒的说法，我们为这一过程给出了多种物理学模式，尤其是电子学模式。人们已经就这些“冒险的生理学假说”指责了苛勒。这是因为人们没有在他理解这些假说的意义上理解它们。他并不认为某些类比就足以让我们把神经机能还原为某种电子分布过程。他让假说接受实验的裁定，他并未特意维护这一模式。他感觉到存在着一些其属性类似于我们在神经系统中认识到的属性的“物理系统”：它们一直进化到一种优先平衡状态，而且在这些局部现象之间存在着循环依赖。② 如果我们在神经系统的视觉区域

---

① 韦赛克：《反射规律》，第 37 页。

② “可以起作用的能量的数量对于被把握为一个整体的系统来说应该是最小量，熵是最大量，而其组合构成为系统的那些载体不应该在每个被单独地把握的部分中获

辨认出了某种一般物理系统的特征,[①]就说明了我们已经描述过的注视反射。问题不在于从诸多其他假说中冒险提出一种假说,而在于引进一个新的范畴,"形式"范畴,它同样地运用到非有机领域和有机领域,它在没有活力论假说的情况下容许我们让威特海默所说的[②]、观察证实了其存在的那些"横向功能"出现在神经系统中。因此各种"形式",尤其是各种物理系统被界定为其属性并非孤立的部分所拥有的属性的总和[③]的一些总体过程,更准确地说被界定为或许彼此难以分辨、但它们可以相互比较的"部分"在绝对大小上有着差异的一些总体过程,换言之,被界定为一些可以转换的整体。[④]我们要说到处都存在着形式:在这些形式中,系统的各种属性为了导致系统的某单一部分的完全改变而产生变化,反过来,当这些部分的完全改变却保留了同样的关系时,这些属性就会得以保留。这些界定符合神经现象,因为我们刚刚看到,我们不能够在神经现象中把反应的每一部分与局部条件联系起来,而且在一方面是传入兴奋,另一方面是运动冲动之间,最终是在所有的东西之间存在着相互作用和内在联系。不管苛勒的那些模式的

得为它们自己规定的价值和位置:它们应该通过它们的整体组合、彼此相关地产生一个持久的整体。每一处的状态或者事件都由于这一理由主要取决于在系统的全部其他区域中给定的条件。如果相反地,我们可以单独地为物理组合物的每一单独把握的部分表述这些(平衡状态)规律,那么它们就不构成为一个物理系统,而单独地把握的部分对于它而言就成了这种类型的系统。"苛勒:《身体格式塔》,第 XVI 页。

① 苛勒:《身体格式塔》,第 XIX 页。

② 威特海默:《对运动视觉的实验研究》,"心理学杂志",1912 年。

③ 这是埃伦菲尔斯(Ehrenfels)的第一条标准。参看苛勒:《身体格式塔》,第 35—37 页。

④ 埃伦菲尔斯的第二条标准。

命运如何，这些模式藉以确立起来的那种类似总是存在着，而且我们可以把这一类似看作是既有的。我们还需要研究构成物理形式的区别性特征的东西，还有我们原则上是否同意将“生理形式”还原为“物理形式”。

但是，为了理解神经现象，真的有必要引入一个新的范畴？格式塔理论通过批判生理学中的“解剖精神”为“形式”观念提供了辩护。这一观念的必要性在“机能”生理学中——它把神经通道建立在一些暂时的连接，比如建立在不考虑地形学的各种共振器之间的连接（谢夫［Schiff］；韦斯［Weiss］）或者各种同步神经元之间（拉皮克）的连接的基础之上——难道不是更加不明显？就像谢林顿本人一样[①]，拉皮克针对扩散现象提出了秩序问题。如果溢出某一肢体的兴奋，没有虑及运动控制的接近而移向在动物生命中与该肢体协作起作用的另一肢体，在这一“选择”中就不再有任何的神秘：这是因为某些通道是暂时地[②]同步的，它们独自向兴奋开

① 某一给定的皮肤区域的感觉神经纤维（尽管非常小）分散在许多根束中，甚至分散在两三个相近的根部，于是在骨髓中面对整个一系列的既属于伸肌又属于曲肌的运动纤维而形成它们的入口。为了被观察到的运动能够实现（把曲肌扩展到曲肌却从来不通达伸肌），就必须承认，他（谢林顿）应该问问：脚掌的各种感觉纤维在骨髓灰质中是搜寻曲肌运动细胞（细致地把其他肌肉、尤其是伸肌的运动细胞置于一边）的通道吗？（拉皮克：《神经系统的普通生理学》，载于迪马的《心理学新论》，第一卷，第四章，第149页。）

② 实际上，我们谈到的关系是不严格的，正是时值联系很容易地解释了其灵活性。让我们想到：当某一神经被并入到神经系统中时，这一孤立神经的时值（就成分而言的时值）就被修正了。“在正常状态的，也就是有效地构成一个功能系统的神经系统中，无疑处处存在着这种类型的干预，成分的时值（孤立的、处于放松状态的神经元的时值）让位于可以按照各种各样的影响而调节的从属关系的时值。”（拉皮克：《神经系统的普通生理学》，载于迪马的《心理学新论》第一卷，第四章，第152页）。尤其是，“脑

放。但难题不过是被转移了。现在的关键是知道这些合适的同步作用在机体中是如何得到保证的。按照拉皮克的看法，它们依赖于外周因素和中心因素。四肢的位置由于时值的重新分配可能引起反射的反向。被实施的最初运动或者相反地抵制这一运动的诸障碍可能借助同样的方式引起“起作用的肌肉的完全移位”。[①]尽管如此，这些关系，就像在扩散中起作用的关系一样可能不够严格，无法一劳永逸地摆脱脑中枢的各种“控制”。[②]但这些中枢的道岔能力同样不是一种绝对能力。作者把神经导体的整体看作是一个“功能系统”。[③]大脑由神经元组成，就像所有其他神经元一样，它们可以在临近的神经元的作用下、并且逐步地在外周神经的影响下改变时值。皮质的运动中枢的时值因此是可变的。人们可以通过对投射到被查看区域的身体部分进行加热、冷却和电刺激来改变时值。有人（卡尔多[Cardot]）为同一中枢的不同时刻找到了变化多样的时值，这尤其取决于迷走神经和甲状腺器官。因此时值的分布和神经通道的组织取决于脑；脑借以分布时值的活动本身不过是某些外周神经或植物性神经影响的后果，在这一意义上也是先前的同步作用的结果。“……我们通过改变时值而赋予给大脑的道岔能力，并不是一种隐藏在我们把它作为这一能力的工具提出来的机制背后的拟人想像，在这种研究取得充分进步的时

真正地拥有修正外周神经运动的时值的能力。”（同上）他觉得抑制的观念相当简明和准确：这就是神经通道由于时值的简单改变而断开。反射的中止和反向现象可以很容易地借助同样的语言获得描述。

① 同上书，第 151 页。

② 同上。

③ 同上书，第 153 页。

候，这一能力将自主地从这一机制本身中得出来。"[①]但是，如果时值的分布和神经通道的组织由此依赖于既内在又外在于机体的多样条件，如果中枢求助于外周且外周求助于中枢，那就应当向拉皮克提出他本人曾向谢林顿提出的问题。时值说明的乃是整合，说明的是这一事实："在多种多样的外周神经点产生兴奋的情况下，神经控制的整体能够使身体的全部肌肉都做出反应。"[②]我们还必须明白，在可能连接的这些全部系统中，为什么通常只有那些具有生物学价值的系统得以实现，为什么原因和结果的这种循环导向了(重新采用拉皮克的用词)"一种运动"，而不是一些"无效的痉挛"。[③] 时值理论强调新通道的组织在任何时刻都是神经系统固有的功能。它只不过由此使有待于说明的东西更为可见。为了确保产生运动而不是痉挛的时值分布，我们不再指望任何解剖结构，任何稳定的机构，任何自主的中枢。如果这一分布不受任何地形学引导，另一方面又服从于无限可变的条件，那么如何理解它决定着某些相对稳定的典型活动，某些不变的对象知觉，某些运动(每一部位的兴奋在这些运动中可以说都考虑到了同时产生的和后来产生的那些兴奋)，最后，决定了按照引起它们的那些情景而被模式化的各种活动？

但我们可以把"秩序"问题作为拟人的问题而予以抛弃。尽管格式塔并不是"活力论的"，但它把拟人倾向和目的性引入到了物

① 拉皮克：《神经系统的普通生理学》，载于迪马的《心理学新论》，第一卷，第四章，第153页。

② 同上书，第148页。

③ 同上。

理学和生理学中，据此可以看出：它把人类规范投射到现象中，并且预设了“有方向的”或者“有序的”过程。显而易见，在谈论某种“适应于”刺激的反应或者一连串“协调的”运动时，我们表达的是由我们的精神设想的某些关系，由我们的精神在刺激的意义与反应的意义之间、在反应的整体意义与构成反应的部分运动之间进行的某种比较。我们用来界定秩序的这些意义关系正好是从我们自己的组织中产生出来的。它们因此不需要借助于一些不同的原则来获得说明。如果我们借助单纯的统计频率，以一种明确的方式来界定秩序，那么在整个机体中的“某些优先行为”（也就是说比我们逐一考虑行为的外部与内部条件所期望的还要频繁）的存在不再要求任何特别的说明。因为“频率”仍然属于我们的精神的一种认定，在事物中存在的不过是一些每一次都需要特殊的原因来进行说明的独特事件。因此没有必要问是什么在引导时值机制，并把它引入各种“有序”运动之中。如果它产生了这些运动，是因为它们的必要条件被统一起来了。如果疾病或者情绪以及它的“解体反应”没有呈现出来，是因为它们在那些给定的条件中是不可能的。有序行为之所以被保持，是因为唯有它才被保持。假定“掩藏在”那些大脑机制“后面”的、借助于它们而得以实现的“道岔能力”是无用的。如果我们使秩序问题变成另一个因果问题，秩序问题就失去了意义。这就是说，并非作为一种原因的“道岔能力”是一种结果，或者，如拉皮克所说的，是机制本身的一种“自动的结果”？在科学足够进步的状态下，神经系统的机能可以被一点一滴地、从局部现象到局部现象地重构。时值分析可以夹杂着一种综合。可是这一真实的综合是不可想像的。如果我们从时值分析给出的神经机能的形象出发（就像从一种自在地存在着的实在出发），我们将发现各种从属的时值，它们没有中介、没有障碍地彼此依赖，在设定的时刻，其中的每一时值都预设了所有其他的亦预设着它的时值，通过各部分的组合而来的全体之发生是虚构的。它任意地断开了相互决定的链条。这种情形与温度控制器的情形并不一样。在温度控制器的情形中，内部温度的某一变化预设了自动控制阀的一个位置，而自动控制阀本身亦预设了内部温度的某一状态，永远不会出现某一同样的现象既是调节者又是被调节者的情形。相反地，任何时值都不过是整体过程的一个方面，人们借助抽象把它看作是一种局部事件，在神经系统中存在的只有全体事件。即使当系统的一个区域似乎“为了自身之故”而运作时（比如，当热刺激或内感受刺激的一些重要变化几乎没有让眼跳反射被触动时），时值观念表明这一孤立的运作也是功能性的，它取决于一定数量的时值分离，并且被整合到系统整体的时值群集中。这里的神经机能统一，尤其是这种把系统与简单地循环的诸现象区别开来的相互决定的统一，乃是系统的一种客观特征。由于人们把它设想为一种“结果”，也就是说把它从它内在于其中的局部现象的多样性里派生出来，就中断了这种统一。另外，同样地，人们使回到一种外部的“秩序原则”成为不可避免的——就像拉皮克本人用脑中枢的“控制”这一词所表达的那样。时值分析一旦进行，它所给出的神经机能形象既不会自在地被确定，也不会脱离诸时值借以相互决定的过程。形式观念表达的就是这一自动分布。这并不涉及到一种会纠正这一机制的第二因果性：这种异议或许可以针对协调中枢理论。形式的观念只不过使某些自然整体的描

述性属性得到了表达。这一观念的确使我们运用目的论词汇表有了可能。但这一可能性本身是按照神经现象的本性建立起来的，它表达了神经现象所实现的统一的类型。如果，就像必须做到的那样，我们在放弃目的论的实在论的同时放弃了机械论的实在论，也就是说放弃了一切形式的因果思维，那么“优势”行为对机体的界定，也会像时值分析能够做到的一样客观。

第二章 高级行为

知觉行为分析最初是作为对反射理论的补充和延伸发展起来的。[①] 巴甫洛夫面临的难题是要知道，机体如何能够维持与某种比以物理和化学刺激的方式直接作用于感觉神经末梢（terminaisons sensorielles）的环境更广泛更丰富的环境的关系。但环境的这种拓展是通过把某些自然刺激物的力量转化为一些新的刺激而获得的。问题只在于增加我们的天生反应所依赖的那些控制机制，尤其是要把它们组合成一些自动反应链。在任何时刻，人们总是企图借助在场的本体感受刺激和外感受刺激（包括条件作用[conditionnement]赋予它们的各种能力）的总和来理解行为。神经活动的本质始终保持不变：这是一个可以分解成一些实在部分的过程。[②]

① “……单靠先天性反射（les réflexes congenitaux）对动物生命来说是不够的，日常生活要求动物与其周边世界之间有更为细微、更为特殊的关系……这些事实是以下面这种方式发生的：大量的自然因素通过它们的呈现，把信号传递给制约着先天性反射的为数相对不多的因素。通过这种方式，在机体与周边世界之间的一种精确的、微妙的平衡就达成了。我把这种大脑半球的活动称为信号活动（activité de signalement）。”巴甫洛夫：《大脑皮层活动教程》。

② 巴甫洛夫接着写道：“这种信号作用（signalisation）表明了被命名为反射的神经活动的所有特征。把这些习得性的反射称之为条件反射（réflexe conditionnel）或者接触反射（réflexe de contact）将是正当的。”（同上书）

*

*　*

既然“情景”始终是某些物理的和化学的刺激物的一种镶嵌，既然各种新的联系产生于在这一情景中存在着的一些事实上的接近，一开始这些联系就在各个方向上不加选择地被建立起来。对于巴甫洛夫来说（正如学习对于心理学的经验论[empirisme]而言一样）成长是由一系列补偿性的错误构成的。任何与无条件刺激（stimulus inconditionné）联合作用于机体的刺激都力图自己表现出后者的促反射的（reflexogene）能力[①]（扩散律）。由此产生了儿童与动物反应的混沌情状（l'allure syncretique）。在某一时段内，一个条件刺激物甚至能把它力量所及的某种东西传递给与绝对刺激物还没有关联的任意刺激物。但是这第一条规律还不足以用来说明我们的行为对情景的本质方面的调节（ajustement）。必须从诸种可能的条件刺激物中作出一种选择，反射必须“集中”[②]。这样我们就被引导去构想一种抗力（contre-force），它将减轻扩散的效应，并阻止任何一种刺激引起与该刺激联合在一起的那些反应中的任何一种。这样，在巴甫洛夫那里，正是抑制活动被设想为一种能对扩散活动的反常效应作出补偿的积极过程。

举例来说，假定某一声音 S[③]，它从未与肉末组合在一起

① 巴甫洛夫：《动物的高级神经活动》，第 311 页。

② 德拉波维奇（Drabovitch）：《条件反射与时值》，“哲学评论”，1937 年 1—2 月卷，第 104 页。

③ 巴甫洛夫：《条件反射》，第 78—87 页。参见皮埃龙：《条件反射》，见迪马编：《心理学新论》，第二卷，第 35 页及以下。

过，但它多次与某一已经成为胃分泌物的条件性刺激的光线刺激物L同时出现。起初，这个声音由于扩散获得了一种微弱的促反射能力，但很快又失去了：当某一条件刺激没有与绝对刺激物连接在一起时，与该条件刺激相联合的一个刺激就成为抑制性的（条件抑制[inhibiteur conditionnel]）。此外，像任何一个被引入通常情景中的新刺激一样，这一声音从它首次起作用开始，就已经拥有了一种抑制性的力量（外在抑制）。尤其引起我们注意的是条件抑制的那些效应，它们是决定性的：由于条件抑制而成为抑制物的这一声音，将以完全阻止反射的发生而告终；当光线和声音一起呈现时，我们不再能够观察到任何胃分泌物。如果在这一组刺激物中再加上节拍器M的敲击，并把这个新的组合与肉末结合在一起，我们就会观察到胃分泌物，但比较微弱，不到实验开始时由光线刺激物单独产生的一半。这是因为，如此一种新刺激物M有一种抑制作用（外在抑制），它既作用于L的刺激能力又作用于S的抑制能力。M是对限制的限制，如果它与此同时没有削弱L的刺激能力的话（正如在控制实验中所显示的，单独与光线联合的M足以减少由光线刺激所产生的胃分泌物），M在这一意义上增强了L＋S组合的促反射能力。但如果我们继续将这三个刺激物全都与肉末结合在一起，我们最后将得到下面的结果，其中的数字指的是收集到的唾液的滴数：

L＝10	L＋M＝10	L＋S＋M＝10
	M＝4	S＋M＝4
	S＝0	L＋S＝0

如果我们想用巴甫洛夫所定义的概念体系来解释这一结果,我们就必须说:当S与M相结合时,S不再产生抑制性的影响;而经常同L和S一起与肉末相结合的M获得了某种促反射能力。由此可得到如下结果:M=4,S+M=4。但另一方面,当S与L这样一种非常有效的刺激物相结合时,S就恢复了某种它不再显示出来的抑制性的能力(L+S=0)。因此,这一切的发生就如同是刺激物M起着不能被目前已知的规律所预见的某种作用,就如同它的出现突然改变S的力量到了这种程度,尽管S+L没有什么效应,但M+S+L却相反地产生了10滴唾液。这种刺激整体的结果看起来并不能视作被单独地看待的每一刺激的结果之代数和。正是在这里,巴甫洛夫求助于"我们不可能更精确地确定其本性的某种神经平衡"。[①] 确实,我们还没有使一个可能弥合理论与实验之间鸿沟的第三规律(如果它碰巧存在)产生作用。迄今为止,兴奋性或抑制性的力量并不依赖于神经系统本身,而只是依赖于由实验所实现的联合,简言之,依赖于物理的自然进程。巴甫洛夫也使某些"横向功能"以"相互诱导"(induction réciproque)[②]的方式(这的确是完全机械的)起作用。在大脑皮层某一点上的任何兴奋都能导致相邻区域的一种抑制,反之亦然。这个新的规律对大脑皮层中的兴奋区域和抑制区域具有强化界限的效果,因此,它也将补充前面两条规律的结果。[③]

① 巴甫洛夫:《条件反射》,第83页,引自皮埃龙:《条件反射》,第35页。

② 巴甫洛夫:《大脑皮层活动教程》,第349页及以下。

③ 与兴奋作用一样,抑制作用也逐渐在时间和空间中扩散开来。在一定的时间或空间距离之外,这种活动让位于同样在时间和空间中起作用的相互诱导活动。

巴甫洛夫感觉到在每一时刻都必须用一条规律去修正另一条规律，这无疑证明：他没有发现能使全部事实协调起来的中心视点。假定刺激物L被定义为分泌物的一种条件刺激，刺激物S被定义为一种条件抑制，最后刺激物M被定义为一种条件抗抑制(contre-inhibiteur conditionnel)，由L+S+M这一整体所引起的反应，就应该是由它们中的每一个的各种属性的某种真实的综合构成的。然而我们刚才看到，这种说明仍然留有余地。当刺激物S与M联合时，它失去了它的抑制性力量，在它与L相联合时，则保留着这种力量。这就是说，在L+S和S+M这两种"情景"中，刺激物S并不扮演同样的角色，或者换句话说，它们并不是我们可以在其中找到共同元素S的两个整体。但从这以后我们会意识到，巴甫洛夫由此出发的对行为的描述本身就已经是一种理论了。[①] 这里有一个初始立场，它承认，在机体中，一个复合刺激把每一基本刺激所引起的那些过程作为其实在部分包括在内，或者说，每一部位刺激都拥有其自身的功效。正是根据这一假设，如果L单独呈现时是一种积极的条件刺激物，那么人们就会相信，当它与S结合时，它自己的能力保持不变。由于新的整体没有产生任何分泌物，就应该把这种积极的抑制能力归因于S。但在L+S进入到一个更大的整体中时，这同一个实在论假设将要求我们保留L+S这一组合单独具有的抑制性力量。相应地，由于组合S+L+M产生了一种分泌物，这个新整体中的第三项将被视为一种抗抑制

① "巴甫洛夫及其弟子的所有说法都充满着理论，这些事实可以用另外一些形式表达出来。"皮埃龙：《条件反射》，见迪马编：《心理学新论》，第二卷，第33页。

因素。被理解为一种积极的过程的抑制观念(以及由此带来的我们刚刚提到的那些困难)之所以是不可避免的,是因为我们带着这样一种偏见:把某一整体兴奋看作是由每一部分刺激所产生的兴奋的总和。但巴甫洛夫本人不会坚持这样的原则,我们已经看到,为了解释 M+S 这一组合的效应,他诉诸于一种他并没有提供任何细节的神经平衡理论。这样,他就为自己指明了他的分析应该在什么方向上被修正。某一给定的客观刺激,依据它是单独起作用还是同时与这样那样的其他刺激联合起作用而在机体中产生不同的效应。如果 L 引起了机体的某种反应,为了说明 L+S 没有产生这种反应,我们并不需要假设 S 具有一种抑制能力。L+S 不是促反射的,这是因为,对机体来说,S 的加入并不是一种简单的增加,甚至不是一种代数上的增加。这个新的整体使先前的刺激物 S 不再存在,它以 S 不再是其一部分的一个新情景取而代之。以同样的方式,L+S+M 这一整体可以通过与肉末联合而成为促反射的,而且不会把这种特性传送给对机体来说性质上完全不同的 L+S 组合。[①] 这就是说,真正的刺激就是如此这般的整体。[②] 人们可以把一种条件性的能力赋予给一组刺激物——它们在单独起作用时保持为抑制性的。由高频向低频的一列光波,与之接触

① 皮埃龙:《知觉问题与心理生理学》,"心理学年鉴",第二十七卷,1926 年,第 6—7 页。

② 无疑,巴甫洛夫尤其考虑了儿童和动物反应的混沌特征(扩散律)。但巴甫洛夫的扩散是一种疏导,某种强烈的兴奋藉此把所有同时呈现的兴奋引入到它们的输出通道中。因此,它随后说明了这些兴奋中的任何一个都能引起矫饰的反应,而不是说明了这种能力属于某些确定的组合(例如 L+S+M),而且仅仅属于它们(L+S+M+X 并不是促反射的)。混沌反应回应的是一些含混的整体,而条件性实验为我们呈现的是一些与某个精确的结构相联系的反应。

可能是促反射的，而由低频向高频的一列光波，与之接触却不是促反射的。两个音高相同、强度不等的前后相继的声音，当其从较不强烈向较为强烈变化时，人们会产生一种反应，而同样的声音以相反的顺序变化时，则不会产生任何效应。只要我们保持声音间的强度差别不变，即使我们改变这些声音的绝对音调，反应也会持续下去。[①] 一篇已经陈旧的作品[②]表明，在章鱼对它在其中找到食物的一个大容器已经形成一种积极的反应，而看起来它对与前者同时出现的较小的容器形成了一种抑制作用之后，当较小的容器单独出现时，它仍然会光顾那个较小的容器。引起条件反应的真正刺激物既不是被当作个体物的声音或物体，也不是被当作既是个体物又是混合物的一些整体的声音或物体的汇集，而毋宁说是某些声音在时间中的分配，是它们的连贯的旋律，是某些物体的大小关系，更一般地说，是情景中的精确结构。

条件反射理论远不是对行为的忠实描述，它是一种受到实在分析的原子论假设启发的构造。它把适合于物的世界的那些区分模式搬到机体活动中，但它在任何层次上都不代表一种科学研究的必要工具。[③] 我们可以很容易地为这些假设推定时期：它们属于生理学和心理学的一个已经过去的时代。如果我们试图从内部分析知觉，我们将会重新找回这些假说——巴甫洛夫本人做过这

① 皮埃龙：《条件反射》，第 28 页。

② 皮埃龙，参见“心理学年鉴”，第二十卷，1913 年，第 182—185 页。——参见同一刊物，第二十七卷，1926 年，第 1 页。

③ 皮埃龙：《知觉问题与心理生理学》，“心理学年鉴”，第二十七卷，1916 年，第 6 页。

种比较。[①] 一些探讨物体表面大小的守恒的心理学家，如赫尔姆霍兹(Helmholtz)假定：一种无意识的结论允许我们在那些随距离而改变尺寸的形象背后去发现真实的大小。巴甫洛夫打算承认，当某一物体在我们可以接触的距离之内时，由这同一个物体在不同距离所引起的那些视网膜兴奋变成了所进行的触摸的运动反应的条件刺激。这两种情形中的思维过程没有什么两样。人们开始于作出如此假定：对于其距离发生着变化的某个物体的任何知觉而言，不同大小的一些个体物的形象"在"意识"之中"是给定的，或者说，一些没有共同尺度的生理过程在机体中是给定的。随之而来的问题是，在一种理智活动或者某种联想关系中找到能使这些心理或生理个体物恢复统一的手段。但是，如果我们不是开始于分别把同一个物体的那些"心理形象"或者这一个物体在神经系统中所引起的那些生理过程当作同样分离的实在，如果我们在心理学或生理学中选择"结构"而非"原子"作为指向性观念，这个问题就不会如此提出，这些答案也就没有必要去考虑。[②]

我们可能会觉得惊讶：在巴甫洛夫决定建立一种关于行为的科学时，在他为了更接近事实而决定采纳一些生理学说明时[③]，他已经在他的研究中引进了旧心理学的那些假设。这是因为，实际

① 《大脑皮层活动教程》，第100—101页，转引自皮埃龙：《条件反射》，第34页，注释1。

② 皮埃龙指出，于1929年在纽黑文心理学大会上与苛勒相识之后，巴甫洛夫就已经准备承认情结和结构的固有的作用。

③ "……不是心理学应该帮助脑半球的生理学，完全相反，对动物身上的这些器官的生理学研究，应该作为关于人的主观世界的精确而科学的分析之基础。"《大脑皮层活动教程》。

上，无论是在他那里，还是在其他人那里，生理学说明都不可能是直接的。就巴甫洛夫而言，他的那些生理学图式的任意性在我们借以描述这些图式的简单事例中并不十分明显。但当我们把这些图式与巴甫洛夫本人试图将它们予以运用的某些复杂行为相对照时，这种任意性就一目了然了。

巴甫洛夫在那些接受重复实验的狗身上观察到了一些出乎意外的行为。[①] 每当人们一放置可以用来收集分泌物的装置，动物就进入一种类似于催眠的状态中。展现一种条件刺激，狗就以普通的分泌反应作出回应，但另一方面，运动反应却未能发生。展现某种无条件刺激物（比如一块肉），动物却并不像通常那样作出反应：有时唾液分泌是正常的，但咀嚼活动却没有发生；有时出现相反情形，狗吃了食物，但唾液分泌却要等到十至二十秒后才产生。我们来检查一下巴甫洛夫对这后一种情况所给出的说明。在他看来，条件反射的合成是由建立在皮质中枢（它接受条件刺激，控制咀嚼运动）与食物分泌所依靠的皮下中枢之间的联系构成的。行为障碍（trouble）因此将被确定为“某些运动反应和分泌反应之间的脱节”。为了透过这些不同的症状去发现行为的某种一般变化，人们并不寻求把行为障碍放回到它的生物学语境中。[②] 人们

① 巴甫洛夫：《论狗的催眠状态的生理学》（在彼德洛娃[Petrova]博士的协助下完成），第 183 页及以下。这项工作受到拜顿迪克和普莱西纳的批评，参见《行为的生理学说明——对巴甫洛夫理论的一个批评》，“生物理论学报”，系列 A，卷一，巴黎，1935 年 3 月，第 160 页及以下。我们在后面的批评中将借鉴这一批评。

② 拜顿迪克和普莱西纳：《行为的生理学说明》，第 164—165 页。

这样来表达上面提到的那些姿态，指出：分泌中枢受到了抑制，而运动中枢却没有。但这种选择性抑制本身需要获得说明。此外，还由此形成了两个我们没有任何理由接受的假设：首先，巴甫洛夫假定了大脑的某种一般抑制，它开始于与人工条件反射相应的那些点，被扩展到了控制唾液分泌的皮下中枢以及皮质的运动分析器(motoranalysator)中。在引进一种未被观察揭示出来的总体抑制之后，巴甫洛夫承认，看到肉最初使分泌中枢的抑制完整无损，但克制了运动中枢的抑制，后者在他看来比前者更为机动。因为需要原因才假定了这种更大的机动性(mobilité)。当他引进机动性时，巴甫洛夫并没有说明这种现象；他所做的只是命名它，只是用解剖学和生理学的术语描述了一种自身设定的抑制解除(désinhibition)，并且“用一种更成问题的语言记录一种自身成问题的过程”。[1] 刚才谈到这些障碍的生物学背景，我们暗指的是巴甫洛夫也描述过的那些违拗的姿态(attitudes négativistes)，但他寻求对它们做出一种截然不同的说明：当我们一次，两次，甚至第三次把一块肉展现给处于催眠状态中的狗时，它把头转向一边。我们一把食物拿走，它却反而回过头来，朝向盘子移走的方向，眼睛紧随着盘子。在最成功的那些例子中，狗最后以非常吃力地张开和闭拢嘴巴结束，抑制消失了。为了说明这些姿势，巴甫洛夫诉诸于一个由各种兴奋、抑制和抑制解除构成的复杂系统。他开始于把催眠或抑制状态界定为一个“反常”阶

① 拜顿迪克和普莱西纳：《行为的生理学说明》，第 166 页。

段——在这一阶段,脑细胞的阈限降低了,以至于一个有力的刺激作为一个过于有力的刺激起作用,并且引起一种抑制。另一方面,他认定,与各种反应都相关的运动中枢包含一个积极的神经支配点(它引发了那些指向肉的运动)和一个消极的神经支配点(它相反地控制着那些外展运动)。一旦作出这些假设,违拗的姿态将由如下这种方式得到说明:由肉引起的那些视觉兴奋按照既定条件通向积极的神经支配点,但它们是在一种反常状态中发现它的,并因此在它那里引起一种抑制。与相互诱导原则相一致,积极支配点的抑制引起了消极支配点的兴奋。动物背离了肉块。当操作员把肉块移远时,直到那时还受到强烈抑制的积极支配点,将由它自身过渡到一种与内在相互诱导原则相一致的兴奋状态。同样,在第一阶段受到刺激的消极支配点,将过渡到一种抑制状态,并且会通过相互诱导引起积极支配点的兴奋。狗重复地受到刺激,当肉块撤离时,首先引起的是它朝向肉块的运动,而在向它展现肉块两三次之后,引起的则是正常的运动反射,伴随的是违拗姿态的结束。

这些例子阐明了在可以观察到的行为与人们借以说明该行为的那些解剖学—生理学假设之间的差距。条件反射这个术语如果要有一种意义,它就必须指明与某些刺激相关联的某种相对稳定的反应。然而,对动物的观察表明,它们的反应是变化多端的,可以彼此分离甚至彼此颠倒。但是,借助于抑制和相互诱导这些概念,巴甫洛夫为他自己提供了某些原则,它们使他能够弥合其理论的所有裂缝，能够建构一种使条件反射观念完好无损的说明。[①]只要我们没有从其他途径获知有关脑生理学过程的知识，他所引进的刺激、抑制和抑制消除的机制就必定表现为一种权宜之计，注定要掩盖理论和实验之间的不一致。这种没有实验支持的理论假定了一些相反方向上的力量，它显然避免了被实验所否定，因为它总是能够在两个原则中的一个无效的情况下，及时地让另一个起作用。基于同样的理由，它也不可能获得任何实验的证明。巴甫洛夫的范畴不是对那些事实的模仿，而是强加给了它们。兴奋、抑制和抑制消除这些术语确切地规定着行为的某些描述性方面，我们的内部和外部经验使我们对此已有认识。从另一方面看，巴甫洛夫界定的抑制——即抑制是由某些刺激所引发的一种积极的神经过程——是一种不应该享有同样明显的优先权的机械物理符号。[②] 由于他把在行为观察中找到的一些描述性概念直接搬到了中枢神经系统中，巴甫洛夫就可以相信他运用了一种生理学方法。事实上，这涉及到的只是一种想像的生理学，而不会是别的什么。因为，一种看起来取决于最好的科学精神的生理学方法，事实上是一种更加要求猜想、完全缺少直接性的方法。在“生理学事实”这个术语的意义方面存在着歧义[③]。有时，它被用来指示在大脑中

① “人们将如何看待这样一位物理学家——他确信以太的存在，并且像米歇尔松(Michelson)那样，着手进行研究以便证明它；他用以太的某一特殊性质或用一种抵消其结果的抗力来说明实验的否定性结果？”（拜顿迪克和普莱西纳：《行为的生理学说明》，第167页）

② 同上书，第166页。

③ 戈尔德斯坦：《大脑皮层定位》，参见贝特(Bethe)选编：《正常的与病态的生理学手册》，第十卷，第639页。

直接观察到的那些现象，有时，而且更一般地，它被用来指示行为分析让我们假定的、隐藏在动物或者人的活动后面的那些现象。人们把“生理学事实”一词只是在其原初含义中的、而且由于一种实在论偏见才具有的客观性特权转移到了它的派生含义中。如果我们以一种准确的方式认识那些以神经系统为其中心的生理现象，在行为的分析中接受这些现象的引导就是合适的。但实际上，我们就神经机能直接知道的东西很少被归结为事实。我们或许有权询问：在生理学知识中，客观性是否与物理和化学的度量方法混同起来了。[①] 那些物理的、化学的刺激物之运用和各种时值测量，使我们可以注意到神经活动在某些限定的、非常不同于其正常运作条件的条件下的某些特定效应。我们无法确定是不是同样能够以某种充分的方式来表现神经功能的特征。无论如何，在我们目前的认识状况下，不管我们是通过对行为的观察，还是通过对某些物理和化学动因在机体上引起的反应的测量来探询机体，我们从来都只能把握神经功能的表现，而且两种方式都同样地是间接的。结论在两种方式下都是同样必然的。在这种状况下，人们越是意识到生理学知识的间接特性，犯错误的种种危险就越是不那么大。因此，我们可以推定，这些危险在如巴甫洛夫那样声称从生理学开始的人那里是最大的。因为事实上没有人能从生理学开始，巴甫

① 戈尔德斯坦：《机体的构造》，第三章，案语，第 81—86 页。参见拜顿迪克和普莱西纳：《行为的生理学说明》，“如果我们说兴奋只是神经细胞表面紧张的变化，那么，我们由此不仅在理解这一现象本身方面毫无所获，而且错过了把兴奋看作是一种生理现象。同样，把声音定义为一种空气的震动无疑使物理声学成为可能，但它也封闭了直接性的入口，也由此封闭了音乐理论的入口。”（第 163 页）

洛夫是从行为研究开始的，是从描述机体面临某些情景的反应开始的(而没有顾及他自己的那些原则)；因为他没有充分地意识到他的生理学的建构特性，就把它建立在旧心理学的最不牢靠的公设基础上了。一种精心考虑的心理学的、描述性的方法提供了更多的保证。

通过分析那些关于中枢神经机能、关于行为发展的现代研究的某些结论，我们还需要证明这些原则的批判，还需要引出一种积极的观念。

*

* *

迫使巴甫洛夫把复杂的刺激物看作是简单刺激物的总和的那些原子论假设从神经生理学中排除了感受协调(coordination réceptrice)的观念。他在那种把一个简单反应与一个孤立过程相联系的“基本”过程中寻找神经活动的模式。由于在这两者之间存在着项与项的对应，他以连接(或分离)的形式想像反应的生理学基质，他在大脑图谱上标示出兴奋到达的那些地点，他在一些积极的与消极的神经支配点中确认那些获得证实的积极的或者消极的反应。如果他转向更为复杂的反应，一些不同的刺激就会在这些地点的层次上处于竞争状态。但它们的既有力量不过是由一种代数式相加组合起来的，它们的统一只能够容许或者禁止、加强或者减弱受神经支配点控制的反应，而不能够从性质上改变它。[①] 巴

① 在巴甫洛夫学派内部，伊万诺夫一斯莫伦斯基(Ivanov-Smolensky)已经指出了在刺激感受方面皮质整合过程的必要性(转引自皮埃龙：《条件反射》，见迪马编：《心理学新论》，第二卷，第 34 页)。

甫洛夫的生理学以同样的方式排除了运动协调(coordination motrice)的观念。我们刚才谈到的神经支配点的兴奋或抑制完全取决于在皮质的其余部分所发生的活动;相互诱导和先前反应对于该反应的本体感受调节的确是一些"横向功能"。然而,尽管相互诱导赋予了某一局部现象以抑制另一局部现象的能力,却并不允许它从性质上去改变后者,它因此并没有提供一种灵活调节的工具。就算先前反应对该反应进行的调节使我们明白行为的某些实在断片可以彼此连接或者分离,它也不会使各部分之间的相互适应得以可能,不会使比如说言语行为中的让人惊叹的韵律结构得以可能。"由于这两个过程(兴奋和抑制)在醒觉状态互相限制这一事实,在大脑半球中形成了一个巨大的嵌合体,在这里,我们发现,一方面是一些兴奋点,另一方面是一些处于暂时休眠状态中的抑制点,它们彼此临近。这些混杂在一起的、时而兴奋时而休眠的点之呈现,决定着动物的全部行为。"[①]正像在旧的定位概念中那样,各种神经现象构成为一个嵌合体,而神经活动则从来都不是一个自主分布的过程。针对条件反射理论,就像针对经典反射理论一样,必须提出拜顿迪克的问题:就实际情况而言,在神经现象中,"我们应当处理的是结构的功能还是功能的结构?"[②]巴甫洛夫认为,在各种刺激、中枢神经系统和行为之间存在着一种点状的、单值的对应。尤其是,神经系统通过某种类似于船之舵或汽车之方

① 巴甫洛夫:《动物的高级神经活动》,1926年,第311页。转引自拜顿迪克和普莱西纳:《行为的生理学说明》,第158页。

② 拜顿迪克和费歇尔(Fischel):《关于狗的听觉》,"荷兰生理学档案",第十八卷,1933年,第267页。

向盘的活动来引导行为[1]：定向器官发挥着一种准机械的作用，而对于一个给定的行进方向而言，该器官的独一无二位置是可能的。这种神经机能观念无论如何只能适用于大脑皮层，在这里，各种传入神经纤维和传出神经纤维准时凸伸出来。在没有大脑皮层的鱼类那里，或者甚至在无脊椎动物那里、直至在原生动物那里[2]，运动的条件反应都表明，这些反应与任何一种特殊的解剖装置都没有关联，而且它们一定表达了某些神经现象甚或某些生理现象的一般特性。[3] 但是，就涉及皮质自身的机能而言，现代生理学是在朝着巴甫洛夫的方向进展吗？

尽管争议（要么在涉及这个或那个中枢的各种界限方面，要么在涉及到局限于每一特殊情形中的那些心理功能的定义方面）还在继续进行，但在关于一般定位的意义、关于在神经物质中位置的意义等问题方面，一种共识似乎已经达成[4]。我们打算把既有结论中的某一些提出来，因为它们使我们可以认识到行为的“中枢区域”，并且懂得它嵌入到了身体之中。

①**一种损伤，即使只是局部的，也会引起涉及到行为整体的各种结构障碍，类似的结构障碍可以由位于皮质不同区域的各种损伤所引起。**

旧的定位理论低估了两个事实上的困难：即为损伤定位

---

① 拜顿迪克和普莱西纳：《行为的生理学说明》，第 163—164 页。

② 皮埃龙：《条件反射》，第 35 页。

③ 同上。

④ 比如可以参看皮埃龙的《大脑与思维》和戈尔德斯坦的《依据病人的经验对大脑皮层进行定位》的共同结论。参见《正常与病态的生理学手册》，贝特选编，第十卷。

的困难和为功能定位的困难——莫纳科夫(Monakow)已经强调了这两个困难[①]，但还有第三个困难，即对所研究的疾病及其相应的正常功能进行界定的困难。不进行方法论的反思、不具有关于生物学知识的理论，这个困难是不可能被克服的。人们很早就知道，对于病理学而言，这乃是构成“疾病分类学个性”(personnalités nosologiques)的问题，乃是发现基本障碍(多种可以观察到的症状由此派生出来)的问题。但是，在普通病理学中，症状有些时候是毫无歧义地给定的：这涉及到的是较大的缺陷，通常，机体不再在任何环境中对某些物理—化学刺激做出反应，这种障碍会影响到行为的某些实在的部分。或者，更严格地说，由于正是这些基本的适应相对于生命环境而言受到了损害，环境的种种诱发通常就足以显示疾病的特征了。因此，病理行为往往可以通过某种实在分析(它列举出被保留的反应和被废弃的反应)而获得界定。为了在这些反应间把各种症状联接起来，并且为疾病分类学的实体规定界限，我们通常会发现原则上可以观察到的原因与结果之间的真实连接，它从一些表面症状引向根本的障碍。这因此可以被确定为疾病的因果起源，而且，即使它改变了整

① 一种损伤可以扩展到远离它可以被解剖学定位的那些区域。它可以使一种功能变得不可能，而我们却无权在损伤区域内定位这种功能。的确，一些特定的通道把来自感觉器官的刺激引入大脑，或者把那些离心的兴奋输送到肌肉中(参见戈尔德斯坦，前引著作，第636页)。因此，存在着机体外周向着大脑皮层的解剖学投射。但是不应该从这里得出结论：在运作中，所谓的投射区域的各个中心就像自主治理一样运转。“投射”和“联想”的解剖学区分并不具有生理学价值。枕部损伤导致眼盲，但这并不意味着人们是“用”枕叶来看东西的。

个机体的机能，它仍然有一个确定的中心，仍然可以在身体图上获得定位。被移植到心理病理学中之后，这种实在分析和因果解释的方法已经导致了用某些划定的障碍、用行为的某些内容的缺失来界定失语症（aphasie）或更一般地说各种无辨觉能症（agnosie）。人们认为心理疾病的症状学也可以满足于注意到了这些缺陷。人们没有认识到，症状乃是机体对环境所提出的问题的一种反应，症状的表格因此随着人们向机体提出的问题而变化。[①] 症状总是与精神的期望相对应，为了使症状具有意义，这种期望必须是确切的。重新采纳在语言中已经给定的那些混乱的分类，医生要问的仅仅是：病人是否能够言谈、理解、写作、阅读。而在心理学家方面，如果说已经放弃了“言谈官能”或“记忆官能”的话，他们只是局限于为它们提供一些经验论的等同物，而那种言谈的或者诉诸过去的具体行动被还原为对于特殊意识的某些内容、对“表象”或“形象”的拥有。这样，失语症和遗忘症（amnésie）必然从一开始就被定义为心理状态的某些集合的丧失或失控。医生们不知不觉地在失语症患者的行为中勾勒出那种能够被解释为言语图像障碍的东西。如果其他的一些症状呈现出来，人们要么把它们归属于某些补充性的损伤，把它们当作改变病例的“纯粹性”的东西置于一边，要么，既然医生的观察差不多总是超出疾病的理论框架之外，人们于是寻求把各种干扰性症状从某些“原初障碍”中推导出来：例如把言语错乱（la para-

① 戈尔德斯坦：《机体的构造》，第 9—11 页。

phasie)从心理聋(surdité psychique)中推导出来,把书写障碍从"言语形象"的破坏或失效中推导出来。[①]

事实的限制和理论的矛盾已经迫使心理学和生理学意识到那些在经典定位观念中指导着它们的理论假设。像机能哲学(la philosophie des facultés)一样,言语形象理论既是实在论的(因为它把行动分解为一些实在的部分),又是抽象的(因为它把这些行动从它们的背景中孤立出来)。解剖学精神寻求在某些可见的联系中和某些限定的区域内认识到神经活动的机能。相反,现代的研究通过细致的描述和理想的分析来进行。皮质的损伤很少引起一些只是孤立地涉及到正常行为的某些片断的选择性障碍。[②] 通常,机体不会无条件地对物理—化学环境的某些特定区域无动于衷,不会失去执行若干运动的能力。人们都知道,失语症患者或运用不能症患者(apraxique)能否产生某些言语行为或实际行为,取决于它们是发生在一个具体而动人的背景中或者是"无缘无故的"。对一些遗忘性失语症的观察表明:被试者严格说来并没有丧失语词,他仍然能够运用自动语言,但他已经丧失了命名的能力,这是因为,在命名活动中,物体与语词被理解为某个范畴的代表,因此是从命名者所选择的特定的"视点"来考虑的;因为,在一个只剩下具体而直接的经验的被试者那里,这种"范畴态度"(attitude

① 戈尔德斯坦:《机体的构造》,第 9—11 页。

② 选择性障碍只会发生在"那些连接大脑皮层与外周区域的通道的限定损伤的情形中,或者只会发生在这些通道与之处于直接关系的那些大脑皮层区域的损伤的情形中"(戈尔德斯坦:《大脑皮层中的定位》,第 63 页)。除了那些限定缺陷外,每一种损伤甚至某些震荡,都会引起大脑机能的一般障碍(比如剧痛、注意力或"神经紧张"水平的降低)(皮埃龙:《大脑与思维》,第 54 页)。

categoriale)不再是可能的。[①] 因此,难以理解的并不是运动储备(stock de mouvements),而是行动的某种类型,活动的某一层次。我们由此可以明白,为什么障碍并不局限于某一特殊官能,而是程度不同地在所有那些要求无根据的姿态的官能中存在。[②] “每当(病人)被迫脱离现实以便进入到仅仅是‘可能的’或‘想像的’领域时,他就会导致失败。”[③]只要涉及到活动、知觉、意志、情感或者语言,情况就会这样。因此一个特殊障碍总是应该被重新置于整体行为中。从这种观点出发,失语症情景与其他疾病情景之间的比较成为可能。在一定限度内,处处涉及的都是某种基本功能(盖尔布和戈尔德斯坦称之为“范畴态度”,海德称之为“符号表达”能力,而沃尔康姆[Woerkom]称之为“中介化功能”[fonction de médiatisation,darstellende Funktion][④])的缺陷。既然病人的行为比正常人的行为更加密切地依附于环境中的某些具体而直接的关系,那么,这种基本障碍还可以被定义为“没有能力把握某一过

① 盖尔布和戈尔德斯坦:《论颜色名称遗忘症》,“心理学研究”,第六卷,1925,第127—186页。

② 在戈尔德斯坦所研究的被试者那里,颜色名称遗忘症伴随着根据一个给定的分类原则(时而根据明亮度,时而根据基本色调)来协调色彩的能力方面的某些障碍。这是因为,为了能够正确地完成,这一活动要求同样的范畴态度(这对于命名一个对象是必需的)。应该拿某一样品作为某一颜色范畴的代表。病人只能根据相似性的具体印象来分类——与其说由他来控制这些印象,不如说它们在他自身中得以形成。他因此无原则地进行分类,所以,不管提供给他什么样的指令,他都凭着他对一致性的印象时而把明亮关系上彼此相似的样品放在一起,时而(而且出乎意料地)把那些只是在基础色调方面有共同处的样品放在一起。见前面所引盖尔布和戈尔德斯坦的著作,第149页及以下。

③ 戈尔德斯坦:《机体的构造》,第18页。

④ 同上。

程的本质”[①]，或者最终被定义为没有能力把被感知、被想像或者被摹仿的整体作为图形清楚地显现在某一被当作无关紧要的背景上。[②] 病理变化发生在某一较少分化，较少有机化，更为全面，更无定形的行为的方向上。[③] 在失读症(alexie)情形中，病人能把他的名字作为一个单词读出来，但却不能够读出组成该单词的那些被单独对待的字母；在运动性失语症情形中，病人能够发出某一言语整体中的某个单词的音，但在这一单词被孤立出来的情形下则不能。在偏瘫(hémiplégie)的情形中，各种整体运动，“连奏运动”(le legato)有时仍然是可能的，但各种细节运动，“断奏运动”(le staccato)却受到了损害。[④] 显然，这里的疾病并不直接涉及行为的内容，而是涉及它的结构。因此，疾病并不是某种被观察的事物，而毋宁是某种被理解的事物。病人的举止并不能够通过各个部分的简单削减从正常人的举止中推导出来；它代表的是一种质的改变；只是在这些部分要求被试者不再能够有的某种态度时，某些活动才选择性地受到了扰乱。因此这里出现了一种新的分析类型，它不再去孤立某些元素，而是要理解某一整体的状况及其内在法则。疾病不再(根据共同表象)作为随后会带来一定的结果的一个事物或一种能力，病理机能更不会(根据一种太过宽泛的观念)与正常功能同质。这是行为与多种多样的症状相一致的一种新含义；根本障碍与症状的关系不再是从原因到结果的关系，而毋宁是

① 戈尔德斯坦:《机体的构造》，第 19 页，同时参见《大脑皮层的定位》，第 666 页。

② 同上书，第 18 页。

③ 同上书，第 20 页。

④ 戈尔德斯坦:《大脑皮层的定位》，第 667 页。

从原理到推论或从含义到符号的逻辑关系。

盖尔布和戈尔德斯坦的著作非常清楚地揭示了伴随皮层损伤而来的那些障碍的结构特征，为那种在不同的大脑疾病之间进行比较的观念提供了辩护。他们在一个战争伤员(即施耐德，在他们的著作中用他的名字的第一个字母来称呼)那里发现这样的一些障碍，它们同时涉及到视知觉、视识别和视回忆①；触觉材料的空间性和触觉识别；运动机能(病人不能够闭着眼睛开始或完成一个动作)②；最后还有记忆、智力和语言③。对于大脑不同部分的某些扩散性的损伤，经典的看法准许在这个病人身上同时诊断出一种心理盲(cécité psychique)、一种实体觉缺乏(astéréognosie)和某些智力障碍。

① 盖尔布和戈尔德斯坦：《关于视知觉和识别过程的心理学》，参见《脑病理衰亡的心理学分析》，第一卷，第1—142页(第一章)。

② 同上书，第157—250页(第二章)，“关于视觉表象能力的完全丧失对触觉认知活动的影响”——参见戈尔德斯坦，“关于运动对于视觉行为的依赖性”，“精神病学与神经病学月刊”，第54—55卷，1923—1924年，第141—194页。

③ 盖尔布和戈尔德斯坦选编：《脑病理衰亡的心理学分析》，本纳利(Benary)：《对一个精神性盲病例的智力的调查研究》，“心理学研究”第二卷(1922年)，第209页及以下。霍赫默尔(Hocheimer)：《从语言角度对一个精神性盲患者的分析》，“心理学研究”第十六卷(1932年)，第1页及以下。所有这些研究都是围绕着同一个研究对象S展开的，它们要么由盖尔布和戈尔德斯坦进行，要么由他们的学生进行。对最初被收容在一个脑损伤者收容所里的病人进行的观察，随后在美因河畔的法兰克福诊所里对他进行的周期性的检测，持续了几年时间，并且针对了他的行为的方方面面(包括他的性行为，参见施泰因费尔德[Steinfeld]：《关于性功能分析的一个报告》，“神经病学与精神病学丛刊”，第187卷，1927年，第172页及以下)，这构成了一份独特的文献。在另一部著作中，在涉及到存在于严格的知觉障碍和思维障碍之间的关系方面，我们需要利用盖尔布和戈尔德斯坦学派的令人赞赏的描述。我们在这里考虑这部著作，只是因为这对于提出关于神经实体中的定位问题和位置的意义问题来说是必要的。

但这里涉及的是一个战争伤员，他似乎表现了由炮弹弹片造成的一种独特损伤；另外，基本的感受性和运动机能的完整性，实际生活中的身体行为和精神行为的正常表现，使得关于多种机能损伤的假设几乎是不可能的。各种障碍都具有一种系统性特征。然而，要使这些不同的缺陷从其中一种障碍中派生出来（比如说从视知觉障碍中派生出来——它最先被观察到，人们并且因此首先[1]赋予给它一种它并不具有的重要性）似乎是不可能的。所有的缺陷看起来都体现了行为的一种根本改变："为了正确地作出反应，病人必须把某一材料一下子作为一个连贯的整体掌握，但他在任何地方都未能做到。然而，每当一个连续的过程足以完成其任务时，他都利索而愉快地行动。"[2]我们因此发现的是由某一限定的损伤决定的结构障碍的显现。海德已经观察到了这种关联[3]，他把它当作神经机能的一个一般规律。

戈尔德斯坦本人把我们刚才概述的观察与其他作者所提供的、针对失语症的观察进行了比较。鲍曼（Boumann）和格林鲍姆（Grunbaum）[4]所研究的病人表现出一些乍看起来完全不同于S的障碍的情形。盖尔布和戈尔德斯坦的病人尽管有视觉障碍，但有时能够通过某些有特征的细节辨认出物体，比

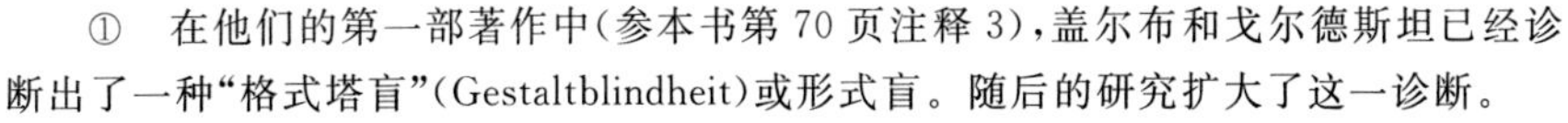

① 在他们的第一部著作中（参本书第70页注释3），盖尔布和戈尔德斯坦已经诊断出了一种"格式塔盲"（Gestaltblindheit）或形式盲。随后的研究扩大了这一诊断。

② 戈尔德斯坦：《大脑皮层定位》，第665页。

③ 海德：《言语和大脑定位》，"大脑"，第四十二卷（1923年），第355页。

④ 《关于失语症和语言错乱症的实验心理学研究》，"神经病学与心理病学丛刊"，第九十六卷，1925年，第481页及以下。

如，他能通过印在一个骰子上的某些黑点认出这颗骰子。相反，鲍曼和格林鲍姆的被试者却不能够感知这些细节。这些作者由此得出结论说，不应该在这两个病例之间做比较。但事实上，如果说出现了S被一些太精微的细节所困惑的情况（例如，他不能从一个画得不好的圆中认出这是一个“坏圆”），这通常是因为他的知觉无法通达对象的重要方面；不能超出各种细节和不能从中知觉到任何东西其实是属于同一形态的一些障碍。[①] 在这两个病例中，人们同样都远离了正常人的条理化的知觉——它既能够毫不混淆地辨识出各个整体，又能在细节具有意义时突出细节。这两个病人表现出的是同样的关于“图型和背景结构”的根本性的缺陷。在S那里，各种细节没有被他作为重要的、纳入到整体中的东西予以选择，它们没有被恰如其分地知觉到。尽管他能够辨识一个物体的高度和宽度，但这些属性并没有获得直接领会，而是由某些混乱的迹象重构和推导出来的。[②] 这样，在盖尔布和戈尔德斯坦的被试者的知觉障碍与鲍曼和格林鲍姆的被试者的知觉障碍之间只有一些表面差异。而且，在后者身上表现出注意、思维、自发语言、阅读、命名和发音方面的障碍，其形式共同于或相似于S所具有的那些障碍：在所有这些方面，“心理的或心理运动的过程被固定在发展（从对无定形整体的某一印象开

① 我们知道，这正是儿童知觉的特征，比起成人知觉来，它既更加混沌，有时又更加细微。

② 比如参见盖尔布和戈尔德斯坦：《关于视知觉和识别过程的心理学》，第69页及以下。

始通向一个更为分化的结构化[structuration ,Ausgestaltung])的某一原始阶段…… ”①

在盖尔布和戈尔德斯坦的观察与沃尔康姆对失语症所作的观察之间进行比较更能说明问题。② 这两个病例之间的差异是显而易见的:在视觉领域,沃尔康姆的病人掌握的材料远比 S 掌握的材料有条理,它们被归并为一些既没有轮廓也没有精确大小的色点。反过来,S 远比沃尔康姆的病人说得要好,他掌握着更为丰富的表达,而且语法正确在他那里始终如一。这些差异——我们在后面的一节中还将回到这些差异——不应该掩盖那些在这两种观察中完全一致的特征。这两个被试者同样不能根据简单的语言指示进行一种活动;为了能够完成这一活动,他们必须使自己置身于相应的心理情景中(S 通过重复已经给予他的命令获得了这种情景)。他们两人都不能指出一个声音的来向,除非使身体朝向该方向。他们都能通过触摸在他们身上确定某一疼痛的部位,但他们同样都不能够把他们的手停留之处在图解上指出来。沃尔康姆强调了 S 在语言运用和概念使用上的优势,而他的病人在这一方面存在着诸多缺陷。但是,为了准确评估 S 在这方面的状况,必须考虑到那些在他身上掩盖了其缺陷的严重性的替代因素。事实上,举例来说,一项认真的观察表明,加法在

① 戈尔德斯坦:《大脑皮层定位》,第 668 页。

② 《论失语症病人的思维障碍》,参见“精神病学与神经病学月刊”,第五十九卷,1925 年,第 256 页及以下。

他那里被还原为一种没有任何数字直观的手工操作。[①] 至于语言方面，不管表面现象如何，在S那里绝不是正常的。该被试者不能够领会讲道或演说。他只是在对某一具体情景的激发作出反应时才流利地说话，在任何其他情形中，他必须事先准备好他的语句。为了朗诵一段歌词，他不得不摆出歌手的姿态来。他不能把他刚刚说出的句子细分为一些单词，反过来，一些连贯的、但由于停顿而分离开来的单词对于他来说永远不能构成为一个句子。对于一个作为整体的单词，他能够正确地发音，但他既不能拼读它的各个字母，也不能单独地写下它们。于是他拥有的是作为一个自发的运动整体的单词。这说明了在何种程度上，他的语言是有欠缺的，尽管这种欠缺尤其表现在对各种同时性整体的直观方面。[②]

由拜顿迪克重新进行的拉什利的那些实验[③]，证实了有关由皮质中枢损伤引起的病态行为的描述。在烧灼老鼠大脑皮层的中心区和前部区之后，看起来受到损害的既非构成其行为的基本活动（如行走，跳跃，蹲坐在自己的后腿上等活动），亦非调节这些活动的感觉辨识。但动物变得笨拙了，它的全部动作都变得缓慢而僵硬了，而它在正常状态下是活泼而敏捷的。如果这只老鼠必须在一块数厘米宽的木板上行走，它的爪子经常会滑向一边，而当它想转身或下来时，它就

① 参见本纳利：《对一个精神性盲病例的智力的调查研究》，“心理学研究”，第二卷（1922年），第209—297页，尤其参见第222—224页。

② 戈尔德斯坦：《大脑皮层定位》，第670—672页。

③ 拉什利：《大脑机制与智力》，芝加哥，1930年。

会掉下来。事情的发生就如同那些“在正常状态下通过其时空关系、通过其完形来调节动作的印象，不再(能够)充分地控制动过手术的动物”。[①] 它的各个动作之间不再连贯：它拿起一块饼干，但咬到的却是放在饼干边上的香烟，它用牙齿咬住食物，但却不能同时进行所必需的爪子动作。为了回到鼠窝，那些正常的老鼠很快就学会朝着亮光跑下楼梯，在犹豫片刻之后，就适应了在一个朝向相反方位的楼梯底下找到它们的窝；相反，在动过手术的老鼠那里，学会这个过程要花费更长的时间，而且一旦获得，不会轻易地随情景的不同而改变。这一切就好像是动过手术的动物不再受楼梯与巢穴之间的空间关系的支配，而是受空间结构被淹没其中的具体组合的支配。一些未受损伤的动物毫不困难地适应了在一个T字形的迷宫中选择能把它们引回巢穴的右路，如果在右路的终点不再能够找到其目标，它们同样迅速地适应了选择左路。相反，动过手术的老鼠即使在历经六天、接受25次不利实验之后，也仍然固守着它们已经获得的习惯。因此，它们对右路的适应与正常老鼠在性质上是不同的。我们可以说，在动过手术的动物那里，右路以其特殊的、具体的属性限定了行走的方向；相反地，在正常动物那里，适应是通过与某种典型结构的关系获得的，这说明了为什么它能够容易地转向与最初情景实际上不相同的另一个情景。最后，那些习惯于穿过一条长长的

① 拜顿迪克：《关于大脑皮层损伤对老鼠行为的影响的实验研究》，“荷兰生理学档案”，第十七卷，1932年，第370—434页。参见《大脑与智力》，“心理学杂志”，1931年，第345—371页。

L 型路径去获取它们的食物的老鼠，也会选择另一条更短的路径，前提是目标在这一路径的终点是可见的。但是，动过手术的动物仍然继续利用那条较长的路，仿佛对象间的空间关系在它们那里已经不再是促反射的[①]。我们可以用这种说法来总结这些观察：动过手术的老鼠就像一个大脑受损的人，不再根据在某一情景中的本质性的、在其他类似情景中也同样出现的东西来控制自己的行为。[②] “功能的一般障碍由削弱了整体（格式塔）的知觉[③]和弱化了行动的分化所构成。”[④]

在完成对各种病理现象的描述之后，我们如何向自己表呈神经活动的机能呢？结构障碍的存在暗示了行为组织的某种总体功能的障碍。这种功能一定构成为皮质的中心区域（长期以来被称为“联想区”）的特征。我们不应该期望在这一区域发现大量的、每一个都被指定给了某一特定运动的解剖装置，而应该去发现能够为行为提供整体进程（它可以说模仿了我们已经描述过的那些障碍的结构特征）的某种调节系统（行为取决于这一系统的某些一般特征）。需要强调的是，结构优先于内容，生理学优先于解剖学。

① 参见拜顿迪克和费谢尔：《老鼠的结构协调行为》，“荷兰生理学档案”，1931年，第十六卷，第55页及以下。

② “正如格林鲍姆、戈尔德斯坦、海德和其他人所描述的那样，大多数被观察到的障碍完全类似于在皮质损伤的人类被试者那里出现的行为变化。”参见拜顿迪克：《关于大脑皮层损伤对老鼠行为的影响的实验研究》。

③ 不言而喻，在前面整个的进展中，尽管为了简便起见我们使用了拟人式的语言，我们并没有假定意识存在于动物那里。我们局限于客观地记录能够对正常的动物和对动过手术的动物产生作用的那些刺激之间的差异：在前一情形中，情景的形式是促反射的，在后一情形中，仅有刺激的那些个体的、物质性的属性才是有效的。

④ 拜顿迪克，同上。

这里，某一特定范围的损伤是通过中止这些过程而不是通过截去某些器官来起作用的。在这个中心区域内，损伤的位置可能会变化，而疾病的临床方面的指数并没有什么明显改变。神经物质在那里并不是这样那样的反应工具被存放其间的容器，而是性质上可变的某一过程展现的舞台。这种假设获得了各种事实的证实。拉什利[①]已经指出过，一个中心区域的损伤的后果（我们已经知道，它会瓦解行为并损害它的连接机制）更多地取决于这种损伤的程度，而不是其位置。在中心区域损伤的病例中所表现出的缺陷，太不同于人们在外周区域损伤的病例中所观察到的缺陷，以至于我们不能假定这两个区域具有一种相同类型的机能：在做了眼球摘除术后，一个动物只犯六次错误就能够重新走出迷宫；而皮质的视觉区域的破坏则要使它经历 353 次错误才能重新恢复习惯。[②]如果神经系统的中心区域像它的感受器末梢一样，只是一簇自动导体，则由中心区域损伤引起的各种障碍和源于外周区域的障碍就应该有相同的外观：它们应该比我们实际观察到的那些障碍有更多选择性，同时更少持续性；学习姿态的障碍一般而言是不可想像的。但我们谈到的组织的一般功能不应该局限于皮质的最中心区域，它已经假定了整体的完整性，而且某些偏离中心的损伤会损害到它。在某些章鱼那里，一些非对称的损伤，除了导致一些特殊后果之外[③]，还决定了某些类同于切除脑淋巴结和一部分中枢淋

① 拉什利：《大脑机制与智力》。

② 拉什利：《大脑控制与反射学》，“发生心理学杂志”，第 5 期，1931 年，第 3 页。

③ 在手术后的最初时间内，动物出现了“倾斜”的姿态，交叉的动作和不对称肤色——腿向半身体合拢作防卫姿态。拜顿迪克：《章鱼在脑局部损伤后的行为》，载于“荷兰生理学档案”，第十八卷，1933 年，第 24—72 页，第 55 页及以下。

巴结后所引起的那些一般性障碍：可以与人的运用不能障碍(trouble apraxique)相比的活动不全[①]，身体两半部分的不充分协作，腿的动作之间的不协调，或涨或落的一般兴奋性和行为的不稳定性[②]。我们在戈尔德斯坦的被试者与鲍曼和格林鲍姆的被试者那里看到的类似的结构障碍，分别对应于定位在不同区域的损伤：在前一病例中，很可能与弹片在距状外(extra-calcarine)视觉区域中引起的某一独特损伤有关，而后一病例涉及到的是左额损伤。

②然而，神经机能不能被看作为其任何部分都同样地起作用的一个整体的过程。功能从来都不会与其借以实现自身的基质无关。

这些作者事实上一致地认识到：损伤的位置可以说决定了各种结构障碍的主要作用点及其优先分布。[③] 与后脑区(临近视觉区)损伤相对应的是那些尤其在知觉领域中留下印记的缺陷(就像在施耐德那里一样)。相反，当损伤位于前脑区(就像在沃尔康姆的病人那里一样)或听觉区时，这些障碍尤其会对语言产生影响(心理聋，失语症)。这样，把所有的行为与某种没有分化的活动联系起来不应该有问题。[④] 尽管对战争病理学的观察比较仓促，在

① 拜顿迪克：《章鱼在脑局部损伤后的行为》，载于“荷兰生理学档案”，第十八卷，1933 年，第 52 页。

② 同上书，第 53 页。

③ 戈尔德斯坦：《大脑皮层定位》，第 672 页。

④ 戈尔德斯坦排除了“整个皮质的扩散活动”这一观念(同上书，第 673 页)。“(皮质不同区域的)活动把某些确定的因素赋予给了整体。”(同上书，第 672 页)。皮埃龙摈弃了这一论题——“根据这个论断，大脑在心理功能中只不过起着普通的作用，作为能量的储存库，或者作为未分化的基质。”(《大脑与思维》，第 61 页。)

大脑皮层的某个特殊区域遭到破坏后，人们还是能够看到某些替补的产生[①]，但从来不会看到功能的恢复[②]。戈尔德斯坦所描述的重组和替补掩盖了缺陷而没有使之消失。[③] S总是不能把握各种视觉整体，而各种模仿动作（由于这些动作，他能够通过回想起它们的主要线索而辨认出这些视觉整体）并没有改善这样一些视觉材料。反过来，在触觉辨识不能症（agnosie tactile）情形中，各种视觉形式承担了某些触觉整体的功能，而不是恢复它们。[④] 在偏盲症那里，失明的半个视网膜始终是失明的。[⑤] 最通常地，如果使用效果对机体来说保持一样，替补就表现为一种迂回，替换活动在其本性和起源方面就不同于原始活动。[⑥] 在所谓的大脑的一个半球承担另一个半球的功能方面，并且除非涉及到的是第一个半球的完全毁坏，除非我们确信第二个半球在受损前就已经在某种程度上无法与那些相关活动相协调，否则这种替补就无法建立起来。然而，正如大量的事实告诉我们的[⑦]，如果大脑的两个半球在儿童那里确实是同时起作用的，而在成人那里，其中一个半球在成人那

① 皮埃龙：《大脑与思维》，第55页。

② 戈尔德斯坦：《大脑皮层定位》，第684页及以下。

③ 同上书，第693页。

④ 同上书，第687页。

⑤ 在偏盲症患者那里，未受破坏的距状区的不同点确实接受了新的“空间值”和颜色值（参见前面第42页），而没有通过建构拥有任何规定的值。我们稍后将重新考虑镶嵌功能和结构功能在大脑中的这一重叠。

⑥ 戈尔德斯坦：《大脑皮层定位》，第686—687页。

⑦ 在只是电刺激两个上肢之一时、在随意地使用两只手之一时，两个上肢会产生同时收缩；大脑的这个或那个半球的损伤会导致失语症症状（伴随着一种迅速的修复）。

里的优势并不因此排除关于另一个半球参与协作的假设，那么，后一个条件就永远不可能被满足。

但是，皮质的这些特殊区域自身是如何运作的呢？“毋庸置疑，位于不同区域的病灶（foyer）不会通向同样的症状表，（损伤）的部位在确定的症状表的构建中具有一种实质性意义。全部问题在于发现这种意义具有何种性质，某一确定部位的损伤以何种方式导致了一系列确定的症状的出现。”[①]那些使我们不得不承认各大脑区域的专门化的事实，并不能消除这些区域与整体之间在功能方面的联系。上述作者也一致承认，这些区域的专门化并不表现在某些内容的感受方面，而是表现在这些内容的结构化方面。一切的发生就如同这些区域转而不再是某些自动装置的所在地，而是适用于某种质料的某一组织活动的发挥场所。我们谈到，在盖尔布和戈尔德斯坦的被试者那里，受损伤的枕叶的状况带来的是各种知觉障碍的突出，这些障碍就承认是需要分析的一些首要的东西。[②] 一系列的研究已经表明，更一般地说，S 身上欠缺的是对各种整体的共时直觉（intuition simultanée）。[③] 我们应该从最初观察到的知觉障碍中推导出这种识别障碍（trouble gnosique）吗？正是由于各种视觉形式脱位了，所以对整体的共时直觉也变得困难了吗？就像房子由石头构成一样，这种共时直觉由各种视

① 戈尔德斯坦：《大脑皮层定位》，第 661 页。

② 参见本书前面第 70 页，以及盖尔布和戈尔德斯坦：《关于视知觉和识别过程的心理学》。

③ 参见本书前面第 72 页，以及本纳利：《对一个精神性盲病例的智力的调查研究》，第 290 页及以下。

觉形式构成？相应地，皮质的总体机能是否就是各个局部机能的总和呢？心理学的经验论和生理学的原子论二者合流。事实没有为它们提供任何有利的征象。既然存在着各种替补，既然对多样性的共时直觉在不可能借助于视觉材料时，好歹能够借助于连续的触觉材料来实现，那么，它就不会如此绝对地受各种视觉形式存在的制约，相应地，它也不可能被定位在受损的枕叶区内。相反的假设更有可能：在正常人那里，各种视觉形式的构成依赖于组织的某一普遍功能，该功能同时也制约着对那些共时整体的拥有。枕叶区的自然机能要求皮质的中枢区协作。但是，另一方面，我们已经看到，这些替补从来就不是修复；当视觉内容暂时缺少时，共时整体的感知就成为根本性的了，这并非因为感知就像结果依赖于原因那样依赖于这些共时整体，而是因为唯有它们能够为它提供合适的符号表示，并且在这个意义上成了不可替代的补充。因此，我们既不能严格地把视觉形式的构成归因于枕叶区，好像它并不需要中枢区的协作，也不能把对共时整体的感知定位在中枢活动中，就好像它绝不依赖于视觉区的特殊质料似的。枕叶损伤因取消了中枢活动的那些最合适的工具，因此损害了对共时整体的感知。皮埃龙以同样的方式理解部位机能和中枢机能的关系：枕叶损伤引起视觉思维障碍，左颞壁损伤导致言语思维障碍[①]，不是因为这些区域是相应的思维方式的所在之处，而是因为它们在那里找到了它们得以实现的最有利途径。“各种思维方式和各种联想过程可以围绕着一个占优势地位的感觉器官中心而进行，随个体

① 皮埃龙：《大脑与思维》，第 61—66 页。

而有差异，在某个特定个体那里，则随情景而有不同。”①

③因此，位置在神经物质中具有一种含混的含义。我们只能接受一种混合的定位观念和一种平行论(parallélisme)的功能观念。

某些行为依赖于中枢皮质，不是因为它们由某些在这里有其开关和驱动的相同的基本运动构成，而是因为它们隶属于相同的结构，在相同的观念下被归类，处于相同的人性层次。正常的性冲动和对数字的清晰使用(在S这一病例中同等地受到了损害)没有任何共同的基本运动，没有任何共同的实在部分，它们只有借助于某些“拟人的”谓词才可以被比较，甚至被定义。比如我们可以说这两类行为都是“对潜在(le virtuel)的适应”。因此，机能在这一中枢区域内不能被理解为某些专门机制的活动(每一机制对应于空间中的某一运动)，而是被理解为一种可以赋予某些事实上各不相同的运动以同样的典型形式、同样的价值谓词，同样的意义的总体活动。从一种活动到另一种活动，这一中枢机能并不随利用的装置的数量发生变化，相同的基质可以在两种活动中以性质不同的方式起作用。如果我们把一堆细胞和导体称之为“大脑”的话，那么各种高级行为就不包含在按这个意义理解的大脑之内，它们只能隶属于作为功能性实体的大脑。如果人们把空间理解为大量的彼此外在的部分，那么它们就不在空间中。我们总会在由一些同质部分的相互外在性所规定的空间中考虑大脑。但必须知道，大脑的生理实在性不能在这一空间中被表示出来。皮质中心区域的损伤引起了各种可见的结果，这不是因为它破坏了这样那样的

① 皮埃龙:《大脑与思维》,第66—67页。

细胞，这样那样的连接，而是因为它影响了这样的功能类型或这样的传导层次。因此，不管这些损伤的位置在哪，发展如何，我们都将观察到功能的系统性的解体。这些定位就是人们在“垂直定位”(localisation verticale)的名称下所指的定位。另一方面，很清楚，在导体(它们把通过感官获得的信息提供给大脑中，或者把适宜的兴奋分配给不同肌肉)层次上，神经组织的每一部分都起到了确保“机体和外部世界的特定部分之间的关系”①的作用。与神经物质的每一点、与在这一点上形成的各种现象相对应的是有感觉的表皮或肌肉上的某一点，是空间中的一种外部刺激或一种运动，至少也是身体运动的一部分。在这个层次上，损伤将产生这样的结果：使机体不受某些刺激的影响，或者减少一定数量的运动贮存，但不会在感官或运动的缺陷中形成任何系统化。在这个层次上，与被感知的不同内容或被实施的不同运动相对应的是基质的不同区域(各种“水平”定位[localisation horizontale])的活动②。尽管如此，

① 戈尔德斯坦：《机体的构造》，第166页。

② 我们在此借鉴良多的戈尔德斯坦的看法与奥姆伯里达因(Ombredane)的结论完全一致。“语言应该在两个平面上被考虑：既在感觉和运动因素合力保证语言运作的水平平面上，又在实际的表达活动的复杂与差异程度的垂直面上被考虑。处于核心的大脑的破坏会在这两个平面上造成一些解体。可以说对失语症的说明不应该自称拥有一种纯粹心理学学说的合理统一，除了那些在各种被抑制的表达活动的层面上进行的考虑外。这一说明应该承认某些不可还原的经验因素，正是它们在空间中维持着感觉和运动器官之间的、与任何逻辑无关的关系，而这种联结机能为语言提供了其物质工具。”(《语言》，载“哲学杂志”，1931年，第217—271页，第424—453页和第252页)。因此，全部的转变存在于两种情形之间：一是其缺陷尤其对某些内容造成影响的表情缺失(amimie)或构音障碍(anarthrie)这一限定情形，二是对立的一极，使具体情景的知觉和运用完好无损的总体缺陷这一情形——这取决于损伤是处于“感觉和运动器官的大脑神经末梢”层次，还是远离这一层次以便接近中枢。(同上书，第252—254页)

在正常机能中，除各种外周神经损伤情形之外，各个神经导体对总体行为做出了任何可以孤立地确定的贡献吗？没有，因为，正如我们已经看到的，它们与中枢维持着一种功能关系。在感受器上，基本刺激的状况并不以某种一致的方式决定相应知觉的空间特征或性质特征，这些知觉也依赖于同时呈现的刺激群集。在各种基本视觉(颜色和光线)障碍中，我们将要遇到的不是一种取决于损伤位置的缺陷，而是视觉功能的一种系统性破坏——这种破坏从更为整全且更为脆弱的颜色视觉延伸到较不整全但更为稳定的光线视觉中。因此，应当在被界定为"水平定位"的视觉场(假定它在机能方面与中枢相联系)的内部接纳各种从属的垂直定位。正是基于这一点，投射区(zone de projection)与联想区(zone de association)的经典区分就不再令人满意。分布在感受器表面的各种部位兴奋从它们进入皮质的各种专门中枢开始，就接受了一系列的结构化，这些结构化使它们从它们实际参与的各种空—时事件的背景中分离出来，以便根据机体和人类活动的原初维度来整理它们。

关于定位的这种混合概念，皮埃龙似乎与其他研究者完全一致，尽管他没有运用这套语言，但他描述了神经机能中的一系列纵横交错的水平定位与垂直定位。他承认严格意义上的触觉和深度触觉，冷的感觉和热的感觉，"疼痛"感觉，骨质感觉，最后关节肌感觉——心理生理学的分析将它们区分开来，其导体在各脊髓束和中途站层面上保持为各不相同的(《大脑与思维》，第94—95页)——在皮质中并不拥有各不相同的表象。各种皮层感受器对应于身体的不同区域而不是对应于感觉的不同类型。在损伤的情形中，各种感觉根据其"敏感性”的不同程度而受到影响，这也就是说，看来它们并不对应于各不相同的局部神经器官，而毋宁是对应于同一基质的不同机能模式。同样地，当病理学使我们可以把对色彩的感觉（偏色盲症[hémiachromatopsia]），对容量的感觉（偏实体觉缺乏[hémiastéréopsia]）和对光线的感觉（偏闪光幻觉症[hémiaphotopsia]）区分开来时，枕叶视觉区与视网膜一一对应这一点就得到了证实。要在视觉区内部为色彩视觉指定一个专门中枢，为形状视觉指定另一个专门中枢，为光线视觉指定第三个专门中枢，看来是完全不可能的（《大脑与思维》，第151页）。如果，由于一种损伤，这三种感觉中的某一种选择性地受到了损害，这不是因为视觉区域的一个特殊部位已经失去作用，而是因为这种损伤，依其严重性程度，从最脆弱的形式开始，有步骤地破坏了视觉功能（《大脑与思维》，第147页）。至于语言方面，皮埃龙采用了一系列比玛丽（Marie）的那些定位更为精确的水平定位，至少对各种辨识不能症来说是如此（言语活动，书写活动和语言思维活动之间的协调中枢，以及在后者内部，读出的语词和听到的语词之间的协调中枢）。但在每一中枢中，机能都是根据一种双重原则被构想的：一方面作为一种镶嵌功能，另一方面作为一种总体功能。从后一种观点来看，脑生理学的统一恰好是跨越“各协调中枢”的边缘而重建起来的。举例来说，人们认为，既然存在着单纯的识字盲（cécité verbale），那么语词的“视觉形象”的再现就利用了某些专门装置，而为了执行这种功能，也就存在着某种与保证不在场对象的一般视觉再现的协调中枢相区别的协调中枢（关于提到的所有这些定位，参见《大脑与思维》，第

213—214页和第248页及以下)。但这一协调中枢并不处于大脑的某一地方——不同语词的“皮质印记”被并置在这里,而其他视觉形象的皮质印记则被置于大脑的另一地方,最后,某些“知觉中枢”则应该在这些“形象中枢”之外去寻找。所有这些都要求在某些独特感受器的整体中把伴随着知觉和回忆再现的各种生理过程设想成演奏着相似的旋律:在第一个例子中主动因素是外周系统,在第二个例子中则是中枢系统(《大脑与思维》,第242页)。把言语视觉形象的中枢和一般视觉形象的中枢区别开来更不成问题:上面所列举的那些协调中枢只不过是经过皮质一直扩展到定位在视觉区中的相同感受器的过程的起点和调节器官(《大脑与思维》,第243页)。我们尤其不应该为每个语词都假定一些不相同的个体印记。当一个语词被唤起时,局部协调中枢只限于按一种特有的节奏分送神经冲动,以这种方式在视觉感受器上演奏与这个语词相应的旋律(《大脑与思维》,第245页)。这样,被称作协调中枢的那些大脑区域的功能是一种完全不同于外周导体的功能类型。它们的活动涉及到行为的结构、组织和完形(configuration)。[①] 在这里,被唤起的不同语词不再对应于一些各不相同的局部神经活动,而是对应于同一基质的不同机能样式。功能看起来压过了解剖学装置,结构压过了并置。作者看来甚至认为解剖学规定——就算它们存在——是后来的,

① 唤起语词的生理学支撑是“各种唤起过程的复合,它在某一特殊的整体中,使全部有助于可能的组合的因素都运作起来:前后相继的音素秩序构成了一个语词的听觉形象,而按照另一种秩序,这些相同音素给出的则是另一个语词。”(《大脑与思维》,第243页)(重点号由我们所加)。

派生自功能本身，因为他指出（就各个运动协调中枢而言，这是真的）：这些协调中枢不是天生的，它们是由把个体差异包含在内的某种组合逐步发展出来的。

因此，旧的生理学将神经活动与各种意识活动平行处置并没有错。但那种把全体分解为一些实在部分之总和的基本分析方法，却把神经机能分裂为一些并列过程的镶嵌，把它分布到一些自动中枢之间，把意识活动还原为一些实在内容的联结或者某些抽象官能的联合作用。已经形成的平行论是虚幻的。我们仍然可以使某些部位兴奋与某些孤立的感觉相对应。但是，这应该以在实验室试验的人工环境下起作用为条件，各种兴奋和由此获得的各种感觉不是正常的神经机能或生动意识的必不可少的组成要素。在心理学和生理学中，由于对实在分析的不信任，它们用一种功能的或结构的平行论代替了要素的或内容的平行论。[①] 人们不再把

① 戈尔德斯坦：《大脑皮层定位》，第 641 页："经典理论的错误并不在于它努力要使心理学建立在定位理论基础上，而在于它的心理学分析的不充分。错误既不在于假定神经学事件与心理学事件具有一些相同的规律，也不在于从神经学出发理解心理学是可能的这一假设，而在于它对神经事件的表述的不充分。"同上书，第 659 页："知觉，表象，运动过程和思维并不是部分内容的一种偶然并置；每一心理整体都显示出一种系统性的结构，在这一结构中，各个部分内容都或多或少根据它们在某一时刻对整体过程所具有的意义而显现出来，但总是处在整体的框架之内……我相信可以把整体过程的那些纯性质的和纯运动的要素定位在运动场和感觉场内。但对于单独为这些性质和运动要素提供严格意义的心理特征、并且在对象意识、概念、思维和真实的语言意识之构造中揭示自身的过程来说，我认为必须使全部皮质，尤其是位于运动中枢和感觉中枢之间的区域发挥作用。"参见皮埃龙：《大脑与思维》，第 60 页："被看作为心理事实的独立个体或者集合体（它们只能居于心灵的隔离间或大脑的隔离间中）的官能观念绝不承认神经机能与心理机能之间的对照……对精神的实验研究所引出的动力学观念已经独特地接近于对神经功能的实验研究强加给解剖学家们的那些动力学观念——解剖学家们不再能够把他们的思维限于脑叶的人为的形态学个性，也不能限于通过固定液得以浸透保存的、在显微镜的范围之内出现的尸体的集合。"

“各种心理事实”和“各种生理事实”成对地集中在一起。人们认识到，意识生活和机体生活并不是由许多彼此外在的事件构成的，心理学和生理学两者都在研究行为的各种组织方式及其各个整合层次——前者是为了描述它们，后者则是为了确定它们的身体支撑。[①]

我们迄今为止只限于总结作者们一致同意的看法，简言之，就是批评心理学和生理学的原子主义。还需要知道的是，由这一批评所揭示的那些现象在什么样的范畴下能被积极地加以思考。在中枢机能理论和反射理论中，大多数作者都表现出：仿佛借助于整合和协调的概念就足以纠正原子主义。按我们的意见，这些观念仍然是模棱两可的。它们或许代表着心理学和生理学理解的一次真正变革，但也可能是原子主义的简单反题或对立面。这就是我们通过分析三个分别借自空间知觉、颜色知觉和语言生理学的例子寻求确定的东西。

那些最迫切地要求总体机能假说的事实，是按照最不可能摆脱原子论解释的方式获得解释的。我们知道，一个被知觉的点的定位不仅仅取决于兴奋在视网膜上或者相应的过程在距状区中所占据的位置。正常视觉在一个斜视的被试者那里的简单存在表明，视网膜上的那些点以及与它们一一对应的距状区中的那些点

① 我们应该问我们自己，从这一观点看，必须谈论的是否还是平行论，比如说，我们是否可以期待在将来为心理学所描述的所有行为（如为精神分析所认识的所有情结）发现一种确定的生理学基质。我们并不这样考虑（参见后面的第三章）。我们只需记住作者们同意的那些要点；就眼前而言，我们表明生理学分析和心理学分析都是一种理想的分析就够了。正是从这一观点出发，我们随后可以探究能否使每一种生理学的“观念”对应于每一种心理学的“观念”。

的空间值可以被重新分配。更为简单的还有，对深度的立体知觉表明，由某些“不一致的”点启动的两个过程会产生一个单一点的知觉，其定位不受各个兴奋点所固有的任何“部位记号”(local signe)的限定，因为它只取决于它们的间距。皮埃龙用一种纯粹解剖学的语言来解释各种部位记号在这类情形中的转换(permutation)。[①] 他假定，一种空间值是通过距状区的神经元在一个确定的联想和反射环路中的整合而被赋予给距状区神经元的。它们的空间值的变化因此只能被理解为各种新的连接的建立。关于引起并调整这种同步重组，从而使同一物体投射到两个视网膜上的那些点被成对地连接起来的原因，他没有告诉我们任何东西。在这里，他大概会诉诸于刺激本身的影响：同一物体的形象在视网膜的两个不相符的点上的投射——用经典用语来说，即形象的不一致——以某种方式引起了这两个点在同一个联合环路(circuit associatif)内的整合。但考夫卡正确地指出了在视网膜上的不一致这一观念中存在着的拟人的东西。某个知道同一个真实的点被投射为视网膜上两个不相符的点的外在观察者可以谈论不一致，但眼睛并不知道这两个形象来自同一个物体，问题恰恰在于理解知觉如何使两者合而为一。我们会说两个刺激由于它们的相似(这种相似是一种客观的特性)，从而一下子就被指示为是相同的吗？但赫尔姆霍兹的一个实验却表明，并不是两个视网膜形象的相似导致了那些一致的过程在同一个环路中的整合。

假定我们把一张带有两个黑点 B 和 A 的白纸呈现给一

① 《大脑与思维》，第 152 页，注释 3。

个立体镜的某一面，把一张带有两个彼此更靠近的白点B′和A′的黑纸呈现给它的另一面，当我们的左眼注视B点而右眼注视B′点时，A点和A′点则被看成了位于平面B—B′后面的另一个平面上的单一点。可是，在这种情形中，右视网膜上与A点所投射的点相对称的点像A点本身一样是黑色的。左视网膜上与A′点所投射的点对称的点则像A′点一样是白色的。A和A′这两个点并没有表现出任何共同的质的特征。[①]它们的共同处只不过在于：它们都是一个同质的背景上的点。因此，由某一个加入到刺激群集中的刺激所完成的功能才是决定性的。

可以说，部位记号在距状区的转换并不是我们可以逐点地加以说明的现象：这一现象在每一点上都遵循整体的要求而发生。如果我们愿意承认的话，恰恰是形象的不一致构成其原因。但是，除非通过各种倾向于把相似的兴奋关联起来的力量，这种不一致被表象在了视觉区域，否则它就不是一种生理学的实在。而这种相似性只是相对于这些兴奋中的每一个在整体中(它构成为整体的部分)分别实现的功能才存在。两个相同的形象在视网膜的两个不相符的点上的投射，作为局部现象永远不足以产生一种结果。

考夫卡所解释的杨施(Jaensch)的一个实验表明，黑色背景上的两条明亮的丝线，即使它们与被试者的距离不相同，还是被看成处在同一个平面上。但是，一旦被置于亮光之下，它

① 考夫卡：《有关于空间知觉的某些问题》，见默奇生编：《1930年度心理学》，第179页。

> 们就按深度排成梯队了。把结果的差异归之于环境的不同，在后一种情形中，把深度定位归之于与两根丝线同时投射到视网膜上的那些物体之背景的呈现，这是有道理的。这一背景强化了到那时为止效应还不明显的丝线的两个形象之间的不一致。这样，被指定给丝线的深度定位及由它引起的兴奋的空间值最终取决于场的整体的定位和空间值。人们相信，由于这同样的推论可以用到构成这个场的整体的每一个点上，所以可以得出结论：视网膜形象的不一致和某一空间值的分布并不是一些局部现象，而是一些结构现象，不是取决于每个位置或全部位置上的兴奋的属性，而是源于整体本身的属性。[①]

因此，在斜视症患者的通常知觉中或者在深度立体视觉中，如果我们要使来自两眼的那些兴奋之间的某种“不平衡”产生作用——就如同为了说明偏盲症中的功能重组，我们可能会考虑到各种视觉兴奋和其他感受器提供的兴奋之间的不平衡一样[②]——那么，我们就只有通过排除其拟人特征才能够发展关于形象不一致的经典观念。就距状区表象了视网膜的某种点状投射而言，就人们把视网膜看作一束自主的神经末梢而言，“视网膜同距状区一样，似乎只具有中介化刺激的作用……总体视觉场的建构显然不是距状区活动的表达：它只不过是一种提供质料的中间环节，借助于这些质料，整个视觉场才通过大脑的基本功能得以建构

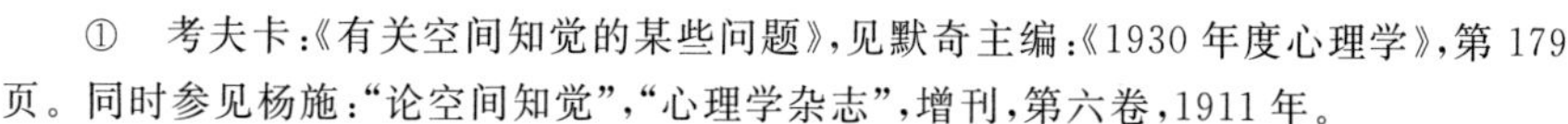

①　考夫卡：《有关空间知觉的某些问题》，见默奇主编：《1930年度心理学》，第179页。同时参见杨施：“论空间知觉”，“心理学杂志”，增刊，第六卷，1911年。

②　戈尔德斯坦：《大脑皮层定位》，第685页。参见本书前面第一章。

起来。”[①]在联合环路内的整合就足以使这种空间场的建构成为可能吗？心理—生理学早已设想要赋予两个视网膜上的每一点一种确定的“部位记号”；实验证明，部位记号不是不变的，皮埃龙不再把它们的分布归因于视网膜中某些先定的解剖学装置，而是归因于某些协调环路(circuit coordinateur)；这样，我们可以明白，两个视网膜上的被纳入同一个联合环路的两个不相符的点，可以包括在功能关系中并且获得相同的部位记号。但这是什么样的部位记号呢？反过来，联合环路是从何处获得它传递各种部位兴奋的那种部位特性的呢？如果我们认为这种特性是通过建构而归属于联合环路的，那么我们不过是把关于各种部位记号的解剖学理论移入到了一个高级机构中，而我们将会遭遇这一理论已经碰到过的那些困难：某一确定刺激物的空间定位，由于在场中引进一些附加的点就被改变了。某一联合环路的部位特性并不归属于该联合环路，并不内在于该联合环路，而是取决于这一联合环路与其他联合环路的关系——它们在同一时刻把一些一致的部位记号分布到视网膜的其他点上。这样，我们就已经求助于一个高级的协调机构了。整个协调的解剖学观念通过不断地推迟说明而始终使这种说明处于未完成状态。这不过涉及到一种功能观念。也就是说，这些部位特性在任何时刻都根据总体集合的平衡之要求被分配给各种联合环路。人们可能会问，两个客观上相似的点的视网膜形象，或在两个色块中执行相同功能的视网膜形象，是通过什么样的机遇碰巧与它们借以获得相同的部位记号的相同联合环路连接起来

① 戈尔德斯坦：《大脑皮层定位》，第683—684页。

的。从各联合环路的部位特性在每种情形中都是由整体结构分配给它们这一刻开始，这个问题就消失了。因为空间场的建构不再是一种向心现象，而是一种离心现象。这不是因为两个视网膜的兴奋被纳入到了同一个联合环路中，从而使它们的那些心理的对应物在知觉空间中获得了相同的功能；相反地，正是这种相同的功能规定着它们，以便使它们被某一联合环路联接起来。[①] 协调本身是作为结果而出现的，它是某一结构或"形式"现象的结果。

对色彩知觉的生理学条件分析将得出一些相同的结论。这里，我们还是选择皮埃龙的陈述作为范例，我们要问一问：协调或整合的观念是否足以消解生理学原子主义的种种困难。尽管皮埃龙抛弃了关于色彩视觉的特殊中枢假说，但他还是承认：视网膜上的那些感受器锥体与由颜色神经元组成的键盘（每一个颜色神经元都是用来知觉一个色调的）相关联。光线刺激物的波长本身确保神经冲动分流到颜色键盘的与光线色调相应的那些键上。[②] 至于色彩的强度，它们的生理基质仍然可以在环路的不同建立中找到：当某一差别阈限被跨越时，这是由于迄今为止一直通向某个解剖学装置的神经冲动突然被切换到了另一个环路。[③] 虽然该作者希望，在损伤的情形中，部分色盲（chromatopsie）、立体幻觉（stéréopsie）和闪光幻觉（photopsie）将会按它们逐渐降低的脆弱

① 我们暂时让如下问题处于未决状态，即要知道神经机能的这种显而易见的目的是否像格式塔心理学认为的那样是由结构的生理现象所支撑的，还是（参见后面的第三章）应该完全简单地承认不存在关于空间场构造的任何生理学分析。

② 皮埃龙：《大脑与思维》，第 154 页。

③ 同上。

性顺序而受到影响，但我们难道不能回到那些解剖学表象（它们把部分色盲的功能甚至是这一功能的不同程度定位在某一特定的神经区中）吗？[①] 我们着手处理的是把特定区域分配给特定内容的水平定位。正如前面关于“部位记号”的情形一样，我们可以问：被指定给投射在视网膜上的每一客观点的那些颜色值，是不是真的取决于局部的传入神经冲动的某些独特属性。

如果我们可以坚持古典解释的话，对比现象不会构成为被指定给场中每一部分的那些颜色值的点状分析的阻碍。因为，比如说黑林（Hering）的理论，只不过是在那些最复杂的情形中，在起“图形”作用的区域和起“背景”作用的区域之间预设了一种相互作用——在这种相互作用中，每一区域内所特有的效应都被加在一起。如果我们以明亮对比为例，我们将会按下面的方式推理：白色诱导出围绕着它的黑色；在黑色背景上的灰色将会显得非常明晰，因为这种诱导效应已经强化了背景本身的颜色；在灰色背景上的灰色将显出深灰色来但显得不那么明晰，因为这两片灰色互相使对方变暗。在黑色背景上的一个大灰色盘比在同样背景上的同样色调的一个小灰色盘显得更不明晰，因为，由于同样的机理，“内部对比”造成大色盘的不同部分彼此使对方变暗。在这一观念中，对

① 皮埃龙补充道说（同上）：“色彩的细微差别的敏锐展现要求……传导神经冲动的那些神经元，尤其是与颜色键盘同步的那些神经元的某种完全整合，因为神经元本身的系数已被它所遭受的最小的损伤改变了。”我们显然寻求重新引进对性质的考虑。无论如何，这一工作借以实现的器官在解剖学上不同于部位记号的分布得以实现的器官。

比只取决于刺激的大小及几何分布，总体效应是各局部效应之和。[①] 这样，在大脑生理学中，现象只要求这种关于局部神经冲动相互作用的假设——这一假设看来与皮埃龙的图式是相容的。

但是，在颜色对比的例子中，我们可能已经阐明了某些似乎不能够在相同意义上解释的现象。我们知道，黄色背景上的一个灰色纸圈看起来是蓝色的，而在别处，在一间由黄色的电灯光照亮的房间里，被中性的日光照亮的窗户看起来则是近蓝色的。这两种现象乍一看是可比的，但实际情况并非如此。当灰色纸圈被放入后，第一种情形中的黄色背景仍保持强的饱和度，相反地，被电灯照亮的墙壁看起来脱色并接近于白色。只是当我们透过一个减光屏的洞孔观察它们时，它们才会呈现出一种明晰的黄颜色。因此，在第一种情形中，对比只影响到图形，在第二种情形中，它同时影响图形和背景。相应地，在第一种情形中，对比突出了人们在分别观察灰色和黄色时发现的它们之间的差别；而在第二种情形中，在日光下的明显蓝色和电灯光下的近白黄色之间的差别，并不比看起来中性的日光和呈现为饱和的黄色的电灯光之间的差别大。这是因为第二种现象服从着与第一种现象颇不相同的某一规律。一切都表现得如同背景的有色（黄色）光趋于显现为中性的，而“图形”的客观的中性光则趋于呈现为背景的客观色的互补色——换言之就好像是，由于灯光承担了背景或中性光

① 考夫卡：《格式塔心理学原理》，第 133 页。

的功能，客观的中性光便呈现出这样一种外观，使得各种客观色之间的差别被改变了，但被保留在我们的知觉中。[①] 这涉及到的是一种“水平变化”(changement de niveau ，shift of level)，借助这种变化，起背景作用的颜色变成为中性的，而图形的颜色则以背景和图形之间的差别仍保持不变的方式被改变。“如果视网膜的两个部分接受不同的刺激，那么在现象场的每一部分与相应的部位刺激之间不会存在不变的关系。相反，在某些条件下，在现象场两部分的差异(梯度)与各种刺激的差异之间会存在一种稳定的关系。”[②]或许最好能为这一新现象寻找一个与前面名称相区别的新名称，要不可以借用杨施的“转化”(transformation)这个术语。无论如何，这里不再像在古典的对比现象中那样涉及颜色差异的增长，而是这种差异的变化。在黑林的理论所依据的那些实验中，一种颜色对邻近的颜色产生作用；黑林假定背景的黄色也这样作用于图形的灰色以改变其外观。相反，在考夫卡的现象中，转化既与呈现出来的这两种颜色无关，也与一种颜色叠加于另一种颜色的那些作用无关。

对我们至为根本的这一点可以通过一个判决性实验(expérience cruciale)来阐明。如果图形的蓝色真的是来自于背景的黄色，那么，我们就应该可以通过突出背景的颜色来强

---

① 考夫卡：《对颜色恒常性理论的一些评论》，“心理学研究”，第十六卷，1932 年，第 334—335 页，该实验在《格式塔心理学原理》中被更精确地加以重复，第 255 页及以下。

② 考夫卡：《对颜色恒常性理论的一些评论》，第 335 页。

化图形的效应。因此，让我们把一个不透光的物体置放于由漫射的日光和一个灯泡来照亮的房间里的一张白纸上(这一物体成了光线的屏障)。在物体投射的阴影区的中心，日光能够单独穿透，而这一阴影就显现为一种饱和的蓝色。如果我们用黄纸覆盖住围绕着阴影区的整个表面，那么，我们就强化了环境的颜色；如果古典理论是正确的，对比现象就应该获得了加强。事实上，在这些条件下，阴影区的蓝色隐没了，使用的黄纸越是饱和，隐没得也就越是完全。如果我们设法不考虑在阴影和黄纸以及黄纸的各个内部轮廓(这些不利于进行比较的因素)之间的明亮差别，实验的结果并不会发生变化。不管所用光线的颜色如何，其结果仍保持一样。这一结果在古典论题中是无法获得说明的，它反过来为“颜色层次”(niveau coloré)这个概念提供了证明。在实验开始的时候，构成背景的黄色光在知觉中有表现为中性光的趋向，相应地，客观的中性光则显现为蓝色。当我们使其黄色回到背景色时，我们就使整个“转化”现象的条件消失了。[①] “被覆盖场的表面颜色并不(像古典对比理论所主张的那样)取决于被覆盖场(客观地)映照出来的光以及与此一致的(客观地)映照着覆盖场的光，也就是说，并不取决于以累积的方式组合起来的这两种现象，而是取决于把两者区分开来的差异(梯度)，取决于覆盖场的明显颜色。”[②]

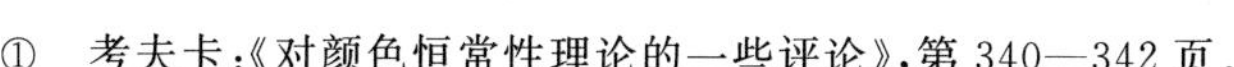

① 考夫卡：《对颜色恒常性理论的一些评论》，第340—342页。

② 考夫卡：《格式塔心理学原理》，第259页。

在这些条件下，我们还能坚持皮埃龙的图式吗？在知觉中将被指定给视觉场中的这样一个点的颜色值，并不仅仅是部位兴奋和某些同时分布在视网膜上的兴奋的一种复合效应。它还取决于指定给背景的颜色值——不管获得的是什么样的刺激，背景的颜色值依据神经系统固有的平衡法则而向中性色趋近。这就是说，在那些传入神经冲动之间的任何累积式组合[①]，都既不能说明那些代表“背景”的颜色值将在颜色键盘上寻找“中性色”键，也因此不能说明其他颜色值将在相同的键盘上寻找由这种“颜色层次”的变化所指示的颜色。这种“横向功能”插入到了传入神经冲动和“键盘”之间，视觉场的结构藉此得以保持，而绝对颜色值却被改变了。

但还不止于此。一个给定的刺激的颜色值不仅仅取决于整体的颜色结构，它还取决于它的空间结构。

画在一个半绿半红背景上的灰色圆环，当它被知觉为一个单一的图形时，看起来是灰色的；如果一条直线从两半背景的分界线上切割圆环，使它看起来像是由两个半圆组成的整体的话，它就显现为一半是淡红色的，一半是暗绿色的。[②] 只要一个圆盘被知觉为处在它与之有距离的背景的前面，就不会有任何对比现象发生。但当圆盘被看作是放在背景上时，对比的效果就显现出来了。有关透明现象的新近研究表明，一个局部地保持不变的颜色兴奋，按照眼睛一览无余地看到

① 或许这就像皮埃龙在使刺激物的“占优势的波长”起作用时对它的设想那样，《大脑与思维》，第 134 页。

② 考夫卡：《格式塔心理学原理》，第 134 页。

了装置的全部，还是透过一个减光屏的洞孔去观察它，会在知觉中产生非常不同的颜色效应。如果我们在黑色背景上（在黑色面板下放置一黄色的长方形）转动一个由一些空区和一些着蓝色的实区构成的轮子，透过一个减光屏的两个洞孔进行观察，在黑色面板层面上提供给我们的是极深的蓝色，在黄色长方形层面上则是黄绿两种衬色混合而生的灰色（塔尔博特定律[loi de Talbot]）。这些明显的颜色代表着在视网膜上客观地引起的各种兴奋。然而，我们一旦不通过作为中介的减光屏来观察，就能透过一个透明的蓝色表面看到一个黑色表面和一个黄色长方形。因此，深度排列具有分解在视网膜上客观地呈现出来的颜色之效应。① 人们可以确认：如果说黄色的长方形被看作是黄色的，这不是因为它确实是黄色的，根据塔尔博特定律，它向视网膜发出的只是灰色的光。在黑色面板层次上可见的轮子上的蓝色被传递给了这个车轮的中心部分。中性灰色将被分解成的色素之一因而是由此给出的。另一色素也同时被决定下来。这实际上似乎已成为一个知觉定律，即“如果一个中性刺激引起了对其中之一是有色的两个表面的知觉，则另外一面必定带有其补色。”②海德③已经指出，如果我们把一个红色图形放置在黄色长方形的下面，把

① 富克斯：《关于同一视觉方向的同时连续的实验研究》，“心理学杂志”，第91期，第145—235页。

② 考夫卡：《格式塔心理学原理》，第262页。

③ 海德：《对透明、颜色和形状的新研究》，“心理学研究”，第十七卷，1933年，第13—56页。

一个与前面类似、但带绿色区的轮子(或更简单一些,一只黑白区交替的实轮子)放在这个背景之上,根据塔尔博特定律,红绿混合或黑白混合而获得的灰色色调,在我们不用减光屏进行观察时,被分解为透过一个蓝色平面看到的一个黄色平面,完全就像前面的例子那样。因此,两个平面的颜色,远远不能通过部位刺激的属性获得解释,而是完全取决于场的整体的组织,也就是我们前面已经讨论过的空间值的分布。此外,反过来说[①],深度组织(l'organisation en profondeur)受到颜色刺激的某些客观属性的制约:要使透明现象能够产生,在背景与透明的平面之间必须存在着一种颜色差别(或者仅仅是一种明亮差别)。背景越明晰,轮子颜色越深,它的那些空区越大,则透明度越完全。

因此,正如作者们应该放弃为距状区的每一个点指定一种部位特性,并且使这种特性依赖于该点在联合环路中的变化着的嵌入一样,我们在这里也必须放弃从神经冲动在每一个传递它的神经元中的部位特征出发来建构颜色视觉。作用于颜色键盘的并不是传入神经冲动和外部刺激。颜色的旋律依赖于把暂时的颜色值分配给每一部分兴奋的某种横向功能。但我们应该坚持这种结论吗?我们在前面已经看到,如果人们局限于把原子主义归因于视网膜上的每一点的那些绝对的部位记号传送到联合环路中去,那么,空间知觉的生理学问题就不可能得到解决。同样,我们在这儿

① 图尔多—哈特(Tudor-Hart):《关于透明度,形状和颜色的研究》,"心理学研究",第十卷,1928年,第255—298页,尤其参见第263—264页。

应该为每一光线的色调假定一种颜色神经元吗？这将承认在环境的不同颜色与大脑皮层的不同点之间有某种一一对应关系。但与此同时，我们被迫把神经功能的活动本身借以显现出来的分配过程与外部世界在皮质中的实在投射重叠起来。在神经系统的这两种表现之间，不需要进行选择吗？前者不会使后者变得无效吗？既然空间知觉和颜色知觉（就它们被单独地把握来说）都不仅仅是一些有关结构的现象，而且还是某一总体机能的两个抽象方面（正如我们在研究对比和透明时所表明的），因此，如果我们希望这些有关形式的现象被表现在一个颜色键盘上（及具有某种固定的部位特性的一系列神经环路中），我们就不得不假定某些其复杂性难以想像的功能性联系，而且我们尤其需要考虑使这一要求合法化的东西。关于颜色键盘的假设或关于联合环路的部位特性的假设，只有当它们与之保持联系的、地形学地规定了的各种装置能够单独赋予传入神经兴奋一种决定性的颜色意义和空间意义时才有存在的理由。既然无论如何都不再是物理刺激物和它自己对于神经系统的作用决定着被知觉到的颜色或空间位置，那么就不再有理由假定：在皮质中存在着仅仅准备作为接收适宜的外部刺激之用的某些颜色或空间位置的键盘。既然颜色和空间规定性都是整体的动力结构的诸环节（moments）（这个结构把一定的系数指定给整体兴奋的每一部分），就没有理由把这些系数与颜色和位置的渐增的梯度联系在一起。实验揭示的唯一严格的投射是处于皮质的感受器表层上的投射。有关颜色键盘的假设与关于内容平行论的旧的概念关系密切，而与关于神经机能和心理机能平行论的现代概念不大一致。

最后，在语言生理学中，整合与协调的观念将再次作为与原子主义的妥协而不是作为对它提出的问题的解决而出现。各个协调中枢不是完全现成的印迹的仓库，而是一些能够在某个单一的音素键盘上实现完全不同的组合的操纵装置，正如一架单一的钢琴能弹奏出无限多的曲调一样。因而，人们相信，属于这些协调中枢本身的（正如属于钢琴师的）乃是对强度和音程的分配，是对音符的选择和对连续顺序的规定，一句话，是对知觉或运动的结构属性的转化[①]。同一作者在其他地方还谈到了被指定给某些词的某些键盘"键位"[②]，或者某些控制着这些键位的启动的、已经准备好的"插头"[③]。为了说明语言错乱，他诉诸于与混杂的语词相对应的"键位"接近。[④] 而且，甚至在损伤不是有选择性地破坏某个语词或某一特定的语言类型，而是影响到它的整体功能（从最不自动的部分到最自动的部分）的情形中，他看来也根据一些地形学考虑确立了分解的逻辑秩序[⑤]。这不是忘记了，在每一时刻进行必要的临时协调，以便在音素键盘上弹出它涉及到的语词，乃是我们赋予中枢的主要功能？这不是预先认识到了语词的结构，简言之回到了我们想要超越的"大脑印迹"的观念？[⑥] "印刷的书页"（feuilles d'imprimerie）有一种要求其自身协调一致的个体性，而树叶

① 在损伤的情形中，"因此不是旧有形象的利用，而是形象的实现、联想的活力受到了损害。"（皮埃龙：《大脑与思维》，第 243 页。）

② 同上书，第 237 页，注释 2。

③ 同上书，第 246—247 页。

④ 同上书，第 256 页。

⑤ 同上书，第 254 页，注释 2。

⑥ 同上书，第 246—247 页。

(feuilles d'arbre)则有另一种个体性。[①] 如果协调中枢不是实现音素的协调,而是有多少语词就在它自身中拥有多少调节装置,那么,我们不再能够完全明白是什么把这些语词从"大脑印迹"中区分开来。如果认为那些相似的语词在大脑中拥有控制着它们的展现的邻近键位,这是因为人们根据旧的平行论的习惯,还没有放弃把语词的逻辑关系或相似关系移到大脑图谱上。最后,如果认为那些最不自主的过程和那些由器官造成的过程按同样的方式与神经物质联系在一起,这是因为人们还没有真正地采纳功能性的观点。

整合和协调的概念可以用来确定某些固定的组装,一些局部活动借助它们成为相互依赖的。这一协调的真正名字就是"自动性"(automatisme)。当一列火车所有的门都关上后,正是这一机制保证了出发信号的发出。当人们承认感受协调中枢中的一个独特的"插头"与每一个语词甚至与一些同音异义词相一致时,我们似乎想到的就是这种协调了。电话线的插头只能把一条或一些预定的线路与另一条或另一些预定的线路联系起来。为什么由相继登录在听觉感受器上的声音所引发的基本神经冲动,能够精确地作用于键位,一下子就找到我们认为预先就为它们准备好的那些通道,而词首的音素却可以归属于许多不同的单词,这些语词的相似性在同音异义的情形中还可以扩展到它们的所有构成音素中呢?甚至关于在我们身上已经完全预备好的协调装置的那一假设,也不能让我们停止去寻求:在语词或语句的实际组合中,是什

① 皮埃龙:《大脑与思维》,第 247 页,注释 1。

么在指引和引导着这些与音素或语词相一致的基本神经冲动通向已经准备好的通道。人们会说,神经环路不过是由一些暂时的同步作用构成的。随着一个语词在一个被试者面前被说出,是什么东西保证这些神经冲动会在它们自己面前发现那些能够将它们引向语位中枢(centre phémeque)的合适键位的同步作用?它们必须自己创造这些同步作用。情况好像是这样的:我们在与一个自动电话中心打交道,在这里,一条先前的指令本身为那些沿着预留路径而来的振荡开辟了通道。但这里涉及的是这样一个中心,它能够应答无限多的呼叫信号,能够应答已经收到的信号的新组合,它并不局限于只把它们当作它们所是的东西来总计它们,而是要把它们当作它们所代表的东西来解释它们。一台机器只能产生它为之而被构造出来的那些操作,而一台能够应答无限多样化的刺激的机器的观念是一种矛盾的观念,因为自动性只能通过使操作的启动服从某些选定的条件来达到。这样,我们就被引向一种完全不同于前面的界定的协调。在此,协调一致的诸元素不仅仅是相互联接在一起,而且还通过它们之间的联合本身共同构成一个整体——这一整体有其自身的规律,而且只要刺激的前面一些元素被给出,它就把这一规律显现出来,就如某一曲调的那些起始音符确定了这个曲调整体的解决方式一样。单独来看,这些音符具有一种不明确的含义,能够进入到无限多的可能组合之中,而在曲调中,每个音符都受制于前后音符,都为表达某种并不包含在任何一音符中,但把这些音符内在地连接起来的东西而起到自己的作用。相同的音符在两个不同的曲调中不会被视为相同的,相反地,同一个曲调只要进行变调,就可以被弹奏两次却不包含任何共同的因素。协调因此是对意义整体(它在那些并置部分中被表达出来)的创造,是对某些关系(这些关系不取决于它们所联接的各项的物质性)的创造。语言生理学所需要的正是这种类型的协调。同音异义词必须产生一种消除歧义的转化,一个语词的某些音节必须能够毫无歧义地指示它,就像大多数时候在日常语言中所发生的那样。如果它们在神经系统中引起的神经冲动,就像某一曲调的那些终止符一样,只不过会确认已经在其整体中被勾勒出来的某一结构的那些细节,那么,这种情形将成为可能。同样,一个演说家的语句必须完全通过自身被组织起来(就像在语言的正常使用中实际发生的那样),对表达手段作为表达手段的意识,对“言语形象”的冥思已经是一种病理学现象了。那些开头的语词应该按照某种适合于语句结尾的方式被赋予节奏、被予以强调,但语句尚没有被确定下来,除非曲调的最后音符也在其整体结构中被演奏了出来。如果人们想在心理学的“动力论”和皮埃龙认为应该接受的现代生理学的动力论之间建立平行关系,那么,就必须像格式塔理论所做的那样,把协调设想成是感受的,或者是刺激—动力的,也就是说,是“形式”的构造或者是功能结构的构造。

概而言之,不管涉及的是对一个语词的理解,还是对颜色或空间位置的知觉,除非各种刺激根据它们的客观属性从外部来启动,否则我们就不可能在神经机能中看到一些预先设定的装置的运用。与被感知的色彩或者位置、与某个语词的含义相一致的生理过程应该是临时性的,是在知觉时刻才被活跃地构成的。功能因此具有一种积极而适当的实在性,它不是器官或基质的存在的简单后果。兴奋过程形成了一种不可分解的统一,它不是由各个局部过程的总和构成的。伴随着这样那样的一些视网膜兴奋而被生动地知觉到的颜色或位置，不仅仅取决于这些兴奋的属性，还取决于神经机能的某些特有规律。并不是刺激引起了反应或者决定了知觉的内容。并不是实在的世界构成了被知觉的世界。如果生理学分析想要把握神经系统的真实机能，它就不能从心理生理学通过把一些孤立的刺激应用到感受器中而获得的结果出发来重建这一机能。在自由观察中产生透明现象的同一个装置，透过减光屏的洞孔看会显现为一种独特的灰色表面。[①] 我们只有从一些现象与料出发，才能理解有关于神经系统的这种充满活力的生理学。

消极地看，得出这一结论是容易的。巴甫洛夫的看法与现代病理学和生理学是不相容的。如果说这些看法的不足已经在我们最通常所处的层次上表现出来的话，那么，在对知觉的更完善的分析中，这种不足就更为明显了。我不仅仅知觉到了一些"事物"，而且还有一些有用途的物体，比如说一件衣服。在置放到我面前的衣服的实际外观、它在空间中可能占据的位置（比如说，当我拿起它并把它放到我背后以便穿上它时）与我自己的身体的左右两侧之间，一系列有规律的对应关系被建立起来，这使得一个正常人毋需考虑就能穿上衣服，而辨识不能症患者则缺乏这种对应关系。神经机能提供的不仅仅是空间值（valeur spatiale）和色彩值（valeur chromatique），而且还有符号值（valeur symbolique）。条件反射理论迫使我们把这些系统的转化看作为各个局部转化（它们在

① 参见本书前文。

皮质的每一点上都可以由刺激的条件的有效性来说明)的总和。如果我注视着放在我面前的一件西装上衣,我拿起它并穿上它,原先位于我右边的左衣袖穿到了我的左臂上,而且我应该放进左衣袖的正是我的左臂。根据条件反射理论,"曾在我右边的袖子"与"将在我左边的袖子"两者在我的行为中的明显的相关关系,在实验过程中的每一部位刺激所获得的促反射能力中获得了说明。但是,当我实际地知觉这件上装的袖子时,它被标明的"在右边"的标志不可能来自于由那些受到刺激的视网膜点所获得的条件作用。这种条件作用实际上是多样的,因为同一个视网膜印象,根据眼睛的位置,可以对应于以极其变化多样的方式处在客观空间中的各种刺激。唯有那些把我眼睛的当前位置表象给中枢系统的本体感受兴奋,才能在由视网膜印象获得的各种条件作用中,选择那种能在每一情形中都被唤起的条件作用。这就是说,按左和右被知觉到的情景,绝不取决于如此这般的视网膜刺激,而是取决于既是本体感受、又是外感受的一个刺激群集。纵向的、局部的兴奋再一次变成为一种横向的、整体的现象。但是一种适应行为要求更多的东西:实际看到的具体广延的每一点必须不仅拥有一个当前的定位,而且还拥有一系列潜在的定位——当我的身体移动时,这些潜在的定位将根据我的身体来确定它。比如说,以这样一种方式,当上装放在我面前时,我就能毫不犹豫地把我的左臂伸进在我右边的那条袖子里。换句话说,在我做这些动作的过程中,由我的视觉场的那些界线所划定的具体范围的各个片断(每一片断都有它自身的空间结构)依次出现是不够的。这些视角中的某一视角的每一点都必须与那些把该点在其他视角中表现出来的点相对应、相

一致。这些新的空间指标或许不像前者那样产生自一些孤立的视网膜刺激以及由这些刺激所引发的条件反应。我们刚才就每一空间视角进行的推理,在涉及到这些视角在某一空间中的整合方面更加有效。这样,表面位置与其潜在的变化成为函数的两个变量:一方面是视传入神经的各种兴奋,另一方面则是把我的身体的当前位置表象在大脑皮层上的兴奋整体。因此,这一位置的任何变化都将对应着空间场的一次重组:举例来说,如果我向后转,原先“在右边"的东西将立即带上了“在左边”的标志,并在这个新的位置上被识别。由此可知,无论是对于生理学还是心理学来说,行为的空间场都不能逐点地被建构起来。每一“部位记号”都取决于某一总体的兴奋过程——除了视网膜兴奋外,其他那些来自动眼肌、起平衡作用的器官和全部身体肌肉的兴奋也都参与到了这一过程中。每一被知觉的位置只有当它被纳入一个空间框架(它不仅包含一个实际被知觉到的可感区域,还包括可感区域只是其一个暂时的外观的“潜在空间”[1])时才有意义。这样,尽管眼睛和身体的运动每一时刻都在感受器表面搅乱那些部位刺激,知觉主体还是能够在一个稳定的空间中活动。条件反射理论——它不仅预设了一个漫长而艰难的学习阶段,而且还与我们适应空间的早熟不相一致——没有说明任何东西。这是因为,无论怎样,已经获得的条件作用都必须借助于一种结构化的兴奋过程才能被启动,这就使这一假设成为肤浅的。

① 这一表达出自瓦隆(Wallon):《儿童心理活动的与心理发展诸阶段及障碍》。

如果病理学和生理学排除了生理学的经验论——根据它的论断，那些由神经活动实现的功能性结构可以被归结为在实验过程中由于接近而产生的联想——那么，它们也同样不支持知觉与感觉、形式与质料的二元论。被分配给基本视觉的大脑区域代表的只是一些中转站，我们没有任何理由使某种第一层次的行为或第一层次的“心理事实”与之相一致。[①] 诸如音乐聋（surdité musicale）或失歌症（amusie）[②]这样的一些障碍表明，在正常人那里存在着与在视觉秩序中分配颜色值和空间值相类似的听觉组织功能。但是，如果从“可定位反射”或点状式部位记号出发来建构行为或知觉的空间场是不可能的，那么，把该听觉组织与一个更高级的机构相连接就更加不可能了。存在着一些辨识不能症，它们破坏了我们提到过的潜在空间，但并没有损害视觉场内部的那些空间结构。它们也许会改变这些空间结构，但不会使它们成为不可能的。在我们的视觉场内部被把握的具体空间和正常知觉可以进入其中的潜在空间，属于两个不同的构成层次，尽管后者整合了前者。我们或许会在潜在空间中迷失方向，在具体空间中却不会这样；我们或许不能够把空间想像为普遍场所，而围绕着明显可见范围的潜在空间的视域并不会同时被消除。形式这一观念所关心的恰恰在于：超越关于神经机能的原子论概念，但并没有把它还原为一种弥散的、未分化的活动；拒绝心理学的经验论，但并没有走向

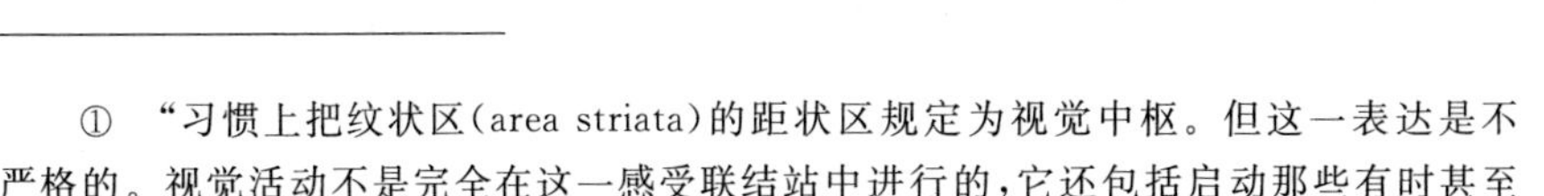
① “习惯上把纹状区（area striata）的距状区规定为视觉中枢。但这一表达是不严格的。视觉活动不是完全在这一感受联结站中进行的，它还包括启动那些有时甚至扩展到大脑的另一极的联合环路。”皮埃龙：《大脑与思维》，第154页。

② 戈尔德斯坦：《大脑皮层定位》，第758页。

唯理论的反题。知觉分析将导致重起鸿沟——既不是在感觉和知觉之间，也不在感性与理智之间，更一般地说，也不在诸要素的某种混乱状态与组织它们的一种高级机构之间，而是在组织的不同类型或层级之间。

就涉及行为与大脑的关系而言，前面的那些分析或许具有两种意义。或许它们所需要做的只是改变生理学的范畴，并把形式这一观念引入其中。在我们所界定的意义上的形式，相对于我们与之分离开来的那些部分的形式而言，拥有一些原初的属性。其中的每一环节都被其他环节的组合所决定，而它们各自的价值取决于一种总体的平衡状态（其样式具有“形式”的一种固有特征）。在这个意义上，它似乎具备了说明神经机能所必需的全部条件。因此，把它界定为一种“图形和背景”类型的过程应该是可能的。[①]这些形式对于某些地形学条件的依赖[②]在全部范围内都存在着：从一张绷紧在金属框上、并承受着一些压力的膜片（它由此获得一个平衡位置）的例子，一直到水中的一滴油（它在没有任何地形学支持的条件下实现了一个稳定的结构）的例子。还是在这个意义上，形式看起来能够解释位置在神经物质中的模糊性（从外周神经的水平定位到中枢神经的垂直定位）。这些无可争辩的定位代表了那些实质性过程得以展开的皮质点，即整体过程中的“图形”，但人们永远不能够把它们与由皮质的其余部分的活动构成的背景完全分离开来。因此，只要人们把形式引入神经机能之中，一种严格的

① 戈尔德斯坦：《大脑皮层定位》，第 650 页。

② 戈尔德斯坦：《机体的构造》，第 166 页。

平行论或“同型论”(isomorphisme)[1]就能够得以维持。

为了描述这些“生理学形式”，我们应该从现象世界或者被知觉世界借用“图形”和“背景”这些术语，这一事实本身正如前面有关旋律的隐喻一样，引导我们反问自己：它们是否还是*生理的*现象，我们是否能够合理地设想那些过程——它们仍然是生理的，它们以适当的方式把内在于我们通常称作“意识”的东西中的各种关系象征化了。例如我们已经看到，两种不一致的兴奋只要在两个着色面上实现了相同的功能，即“在一个同质背景上的点”的功能，它们就在视觉中融合起来了。但如何来理解功能的这种一致能成为使它们融合起来的原因呢？“在一个同质背景上的点”这一功能，或更一般地说“图形和背景”这一功能，只有在被知觉的世界中才有意义：只有在这一世界中，我们才能知道一个图形是什么，一个背景是什么。被知觉者只有通过被知觉者本身而不是某些生理过程才能够获得说明。对知觉进行一种生理学分析是完完全全不可能的。从作为一种物理现象、作为空气振动的组合的语词出发，我们不可能在大脑中描述任何一种能够充作语词意义的基质的生理现象，这是因为，我们已经看到，在听力和发音中，作为运动兴奋或者传入兴奋的组合的语词，已经预设了作为旋律结构的语词，而后者又预设了作为意义单位的语句。随着我们深入大脑中枢，行为的诸种条件不再像它在外周神经中发生时那样处于神经物质中，而是越来越处于总体功能的各个性质上可变的样式之中。功能层次的某种逻辑等阶代替了外周神经导体的空间并置。在机能

① 考夫卡：《格式塔心理学原理》，前言。

损伤的情形中，结构障碍代替了内容的缺陷。既然行为的这一结构与作为行为的基础的大脑机能只能够用借自被知觉世界的术语来设想，因此后者就不再表现为与生理现象的秩序相平行的一种现象秩序，而是表现为比它更丰富的一种现象秩序。不借助于心理学，生理学不可能完整地被思考。那么，归根结底，有关于空间知觉的生理学的失败意味着什么呢？这意味着：我们既不能够在“实在的”空间中，也不能够在某些实在的“心理事实”中，并且通过各部分的组装来建构出一种空间模式（如同知觉所揭示的那样）；或者，意味着：就像康德（Kant）已经指出过的，彼此外在的实在的广延以已知的广延为前提。因此，这些简短的评论导向的是空间的观念性（l'idéalité）。只有在对形式这一观念进行更为严格的分析之后，才可以得出一些确定的结论。

*

*　*

上面一段表明，由于一些原则性的理由（不可能把行为的整体还原为各实在部分的总和），生理学不应该从已知的大脑机能出发，借助时值测定或更一般地，借助一些物理学方法来对行为进行还原。相反，正是对病态行为的心理学分析（与损伤的推定的范围和位置相对照）使我们能构造一些关于它的“中心区域”的假设。这样，我们刚才就它们的生理基质所说的只不过预示着对行为的某些高级形式的直接考察。我们之所以尚未从这种考察开始，是为了表明，所谓的生理学方法使我们求助于行为。因此有必要把巴甫洛夫提供的行为的形象与新近的研究成果加以比较，在这种探讨中，没有任何关于大脑生理学的假设包含其中。

由于条件反射理论已经寻求首先说明动物的促反射场的扩大，所以，对它来说，关键的一点应该是说明一种新的、适应性行为的习得。作为一种学习理论，它与“试错法”(essais et erreurs)的原理相通。当一种新的情景出现时，动物将通过一系列尝试对之作出反应。从这些尝试中看不到任何意向性特征，也即与情景的任何内在关系。动物被关在笼子里，外面放着它的食物，迫于需要，它做了许多动作(如抓住或摇动笼子的围杆，等等)，它在其中会发现某些关键性的动作(如咬或拉控制着门的开口的撬棍)。那些不会取得成功的尝试将在以后的行为中被淘汰，其他一些则成为固定的、习得的。但是，在最初的那些尝试失利的情形下，同样的情景如何能唤起新的尝试？通过什么样的机制，那些顺利的反应被固定下来，并且唯有它们被固定下来？就第一点而言，有人(桑代克，Thorndike)诉诸于在某一传入通路与多种传出通路之间事先建立起来的多种多样的联结的存在，我们已经看到，这与现代生理学的那些材料几乎是不相容的。至于第二点，人们以拟人化的方式求助于成功带来的快感，以便说明那些有效反应的固定。条件反射理论为严格的行为主义提供了一种更令人满意的说明。经历了一次失败后，机体准备一次新的尝试，这是因为，根据相互诱导和内部诱导的原则，皮质上到那时为止被抑制的那些点进入到了兴奋状态。如果我们训练一只老鼠，使它在迷宫中总是能够选择由一块白帘布标记的道路(在路的尽头，它会发现自己的食物)，从不选择以黑帘布标记的道路(该路被阻塞，而且它会在那里遭到电击)，这是因为，白帘布已经成为对目标作出“积极反应”的

条件刺激。[1] 相反，第一个例子中笼子上的那些围杆和第二个例子中的黑帘布产生的则是一种条件抑制。已经习得的反应的优势通过重复被确定下来，因为在每一系列实验结束时，有时在实验开始时，这种反应都要比任何其他反应更为频繁（华生）。确切说来，行为的学习和发展并不产生任何新的东西。它们只是把启动某些运动的力量——这些运动的动力条件被看作是事先给定的——转化为一定的刺激而已。行为的发展只不过使某些先存的要素以另外的方式联结起来而已。

但是，顺利反应的频繁就足以说明它们能在行为中牢固地树立起来，而不是相反，正因为它们具有优势，所以才成为了持久的习得（acquisition）？依据某一"尝试"的那些条件本身来断定这些反应比其他的反应更经常地产生（在实验室正如在生活中一样，这一尝试只会在这些反应出现时才结束，而且一旦这些反应出现就结束）是不真实的。人们忘记了那些没有成果的尝试（比如在桑代克所做的那些实验中）在动物转向其他方法之前已经被多次重复过。[2] 此外，频繁也不能在抑制中起作用，对于危险的刺激来说，这种抑制只要一次就习得了。各种条件抑制应该会由于这个事实——即它们预防了痛苦经验的重复——而变得弱化[3]；而且，随着训练的进展，人们应该看到"迟钝的"反应会重复出现。最后，正像运动学习中曲线的突然上升充分证明的那样，顺利的反应似乎

① 托尔曼（Tolman）：《符号一格式塔还是条件反射?》，"心理学评论"，1933 年，第四十卷，第 246 页。

② 考夫卡：《心理的发展》，第 174 页及以下。

③ 纪尧姆：《习惯的形成》，第 51 页。

可以在一次单一的试验之后就被固定下来。[①] 这些事实表明了这样一个观念：行为的肯定或否定价值以某种方式对它的固定起着干预作用。但是，这些价值的干预作用如何被表现出来？也就是说，在机体中是什么东西可以对它们进行评价呢？为了探询它是否能被理解为一种偶然的联系，让我们重新回到行为的习得上面。

行为主义假定，在我们前面所举的例子中，控制着门的撬棍不仅可以成为目标出现时产生的抓握和咀嚼反射的条件刺激，而且可以成为在门打开之前的各种操作的条件刺激。这一假定已经使任务变得容易起来。同样，有人满足于断言，白帘布成了各种“积极”反应的条件刺激，在这一名义下，他把针对目标的那些反应（在经过训练后，白帘布事实上可以引发这些反应）与针对问题的解决的各种准备性反应（白帘布不会固定下来）相混淆了。[②] 实际上，这种困难是原则性的。条件反射理论表呈了某一机体中的像一系列彼此外在的事件一样前后相继的刺激和反应，在它们之间，除了那些直接的暂时接近关系外，不会建立起任何其他关系。动物针对撬棍的那些动作就其本身而言只是大脑机制的结果；它们事实上带来了解脱和成功，但它们无论如何与对食物的“知觉”无关，除非这一知觉唤醒了动物的需求，并因此诱发了一种有利于激活预定的条件作用的躁动状态。但在这一点上，那些有用的动作并没有任何优势：它们和那些先于它们的无效尝试一样，或多或少应该归因于所追求的目标。而且目标随后（因为目标已经达到）应该能

① 参苛勒：《高等猴类的智力》，多处地方。

② 托尔曼：《符号—格式塔还是条件反射？》。

够再次引起这些动作。人们取消了准备性的姿态与目标之间的所有前瞻性的关系，人们希望，通过一种回溯性的效应，能够重新回到那些使达到目标得以可能的条件。但如果学习真的只是物理因果性的一种特殊情形，人们就不能理解时间流逝的顺序如何能够倒转，结果如何能成为它的原因的原因。为了从对撬棍和目标的"知觉"回到那些有用的动作中，这些动作在客观时间中先于这一知觉是不够的。那些导向目标的姿态或者它们的生理基质，要么在动物"尝试"这些姿态之前，要么在这些姿态成功之后，必定拥有某些独特的属性，这些属性为了成功而规定着这些姿态，并把它们整合进对目标的"知觉"中。还需要理解的是建立在目标与那些准备性的活动之间的关系——这种关系提供给那些由准备性活动联合起来的基本活动的多样性以意义，并把它们转变为一种严格意义上的行动，一种新的创造，自此以后，行为的历史在性质上就被改变了。

此外，严格地进行描述，学习看起来不是把这些刺激和这些运动之间的某些确定的联系增加到旧有行为中，而是对体现在各种各样的活动中（其内容是可变的，而其意义是不变的）的行为的一次总体改变。条件作用只能像那些有效反应在第一次尝试中产生出来那样来固定它们。这不是我们所能观察到的东西。一只通过拉动一根绳子来获取食物的受训的猫，在第一次成功的试验中，它会用它的爪去拉绳子，而在第二次中则用它的牙齿。[①] 就算在第一次顺利的尝试中混杂了一些无用的动作或一些局部错误（像经

① 考夫卡：《心理的发展》，第 174 页及以下。

常会发生的那样)，这些偶然的因素在以后的反应中也将消失。[①] 学习，因此从来都不是使自己能够重复同样的姿势，而是能够以不同的方式对情景提供一种适应性的反应。反应更不是相对于一种个别情景获得的。这更多地涉及到的是以新的能力去解决具有相同形式的一系列问题。我们知道，在儿童那里，针对各种颜色的区分行为的习得是缓慢而困难的。当儿童成功地区分并正确地命名了红色和绿色之后，他所习得的严格地说不是对这样两种性质的分辨，而是某种比较和区分全部颜色的一般能力。全部成对颜色都得益于对红色和绿色的区分，区分行为不是通过两种颜色彼此的区分、而是通过针对全部颜色的越来越精细的分辨发展起来的。[②]

> 拜顿迪克的实验在鱼类身上发现了这种系统性的学习。假如人们使红眼鱼习惯于时而吃黑面包，时而吃白面包，这种习惯一旦习得，当人们把一些粉笔块和白色面包混合在一起时，它们就能逐渐习得对于作为视觉刺激的粉笔和面包的区分行为。如果人们接着把黑色橡胶和黑色面包混合在一起，经过一段时间的"困惑"后，一种区分行为在此再次被习得，而且比前一情形要快得多。如果人们再用白色面包，则重新适应只要更短的时限就能形成。这样，对粉笔块所习得的抑制能使动物更快地习得对橡胶的抑制，反之亦然。因此，动物适应的并不是某一特定物质，而是——用人性的语言来说——

① 考夫卡:《心理的发展》，第 174 页及以下。

② 同上。

> 某一特定类型的“欺骗”。实际习得的学习不应该被理解为在这样的视觉刺激(粉笔特有的颜色或者橡胶特有的颜色)与否定性结果之间的一种联想。在动物身上确立起来的是一种选择能力,一种“选择方法”。[①]

有关习惯转换的种种事实会证实这种解释和所有学习的一般特征。的确,条件反射理论并没有必然地假定:学习是针对各种刺激的个别特征的,是通过准确地重复第一次顺利实验所产生的那些动作而获得表达的。已获得的条件作用可以被浓缩,其行动可以被简化,因为它的每一阶段经过重复都变成了后继阶段的条件刺激。恰恰是行为主义学派阐明了某些动物反应的“抽象”特征:引起蜘蛛反应的适当刺激既不是苍蝇的视觉形状,也不是它所发出的声响,而只是它在蜘蛛网上挣扎时传给蜘蛛网的振动。所以,如果我们把一只苍蝇放入蜘蛛的巢穴中,蜘蛛不会把它当作一个猎物。它的本能行为不是针对这只苍蝇的一种反应,而是针对某个一般的振动物的一种反应。如果我们把一个音叉放入蜘蛛网的中央也能引起同样的反应。此外,几乎在所有物种(espèce)中,感受器的结构本身都以同样的方式决定了一种自动的“抽象作用”(abstraction)。这些一般性反应远远没有表达出一种朝向本质的定向活动,不如说它们类似于某个精神失常者的那些刻板行为——他无法考虑到情景的种种细节,因为他不再能够感知到它们。但是,我们能够以同样的方式,一方面说明动物的刻板行为与“荒谬”错误(当各种处境有某个独一无二的共同特征时,该动物就

① 拜顿迪克:《动物心理学》,第202—205页。

试图把同样的解决办法应用到这些本质上完全不同的情景中去，反之，当情景稍稍有些出乎意料时，它就不再运用它的本能性的能力了），另一方面说明动物的面对完全不同的情景时（只要它们具有相同的意义）同样有效的习惯性的灵活吗？这会混淆普遍的东西与抽象的东西。举例来说，根据苛勒进行的各种观察，尤其在动物感觉寒冷、处于疲乏或特别兴奋的状态时，这些“荒谬”的错误就会出现。[①] 它们只不过更加突出了“真正的解决”的独创性。

当一只黑猩猩不得不穿过一个栅栏，用一根木棍把放置在箱子里的一个水果拨向自己的时候，假如我们这样放置这个箱子，使它只有上面和背对着动物的那一面才是开着的。在大多数时候，正如它在其他更简单的实验中所做的那样，猴子都是从把水果拨回自己开始的。但这次，放置在动物及其目标之间的箱子的那一面使它不能获得成功。这一开始动作代表着一种盲目的执着，它与只需通达目标的那个开口被侧向放置就能获得的“满意解决”形成对照。在后一种情形下，那些“智力”最低的猴子也很快就能获得成功，尽管以前接受的试验只教过它们以迂回的方式或在无障碍的情况下利用一根木棍。[②] 在第一种情形中，我们接触的是某种仅仅接受当前情景与各种先前情景的模糊相似、却忽略了眼前问题的精确资料的反应。条件反射理论正是被运用到了这类反应中，某些刺激的呈现（目标，笼子的围杆及木棍）唤起了某些动作，

① 苛勒：《对类人猿的智力测试》，第二版，第 140 页及以下。

② 苛勒：《高等猴类的智力》，第 219—223 页。

它们就变成了条件刺激物。相反，第二种情形中的问题尽管不同于动物在此前所碰到过的那些问题，猴子的行为涉及到的仍然是使该情景成为已经“熟悉”的问题的一种新形式这样的问题。*

如果我们现在不考虑那些积极的习惯，而是分析那些由实验产生的抑制，论证将会更加容易。不是由某种疼痛体验引起的那些剧烈反应，而是某些保护反应被固定在了一个儿童的行为中——尽管这些保护反应有相同的意义，却没有相同的状态。面对火焰，一个曾被灼伤过的儿童不会去重复把受过灼伤的手突然撤回的动作[①]。也就是说，学习并不是一种实际的操作，不是建立在两种个体实在(某一刺激和某一动作)之间的、不会由于两者的联结而被改变的一种关联。条件刺激只有既作为自身，又作为已经变成为促反射的刺激的整个类别之代表才能起作用；最初的反应动作只能作为可以围绕着同一个基本主题产生变化的某种一般能力的一个特例被固定下来。真正的刺激不是物理学和化学所界定的那种刺激，反应也不是这样的一系列的特殊动作，它们相互之间的联结也不是两个连续事件的简单巧合。在机体中必然存在着一个原则，它保证了学习经验延展到某一普遍的范围。

如果这些看法没有老早就被心理学家们所接受，这或许是因为，就如苛勒和考夫卡所指出的，在从前的实验中，那些针对动物提出来的问题不利于真正的学习。如果一个笼子的开启有赖于操

* 这一段落中先是说黑猩猩，后是说猴子，理应先后一致。——中译者注

① 纪尧姆：《习惯的形成》，第 53 页及第 55 页。

作一把锁甚或一个撬棍，那么在准备性动作与结果之间的关系只能是一种简单的相继关系，因为锁或者撬棍的机理在笼子里面是看不见的，此外，它还包含了甚至连人类也并非总是能够掌握的多种多样的联结。同样，在迷宫中选择作为入口标记的白帘布或黑帘布也完全是任意的。这些实验条件因此不适宜于阐明在目标和习得的那些反应之间的内在关系。如果动物在这类情景中以试错的方式进行，我们也就不必感到惊讶了。但甚至在这种情形中，经验论的学习理论也还是没有被证实。只要有学习，信号(signal)、准备性的反应和目标达到之间的某种关系就会被建立起来，这种关系使整体成为某种有别于物理事件之间的客观相继的东西。因此，不懂得建筑的黑猩猩仍然能够把箱子一个一个地叠起来以便达到目标。但是这个整体仍然是很不稳定的，只对像猴子这样的灵巧动物才是有用的，[①]它们善于以自己的行为来稳定叠放物。猴子通过盲目的尝试来进行，比如说，把一个箱子按它的棱边竖立，每一次当叠起的东西倒下时它都重新开始而不放弃。因此，这是对试错方案的运用。但这同样没有任何学习可言，[②]而且动物的不灵巧是确定无疑的。行为的发展因此永远也不能通过在这种情景与这种顺利反应之间的实验认识到的接近来获得说明。关键的因素存在于这些偶然的接近被机体所利用的那种方式中，存在于机体使它们得以接受的转化中。如果是另外一种情形，我们就不会明白为什么所有的动物种类，每当它们的身体结构包含着感

① 苛勒：《高等猴类的智力》，第142—143页及第145—146页。

② 考夫卡：《心理的发展》，第219页。

受器并容许所要求的动作时，它们就不适宜于任何一种学习。荒谬错误和满意解决的不同并不仅仅取决于某些感官感受器和某些效应器的特殊本性，因为成功和失败要么在相同种类内部的相同问题上碰到[①]，要么根据轻松或疲劳的时刻和程度的不同，在同一个动物的行为中碰到。实际上，从来都不是这些尝试本身(我们要说的是那些可见的动作)可能会为某一习惯的习得提供点什么。这些尝试必定是突然发生在某种给予它们以意义和效能的器官范围内的，它们预设了某种“感觉—运动的先天性”[②]，预设了从一个种类到另一个种类有别的一些实践“范畴”[③]。甚至当所提问题的本性要求一系列预先的探索，并排除某种一下子就形成的正确解决时，这些“尝试”也总是具有一种系统性的特征。一个被放入迷宫中的老鼠将依循那些起始因素的总方向。事情的发生就如同动物采用了一种假说，这种假说“不能用成功来进行说明，因为它在成功认可它之前就已经表现出来、持续下来”。[④] 完全应该承认，在这里接受检验的不是某一个系列的独立选择，而是一条确定的“路径”，其中的每一部分都只是由它与整体方向的关系、由它对整体的法则的参与所决定。在对迷宫进行全面的探索后，各种抑制也在某种系统性的秩序中把自身显示出来：那些平行的、与目标的总方向相反的死路首先被排除，然后是那些与目标方向垂直交叉

① 苛勒：《高等猴类的智力》，第 171 页及以下。

② 拜顿迪克：《人与动物的心理类功能的本质区别》，“自然哲学手册”，第四卷，Vrin 版，1930 年，第 53 页。

③ 同上。

④ 纪尧姆：《习惯的形成》，第 69 页。

的死路，最后是那些平行的、指向同一方向的死路。“那些以最终的认可为依循的最初探索，其目标在于：按照所有的路径与总方向的关系来对它们进行归类，也就是说使它们带有一个特殊的向量。”[①]这样，甚至在那些最不利于我们的解释的情形中，要么这些“尝试”不包含任何内在法则，然而它们也永远不会导致学习；要么存在着学习，条件是机体能够一方面在各种可能的不同“解决”之间，另一方面在所有这些“解决”和“问题”之间建立起各种关系——这些尝试的价值借助它们得以测度。甚至当信号与目标之间的关系是一种纯粹的相继关系时（如在托尔曼的实验中出现的那样[②]），我们仍然可以假定，学习并不在于记录某些事实上的接近。自在的相继应该成为一种“对机体而言的相继”。这在托尔曼的实验中是可能的，因为帘布所标记的路径以及目标一起进入了一个具有某种意义的空间结构中。但是，假定我们使一只猫习惯于通过抓挠或舔自己来获得解脱，该动物将逐渐减少这种动作，直到使之不再被察觉到，在失败的情形中也不会重复它。[③] 如果涉及的是通过一个与成功没有客观联系的动作来获取一块食物，则该动物在执行这个动作时不会看着目标。反之，如果在条件刺激与自然刺激之间存在着一种我们所谓的逻辑关系，则该动物的眼睛不会离开目标。显然，我们必须确认，在第二种情形中，目标除了获得引起各种运动反应的能力外，还获得了引起事实上向运动反应趋近的视觉器官反应的能力。最后，依照被考虑的反应是具有一种意义、并

① 纪尧姆：《习惯的形成》，第 85 页。

② 参见本书前文第 144—145 页。

③ 考夫卡：《心理的发展》，第 192 页。

且与问题的本质自身相关，或者相反，它涉及的只是由情景的某一抽象而外在的方面引起的一种刻板反应，运动的节奏、它们在时间中的分布和协调是各不相同的。[①] 条件反射理论如何让自己说明行为的这些变化（这些变化相应于目标与准备性反应之间的同样多的内在关联），因为对于它来说，所有这些关系都是同样外在的？

行为主义把一种原则上的反对对立于这些描述：在谈到习得性反应与情景的本质联系在一起，并且容许一系列围绕着某一基本主题的变化时，在通过那些真正的解决所整合的运动的连续性、通过这些运动的有旋律的变化来把真正的解决与训练的结果区分开来时，我们将把某些特征作为本质性的东西赋予给被观察到的行为（这些特征只是在用我们人类的方式去感知它们和解释它们时才出现在这些行为中）。正是对于人类观察者而言（他能够比较这些反应在时间的不同瞬间中的分布），获得的能力才成为普遍的；也只是对于他而言，一条连续的曲线才区别于一条折线。如果我们客观地，也就是说，一个瞬间接一个瞬间地、而且在引发它的那些实际刺激的范围之内来思考行为，那么，我们与之打交道的从来都只是回应某些特定兴奋的某些特定运动；所有其他语言都是“拟人性的”。但仍然有待于说明的是，为什么这种所谓的拟人性的解释相对于某些行为是可能的，相对于其他行为则是不可能的。即使我们错误地运用了像“本质”或“问题”这样一些对于描述来说很简便的语词，但是，统计上的差异仍然存在于一个训练后获得了

① 苛勒：《高等猴类的智力》，多处内容。

对某一确定刺激作出反应的能力的机体与一个训练后成功地对多变的情景作出多变的适应的机体之间。如果我们拒绝把现象的任何属性(它并不显现在对某一特例的直观中,而只是通过对变化中的一致的分析,通过一种统计学的阅读显现在反思中)作为科学对象考虑,那么,我们排除的就不是拟人论而是科学;我们捍卫的就不是客观性,而是实在论和唯名论(nominalism)。科学定律(它们不是在事实之中被给出的,而是我们在事实中找到了它们的表达)会受到同样的抱怨。当我们谈到情景的结构及其意义时,这些语词显然指称的是人类经验的某些材料,也因此有着拟人论嫌疑。但"颜色"、"光线"和"压力"或它们在物理语言中的表述同样是拟人论的。显然,我们所能利用的任何术语都有赖于或素朴或科学的人类经验现象。整个问题就在于要了解,它们是否真的是处在主体间经验中的那些目标对象的构成要素,并且对定义这些对象来说是必不可少的。确切地说,前面的那些观察表明,我们既不能把针对情景结构做出的那些反应看作是派生的,也不能把某种客观性特权赋予那些依赖于基本兴奋的反应。感官末梢感受到的兴奋和由效应肌进行的活动,都被整合到对它们起着一种调节作用的那些结构中去了。这些结构过程说明了我们前面已经提出过的学习规律:由于它们在情景和反应之间建立起了一种意义关系,它们也就解释了适应性反应的固定以及习得能力的普遍性。在刺激一反应图式(le schéma)中,它们不是让刺激的质料属性起作用,而是让情景的形式属性,让作为其构架的空间、时间、数量和功能关系起作用。正是在这种类型的关系由于它们自身而出现并产生效验这一范围内,行为的发展才是可以说明的。罗吉尔(Ru-

ger)的一个已经陈旧的实验[1]为我们展现了行为中的各种组合的这些原始属性。一个被试者接受训练,依次有条不紊地在每一部件上进行为分解这个金属拼板所必需的全部动作,但当整个拼板游戏呈现给他时,他好像从来就没有玩过这一游戏。相对于情景的某一"部分"而获得的学习,并不就是相对于被纳入到了某一新的整体中的这一"相同"部分获得的学习。换句话说,刺激的那些实在部分并不必然是情景的那些实在部分。某一部分刺激的效能并非与它的独自的客观呈现联系在一起,也就是说,它必须使它自己在其出现的新的聚合中被机体辨认出来。有必要把刺激的"自在"的呈现和它的"为"产生反应的"机体"的呈现区分开来。但我们刚才就整个拼板所说的话,也可以用到组成它的每一部件上。某一习惯并不是相对于这些部件所反射的光线,而是相对于根据通常意义上的形式及其机械属性来考虑的那块金属片而获得的。既然分解成一些实在的部分从来都没能完成,刺激也就从来都不是作为个体的物理实在,而总是作为结构才成为促反射的。

如果这些评述是有根据的,就一定可能而且必须不再像我们通常所做的那样,把行为分类为简单的和复杂的行为,而是根据这些行为的结构是被淹没在内容中,还是相反地为了最终成为活动的特有主题而从内容中涌现来进行分类。从这一观点出发,我们可以区分出"混沌形式(forme syncrétique)","可变动形式(forme amovible)","象征形式(forme symbolique)"。这三个范畴并不对应于三类动物:不存在某种其行为从来没有超出过混沌层次,或

① 罗吉尔:《效能心理学》,"心理学档案",第十五卷,1910年。

从来没有降低到象征形式之下的动物种类。然而，可以根据它们最熟悉的行为类型，按这样的等级对动物们进行归类。因此，当我们谈论对空间和时间的反应时，尤其关系到的是“可变动形式”。可是，很显然，一种与混沌情景联系在一起的本能活动，也适应于本能对象的空间特征，也包含着一种时间节奏。你也可以这么说，那些基本的空间和时间维度也存在于我们刚才区分过的三个层次上。但它们在每一层次上并不具有同样的意义。为了成为人类经验可以在其间遇到的不确定的环境，空间和时间要求象征活动。

1. 混沌形式

在这个层次上，行为要么与情景的某些抽象方面联系在一起[①]，要么受制于某些非常特殊的刺激的特定情结(comlexe)。无论如何，它被束缚在其自然条件的范围之内，并且只能把那些意外出现的情景当作是为它规定的那些生命情景的暗示。

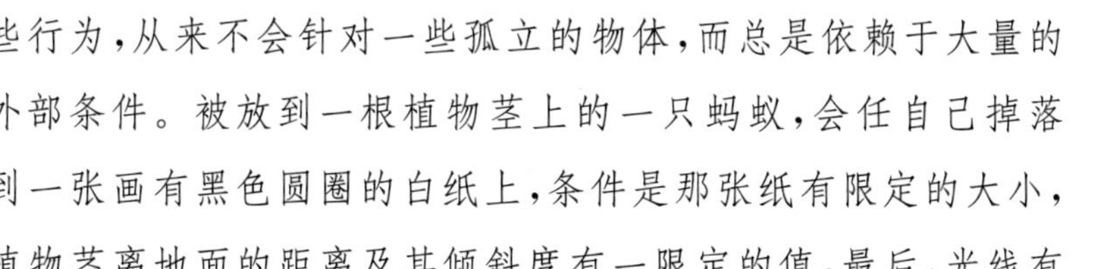

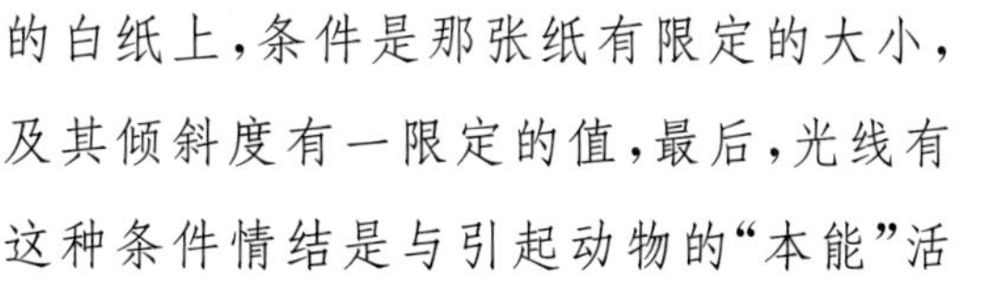

> 最简单的行为，比如说我们在无脊椎动物身上发现的那些行为，从来不会针对一些孤立的物体，而总是依赖于大量的外部条件。被放到一根植物茎上的一只蚂蚁，会任自己掉落到一张画有黑色圆圈的白纸上，条件是那张纸有限定的大小，植物茎离地面的距离及其倾斜度有一限定的值，最后，光线有确定的强度和方向。这种条件情结是与引起动物的“本能”活动的某些自然情景相应的。人们对海星进行的训练不大可能

① 参见前文。

超越该动物在其自然生活中所处的情景范围。即使当某一学习得以可能的时候,它也不重视实验装置的各种细节,这是针对某些仅仅类似的生存情景的一种总体反应。如果我们试图在蟾蜍身上建立起条件反射,我们就会发现,动物的反应更多地取决于在实验情景与它由本能的配备而拥有的情景之间可能存在的相似性,而不取决于实验者所实现的那些联结和断裂。如果将一条用玻璃隔开的蚯蚓放在蟾蜍前,尽管多次失败(这些失败形成了抑制作用),该动物还是执着于各种攫取这只蚯蚓的尝试。因为,在自然生活中,当它面对一个可动的目标时,其本能的配备要求它去作反复的尝试。另一方面,如果我们把一只味道不好的蚂蚁放在该动物面前,这一独特的经验足以引起它对所有其他的蚂蚁产生一种抑制。因为,在自然条件下,当某一样品导致厌恶反应时,本能的配备确保了对一个蚁穴的所有蚂蚁的积极反应的总体抑制机制。最后,如果我们把我们在细线的另一端摇动着的一小片黑纸呈现在该动物面前,而且它成功地咬住了它,那么这一"欺骗性"的实验就产生了一种抑制,但这种抑制过几分钟后就停止了。我们因此可以推定,这一抑制较少依赖于纸的味觉属性,更多地依赖于本能的节律。在自然生活中,除非动物没有成功地咬住诱饵,否则这种本能的节律就不会命令动物进行新的攫取尝试。因此,蟾蜍对之作出反应的从来都不是实验的刺激,只是在这种刺激与确定的轮廓中的自然活动的某一对象相似这一范围内,它才是促反射的。而且它所引起的反应并不是由

当前情景的物理特性，而是由行为的生物法则决定的。[①] 如果我们打算赋予这些词一种精确的含义，那么则应该把这一类行为称作是本能的，它一丝不差地对某些刺激的情结，而不是对情景的某些本质特性(trait)作出反应。而我们通常所谓的本能性的行为，则包含着远不及我们刚刚描述的那些结构那样“粘附的”一些结构。要把它们与理智行为区别开来通常也是困难的。

2. 可变动形式

属于前一范畴的那些行为当然包含着对各种关系的参照。但它们仍然被限定在某些具体情景的质料之内，这就是它们对于真正的学习来说没有用的原因。一旦我们在行为的历史中观察到不由种类的本能的配备所决定的**信号**的出现，我们就可以推定，这些行为是以相对独立于它们在其中得以实现的那些质料的结构为基础的。

在信号行为中，机体所适应的“情景”就是某一条件刺激和某一无条件刺激在时间或空间上的简单接近。但是，正如我们前面已经指出，而且现在必须表明的那样，信号的学习不是简单地把这种事实上的接近转移到行为中。它必须成为一种“对机体而言的”接近。如果涉及到的是空间上接近，那么，无条件刺激连接的不是作为训练对象的条件刺激，而是某个

① 拜顿迪克：《人与动物的心理功能的本质差别》，第46—47页。

它只是其部分并赋予它以意义的整体结构。这就是苛勒的那些著名的实验告诉我们的东西。① 如果我们使一只家养母鸡*养成了从两堆同样大小的谷物中挑选用浅灰色标记的那堆(G1),而不理会用一般灰色标记的那堆(G2),如果,在经历了临界实验(expérience critique)之后(也就是说经历了4至600次的训练后),我们把G2拿走,又换上颜色比G1还要浅的新的灰色谷物堆(G0),面临着一种促反射颜色和一种更浅颜色的被试者似乎会选择前者。而事实上,四只接受这种训练的被试者有59次选择颜色更浅的那堆谷物,而那堆颜色更深的谷物只被选择了26次。如果在这个临界实验中,被保留下来的不是积极色,而是动物对之形成抑制的那一颜色(G2),并且用一种比它还要深的灰色来表示后者,我们就会得到一个相反的实验结果。消极色将被选中。因此,促反射的力量并不与某种灰色色调相关,而是与两种灰色中"较浅的那一种"相关。相应地,获得的运动反应也不是各个个别运动的总和。在训练实验过程中,为了避免对左右位置的适应和对色彩的不同反应所形成的任何干扰,我们应该注意最浅灰色和最深灰色的相对位置的变换。这样,运动反应关系到极其变化多样的各种肌肉和神经束。正是某种传入结构引发并调节着运动结构。因此,条件刺激与条件反应的关系是关系

① 苛勒:《对黑猩猩和家鸡的视觉研究》及《黑猩猩和家鸡的功能结构的简单证明》。

* 英文版为"小鸡",许多心理学家均以小鸡为例,中译以法文版为准,在以下各处均译为母鸡——中译者注。

间的一种关系。训练并不是把某种事实的接近输入到行为中。信号乃是一种完形(符号—格式塔)。

在涉及到时间接近方面,托尔曼[1]以同样的方式得出结论。指示“合适路径”(动物在其终点会找到它的食物)的白帘获得其促反射力量,并不是因为在每个顺利的实验之前,它都被提供给动物这一简单事实,而应该归功于这一事实:白帘和有利的结果一起形成了一个完形。托尔曼力图通过作如下确认来证明之:如果直接放到路径终点的动物遭受到的是一种电击,则白帘的这种促反射力量就消失了。在路径终点获得的抑制的价值将影响到标示其入口的白帘,这就预设了在它们之间有着某种内在的关系。然而,这种反向影响(contre-coup)却没有被托尔曼本人观察到,当然,它是在那些疲劳的动物身上起作用的。严格的行为主义者们[2]补充道,即使这种反向影响产生了,我们也可以用条件反射来予以说明。实际上,只是在老鼠——当它遭到电击之时——面对目标而产生攫取和咀嚼反应的情况下,电击才使白帘失去积极刺激的价值。如果我们使它在对目标作出反应(如对水作出反应)时遭受的电击,不同于它通常在实验设备下产生反应(对食物的反应)时遭受的电击,那么电击对白帘的促反射力量的影响就是微弱的(老鼠依然会进入由白帘标记的路径,只是穿行得更

① 托尔曼:《符号—格式塔还是条件反射?》,“心理学评论”,第四十卷,1933年,第246—255页。

② 米勒:《对〈符号—格式塔还是条件反射〉的一个答复》,“心理学评论”,第四十二卷,1935年。

缓慢一些)。当两个目标更为相似时,这种影响更为明显(米勒,参看前引文章,第286页及以下)。自此以后,电击产生的反向影响可以不借助于某种完形—信号来获得说明。习得性反应趋向于被先于条件刺激本身的各种刺激所预期,这是条件反射的一个普遍规律。那些被训练进入一个食物箱并在里面向右拐的动物,一进入迷宫就会选择并沿着路径的右侧行走。同样,老鼠一进入托尔曼的实验装置,就匆忙对目标作出反应。既然这些反应,由于电击的效应,已经成为抑制性的,动物就不会进入它从前走过的路径。因此,正是对目标的反应,而不是情景的结构,充当着习得性抑制的载体,并使这种抑制在老鼠一进入实验箱入口之际就开始起作用。对此,我们可以这样答复(正如已经说过的那样),当老鼠拒绝进入由白帘指示的那条路径时,它的态度并不同于由电击所引起的行为;同样,走路径右侧所必需的那些动作事实上不同于老鼠在面临转弯时所做出的那些动作。反射并不是被预见到的(anticipé),而是被预备好的(préparé),被预先构成的(préformé)。因此,我们不能用相同的一些活动已经从一种刺激被转移到了另一种更早的刺激中这一说法来说明反射现象。毋宁说,反射现象引起了一些与最终刺激的符号变化有意义关系的活动。这种并非依循时间而简单移位的回溯性活动,归根到底有助于理解“符号—格式塔”这一观念。机体的活动完全可以与某种活动旋律相比,因为旋律末尾的任何改变都会从性质上改变其开头和整体的面貌。同样,在一个迷宫里,某一条路径的关闭立刻给出了一种否定价值,不仅是对

> 这条路径的入口，而且对第二条道路也是一样——在经历一番曲折之后，它在这第二路径中仍然会落入受阻的境地，尽管它还没有走过这条路径。失败具有改变全部刺激符号的效应——这些刺激与它们的符号得以产生的场所具有一种确定的结构关系。（托尔曼，参看前引文章，第254—255页）

尽管就其本身来说，信号与它所“宣示”的东西之间的关系是简单的（在别的地方，这一关系出现在略有区别的行为中），但是，任何程度的复杂性都可以在这些信号的结构中被观察到，而且某一种类对之作出反应的那些信号的本质可以用来测度该种类的“智力”。习惯于从两个图形中选择较小图形的家养母鸡，会把贾斯特罗（Jastrow）同样大小的两个图形中的一个当作较小的——它的位置使其在人的知觉中显得更小（见图1）①。即使我们可以说两种灰色之间的对比包含在作为物理刺激的颜色中，但至少在这里，由于这两个图形客观上是相等的，区别行为不可能是由颜色引发的。另一方面，人们也很难明白哪种组合，什么样的一些经验联系可以说明它。下一图形的凸出部分由于临近一个凹面，使得它不同于上一图形的相应部分，我们不会因这一说法取得任何进展。这恰恰承认了：适当的刺激既不存在于客体中，也不存在于物理世界的客观关系中，而

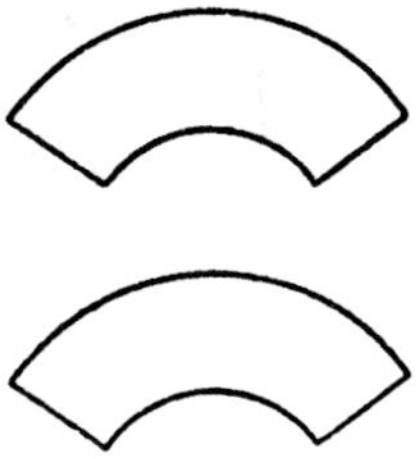

图 1

① 里夫斯（Revesz）：《关于动物空间知觉的实验》，“第七届国际心理学大会引言与论文”，剑桥，1924年，第29—56页。

是存在于在其中各个部位属性取决于整体的另一世界中。反证试验(contre-épreuve)也是可能的:我们看到,一只受训去选择一黑色物体的动物,即使当该物体被置于强光照射之下(该物体比在训练期间使用时反射出高1000倍的光线),它仍能作出积极的反应。如果我们局限于物理现象,局限于被动物的眼睛有效地接收到的光线,那么,与在其他条件下,刺激中的2%的差异就足以中断习得性反应相比较,该动物行为的恒常性更不容易理解。① 但是,动物更适应各种信号结构而非它们的物质属性的能力并不是没有限度的。假定我们在一个儿童面前放置八个距他越来越远的相似的盒子,并且在他没有看到的情况下,把一块巧克力依次放在第一个盒子,然后是第二个盒子,然后是第三个盒子里面,依此类推。从第二次实验开始,儿童将有条不紊地在后面一个盒子里而不是在他刚才找到过巧克力的盒子里寻找目标。那些低等的猴子则会失败。② 也许我们可以③训练它们依次去查看每一个盒子,但这不是我们实验的本来目的。因为这样一种训练的目的或许在于对每一个刚查看过的盒子产生抑制,但它不会排除关于这些刺激中的每一个的个别作用的假设——这些刺激的符号只是随着实验的展开才被颠倒;还有,被查看过的每一个盒

① 考夫卡:《格式塔心理学原理》,第34页。

② 里夫斯,《关于动物空间知觉的实验》,"第七届国际心理学大会引言与论文",剑桥,1924年,第29—56页。

③ 拜顿迪克:《人与动物的心理功能的本质差异》,《自然哲学手册》,第四卷,第62页。

子，不再根据它与所有其他盒子的位置关系及它在进行的操作系列中的位置关系（先是作为一种积极刺激，然后作为一种抑制）产生作用。不存在贯穿一个系列的过程，而只有相对每一个实验而重新开始的同样单调的操作。要么是一种仅仅依赖于个别而孤立的刺激的具体反应，要么是一个因为它们共同拥有一些实在部分而以同样的方式对待它们的抽象反应，在这两种情况下，训练都不是对秩序的一种反应。相反，在一个从第二次试验开始就已经学会了得体动作的儿童那里，反应的一般性既不来自于某些特殊反射的增加，也非来自于从每一刺激中抽象出使该刺激与前面的那些刺激相同一的东西的组合。除非盒子的整个系列至少已经被搜索过一次，否则第一种解释就是不可能的；只有当足够数量的实验通过某些适当的抑制的作用，能够使积极反应从它与每一盒子的那些特殊性质的联系（为了使它依赖于它们的共同性质）中脱离出来，第二种解释才有可能。但这还是不能使我们理解箱子是如何按它们递增的距离而被查看的。事实上，正是这种秩序尤其需要加以说明。与这种反应相适合的刺激存在于某种把下一刺激与先行刺激、有待检查的盒子与已检查过的盒子统一起来的恒定关系中，当我们说必须“总是选下一个”时，我们表达的就是这种关系。这种关系本身是不变的，但它的应用情况在每一种新的试验中都是不同的，不考虑其应用情况，这种关系就没有任何用处。这就是说，相适合的刺激是通过一方面参照空间秩序，另一方面参照被执行的操作秩序这样一种双重参照而得到规定的。针对这两种关系的某个反应并不

是抽象的，因为它们在每一种情况下都呈现出一种独特的价值；它更不是针对每一盒子中存在的个别性的反应，因为正是整体的秩序赋予了每一个盒子作为一种积极刺激的价值。在这个试验中，儿童的成功和猴子的失败表明，前者具有、后者不具有某种丢弃基本结构（它赋予我们得以达到目标的那个位置一种积极的促反射价值）以便开始接受某些更复杂的结构（在这一结构中，促反射价值将根据时间和空间被分配）的能力。

因此，对行为的客观描述揭示出在行为中具有一种多少有点关联的结构，一种多少有点丰富的内在意义，它时而参照个体的，时而参照抽象的，又时而参照本质性的"情景"。

如果我们考察各种行为，以及这些行为中的那些比基本的信号行为更"困难"和更"整合"的行为（在这些行为中，条件刺激和无条件刺激不再是简单地接近，而是呈现出一种我们可以称之为逻辑的或客观的关系），那么，同样的变化就会被注意到。条件刺激从此以后就会产生一些越来越明显地与那些目标反应区别开来的专门反应。我们可以用人性的语言来说：它变成了某一特定目的的手段。

此类行为的第一个例子可以由如下的一些情形提供——在这些情形中，一个刺激直接因为它与目标的空间或时间关系而成为促反射的。假定我们把一只狗放在一个只有两个开口的栅栏前，并且我们在栅栏后面靠近第一个开口的地方放置一个移动的目标（它沿着栅栏向第二个开口移动）。在最初的那些实验中，狗总是跑向目标最初被放置的那个地方。在后来的那些实验过程中，它则沿着栅栏追随这一运动的目标，并且在它到达第二个开口附近的那一刻把它抓住。最后，狗将直接跑向第二个开口，先于目标到达并在那里等待它。[①]就算我们承认栅栏的第二个开口已经成为动物反应的条件刺激，这种刺激也不会超过与之相抗衡的无条件刺激的作用，因为它从后者那里假借了它的全部力量。而且我们也不能明白，为什么狗会放弃它的猎物而去该猎物还未出现的某一地点等待。因此，目标不再应该通过它实际作用于动物身上的那些刺激来获得界定，而应该把它整合到调节着它并把它的当前位置与栅栏的开口及狗的停留点联系起来的时空结构中。我们可以在拜顿迪克的另一个实验中看到这种类型的替代。拜顿迪克要问的是：如果让一只老鼠必须在两条路径之间作选择，第一条一开始就通向目标所在的方向（托尔曼的实验已经表明，在同样的距离下，这条路径是有优势的），第二条路径在开始时背离目标，但碰巧是更短的——老鼠的行为会如何呢？[②] 实验表明，在老鼠身上，简单结构（目标指向—路径指向）可能被一个更复杂的、由路径的长短起作用的结构所替代（图 2）。六只被放到实验装置中的老鼠，首先试图直接通达目标，但因玻璃 G 而中止，随后它们自己选择了路径 A E D Z。当它们完成了它们的路程后，我们引导它们走到另一

① 拜顿迪克：《关于狗的行为的场力和意向性之意义》，“荷兰生理学档案”，第十七卷，1932 年，第 459—494 页。

② 拜顿迪克、费歇尔、德尔·拉格（T. Laag）：《关于老鼠和狗的目标调整》，“荷兰生理学档案”，第二十卷，1935 年，第 446—466 页。

条最短路径 A B C Z。第一次临界实验由此建立起来。这些动物被放到 A 点并任其自由。它们中的五只选择最长的路径(这些路径的那些初始要素处于目标所在的方向上),第六只老鼠最初也沿着这条路径,然后又改变了自己的步伐,选择了路径 A B C Z。但是,如果我们多次把这些动物放置到 A 点,到第一天结束(5 次试验)后,继续进行的四只老鼠中的两只选择了最短的路径;第二天,在第六次实验中,其他两只也选择了这条路线。为了排除习惯的影响,在每次正确的选择之后,我们都把动物引到最长的路径中;而为了确认这种选择并没有涉及到对于右与左的条件反应,我们又把这些动物,置入一个新的实验装置中,该装置是先前装置的一个镜像(l'image en miroir)。这些措施并没有改变实验结果,老鼠还是选择了最短路径。我们是否可以说,"朝着目标方向的路径"在最初那些实验之后产生了抑制?但这一路径从来没有导致过一次失败。我们最多只能说,它通往目标不够快。这种情况就足以产生一种抑制吗?如果我们认为是这样的,那么就认识到了,条件刺激并不是物理世界的一个实在因素,而是一种关系,一种时间结构。[①] 我们将会看到,实际上,像这样的一些空间结构的作用是更为可能的。

因为其他的实验表明,在老鼠的行为中,这些空间结构远

① 我们可以通过置诸部分结构与新的整合于竞争之中,来测度它们对这种整合的抵制。在实验要素构成锐角的一条路径和实验要素构成钝角的另一条路径之间,在其他东西都相同的情况下,老鼠通常选择的是第二条路。我们可以作出某种安排,使钝角处于最长的路上,而锐角处于最短的路上,实验结果几乎不因这一布署而改变。

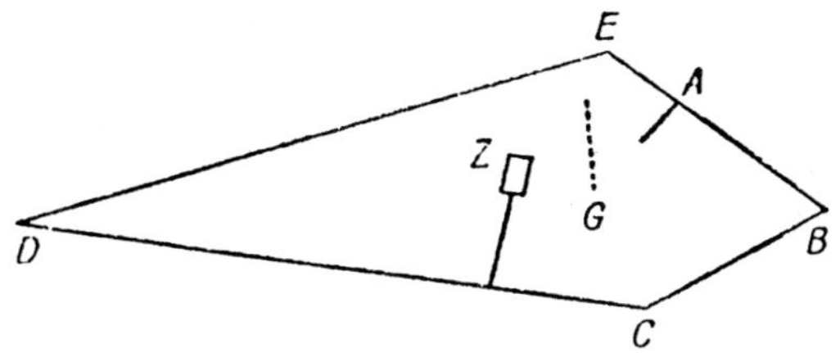

图 2

比时间结构精确。如果我们把老鼠放在一个迷宫中——在这里，一些活动隔板能使动物为了到达出口必须经过的路径产生变化，有开口的环路时而包含两个向左的转弯，时而包含两个向右的转弯——我们可以用两个系列的实验训练动物毫无闪失地穿越这两条道路中的任何一条。但是我们不能成功地看到我们用符号 gg dd gg dd 来表示的这两种行为模式的交替。现在，如果把动物放置在一个更长的、从入口一直到出口都要求这同样的交替的迷宫中，则训练成功了。[①] 由于人们仔细地排除了所有其他的因素，因而，行为的差异仅仅取决于结构的差异——在第一种情形中，这些结构是相应于时间排列的，而在第二种情形中，则是相应于空间来排列的。同一个序列的诸运动是可能的还是不可能的，这取决于它们是沿着某一敞开的空间展开呢还是仅仅在时间中彼此相继。在某种连续穿越空间的活动的统一中可以实现的运动，当涉及到在时间中相关联的几个运动周期时，就不再是可以实现的了。活生生的身体不会不加区别地组织时间和空间，不会像安排

① 据纪尧姆的报导，参看《习惯的形成》，第 88 页及以下。

其中一个那样安排另一个。绝没有比这更适于说明巴甫洛夫的观点的不足之处的了。空间迷宫和时间迷宫在他的观点中实际上是无法分辨的。我们可以说，在他那里只存在着一些时间迷宫。

但与此同时，这些实验使我们警惕与巴甫洛夫的观点对称并相反的另一种错误。“空间”和“时间”这些术语在这里不应该从其人性的意义上来理解——根据这种意义，时间关系可以被空间关系所象征。对于动物行为而言，这种时—空一致性并不存在，空间可以说是一种比时间更稳固、更容易操纵的结构。我们在人的严格的知觉层次（时间和空间在这一层次相互影响）上也发现了某种类似的东西。在动物那里，空间的优先性与某种空—时现象在知觉行为中的出现向哲学家提出了同样的困难。在这两种情形下，都涉及到了对作为原初呈现的，没有被理智主义的解释所歪曲的行为或经验模式的说明。那些在动物行为中起作用的时间关系表现出一些“粘附现象”（des adhérences），而且具有某种我们很难从纯粹而易于操纵的时间和空间概念出发来设想的粘性（viscosité）。

手段与目的的关系或许还被暗含在各种机械而静态的结构之中。它们代表着一种更高程度的整合，因为，正如我们刚才看到的，它们似乎在适应于空间关系的狗的行为中不起任何作用。如果一块肉被放在纸板上并用一根一头垂在地上的细线缠绕着，那些狗只限于“盯”着肉块，而不知道把它拉到它们身边。它们一定只是在玩弄细线时才碰巧使肉块掉了下来。[1] 苛勒所观察的一只狗——它在其他的一些实验中表现得非常“聪明”——多次对目标作出反应，却不对摆在它眼前的细线作任何尝试。[2] 除非我们用一块鱼肉来擦抹细线，否则猫就不会获得一种适应性行为。[3] 相反地，低等的猴类[4]，更不用说黑猩猩，似乎就能够对诸如此类的机械而静态的关系产生适应反应。没有必要再来描述那个众所周知的实验——在该实验过程中，苛勒所训练的黑猩猩中的一只把一根直径较小的竹管与另一根直径较大的竹管配接起来，利用这一工具去获取它不能直接取得的目标。我们只打算强调竹管在动物手中的偶然位置在发现之前可能起到的作用。我们可以确认，这一偶然位置是一个有利的、甚至必要的机会，但并不是学习的原因。事实上[5]，如果我们排出四根直径依次增大，且增幅稳定的管子，依次向动物摆出三种可能的组合，以便使同一根管子在一种情形下是两根中较大的一根，在另一种情形下则是较小的一根，那么，我们就注意到，动物的反应并不是针对每一根单独被考虑的管子而获得的。事实上，从这类实验的最初那些操作起，我们就已观察到，始终是两根管子中最细的那根被插入到另一根中，动物也因此总是把它

① 拜顿迪克:《动物心理学》，第 236 页及以下。

② 苛勒:《智力测试》，第 19 页。

③ 拜顿迪克:《动物心理学》，第 236 页及以下。

④ 参见谢泼德(Shepherd):《对罗猴的适应性智力的测试》，“美国心理学杂志”，第 26 期，1915 年——尼尔曼(Nellmann)和特伦德伦伯格:《关于低等猴类的智力测试的一个报告》，“比较生理学丛刊”，第四卷，1926 年，第 180 页及以下。

⑤ 苛勒:《功能结构的简单证明》，第 56 页及以下。

抓在更为灵活的右手中，而另一根则被动地握在左手中。但是，在我们将要描述的第二系列的实验过程中，不管细管子或相反地粗管子有多么接近，猴子在12次实验中有8次是用左手来抓最粗的管子，用右手来抓最细的管子。在其他的4个实验中，一旦动物把管子握在手中，无须任何尝试，甚至在试图配接它们之前，它就已重新安排了管子的正常分布。因此，配接反应绝不会与每一根管子的绝对属性相关，它在任一时刻都受到管子的直径关系的调节。在初始的实验过程中，我们一定会认为，这样的关系起到了决定性的作用，因为动物已经学会考虑的正是这种关系。

但人们比较普遍地承认，黑猩猩的行为超出了适应于个体刺激的条件反射的层次。对我们来说，注意到各种机械而静态的关系的欠缺和不足更有价值。在我们迄今为止所给出的行为描述中，存在着某些人为的东西；通过引起动物对某些几何与物理关系作出反应，人们就相信，这些关系是它的行为的自然框架，正如对人来说，它们是世界的构成要素一样。事实上，在它们找到通达动物行为的途径之前，其他的更自然的一些结构必定已经被破坏了，而它们是从一些难以分解的整体中涌现出来的。让我们回想一下苛勒的那个实验：一只曾经使用过一些棍子的黑猩猩被单独留在笼子里，面对着一个它无法拿到的目标，和一丛其枝丫很容易被折断的干枯的灌木。在不同的被试者那里，结果是很不一样的。但无论如何，任何一种解决都是在长时间的无所作为之后才起作用的。这就是说，作为一种刺激的树枝并不是一根木棍的等价物，使它能够认识到这一功能的那些空间的、机械的属性，并非一开始就可以进入动物的行为中。苛勒的一个被试者，在以前的实验中，已经学会摆弄箱子，然而，当另一只猴子正坐在提供给它的箱子上面时，它就不知道如何利用它了。它倚靠着这只箱子，因此不能说它没有看到它，但对它来说，它是一个用作支撑或休息的支点，它不可能变成一件工具。[①] 因此，只有当那些更稳定的结构（它们把某种使用价值赋予给对象）首先被重组时，这些机械的结构才成为促反射的。经验主义心理学和理智主义心理学的一贯的错误在于它们的如此推理：一根树枝，作为一个物理实在，既然在其本身中拥有长度、宽度和硬度这些能使它被用作为一根棍子的属性，它也就可以作为一个刺激拥有这些属性，因而它们在行为中起作用就是不言而喻的了。它们没有看到，动物的活动场并不像我们的世界那样是由一些物理—几何的联系构成的。[②] 这些关系并非潜在地呈现在各种刺激中，也不是某种简单的抽象使它们在行为的调节中显现出来的。它们预设了情景的某种积极而新颖的“结构化”。因而，就算刚刚从更强的生物学关联中解脱出来的各种物理—几何关系又轻易地被那些生物学关联重新覆盖，甚或它们从来都没有在一种纯粹的状态中呈现出来，我们也不必对此感到惊讶。在较低等的猴类中，一根棍子或一把耙子，只有当它们事先以一种适当的方式被安排好了——比

① 苛勒：《智力测试》，第 128 页及以下。

② 需要补充的是我们的世界也并不总是由这些关系构成的。

如说，耙子已经被放在水果后面，而它的柄则在触手可及的范围——它们才被作为工具使用。[①] 类似的东西在较低智力的黑猩猩身上也被注意到了，至少在一开始的那些实验中，除非棍子与目标处于“视觉联系”中，也就是说，除非目标与棍子能在一瞥之下被看到，否则这些黑猩猩就不会使用棍子。[②] 一个物体的工具性价值随着它离目标越来越远而不断降低，也就是说，这种价值并不是由独立于其位置的精确的机械属性构成的。甚至当黑猩猩成功地在时间和空间中扩展了它的活动场，当它经过几个中间目标走向最后一个目标时，也会经常出现这样的情况：距离很近的主要目标把本来指向次要目标的那些动作引向了它自己，这种“短路”现象[③]表明，黑猩猩并没有在某一无关紧要的时间和空间中成功地发展出针对工具的客观属性的有规律行为，它总是受到即将来临的未来和空间的接近(它们建立或者毁坏行动的结构)的诱惑。甚至在黑猩猩利用那些机械联系的各种情形中，这些联系也有可能不是借助于人类知觉认识到的那些属性才在行为中起作用的。如果我们递给黑猩猩们几根全都通向目标的绳子，但只有其中一根是系在水果上的，它们通常不加区别地抓住所有绳子，其行为并不受绳子与目标的机械关系的调节，更多地依赖于

① 尼尔曼和特伦德伦伯格：《关于低等猴类的智力测试的一个报告》，“比较生理学杂志”，第四卷，1926 年，第 155 页及以下。

② 苛勒：《智力测试》，第 128 页。

③ 苛勒：《高等猴类的智力》，第 171 页。

所提供的绳子的长度，最短的绳子往往被选中。[1] 这或许就是为什么，事实上存在着的机械关系一旦变得复杂起来，黑猩猩就会失败（因为这些关系不能被转化为动物行为所具有的不完备的等价物）：黑猩猩既不能解开一个结，也不能把一个环与钩住它的钉子分解开来。[2] 我们因此可以描述某种与行为有内在关系的动物物理学，但其独创性只能通过一种心理学和一种哲学——它们应该为这样的未定之物提供一个位置，应该明白：一种行为或一种经验可以具有一种"含糊的"和"开放的"意义，而不是一种空洞的意义——来获得理解。一只年幼的黑猩猩，面对着挂在顶棚上的水果和摆在它的笼子里的一只箱子，它一开始是跳向目标以便直接拿到它；然后它的目光落到了箱子上，"它走近它，直盯着目标，并用不足以使其移动的轻微的力量推箱子……它离开箱子，走远几步，但忽然返回来，重新反复推它，眼睛盯着目标，但相当柔和，好像它并不真的想改变其位置。"[3] 一会儿之后，解决就"找到了"。我们可能会说，箱子在问题中"有事要做"，但其功能还没有被弄明白。问题将会获得完全的解决吗？人类的言语行为提供了一个类比。在罗吉尔的拼板游戏实验中，当一个被试者偶然成功地分开了两个部件时，"工作得以在其间完成的那个区域，或活动得以展开的那一特殊空间现在得到了强调，并且成了整个程序的焦点。因此，在大量的例子中，解决几乎完全依

① 苛勒：《智力测试》，第19页。

② 苛勒：《高等猴类的智力》，第238—239页。

③ 苛勒：《智力测试》，第30页及以下。

赖于一种关于场所或关于位置的分析。"[1]但这样一种局部作用藉以产生预期效应的方式并没有在反应中起作用。我们还可以思考一下在一场网球比赛中引起球员作出反应的那些情景。我们将在后面的分析中阐述这种情景，藉以指出：球的方向，球的轨迹与地面的角度，球借以被激活的旋转，对手的位置，球场的大小等等都有助于调节反应的范围和方向，以及球被击回的方式。但显然，在击球的那一瞬间，情景并不是完全连贯的，尽管对一个优秀球员来说，所有这些决定性因素都会起作用。类似的问题在描述黑猩猩对各种机械关系的反应时也被提了出来。在黑猩猩那里，这些关系没有很好地与"视觉联系"区分开来，而隶属于某种原初范畴（类似于儿童物理学的范畴[2]或原始人的"参与"）。在涉及到黑猩猩十分缺乏的各种静态关系方面，情况也一样。苛勒的一个被试者，为了平衡一把梯子，把其中的一根柱子紧靠着墙壁。[3] 这一情景的各种静态特征是通过内感受性的通道而不是通过视觉感受器的中介来起作用的。当一个箱子完全不摇晃时，一只黑猩猩就认为它处于平衡状态，尽管这种平衡是非常不稳定的。反之，如果箱子虽然牢固地被安在它的基座上，但并非完全不动，它就要重新着手其整个建构。一旦这种建构被完成，"任何可疑的移动或倾斜都通过身体重心的偏移、手臂的略微抬起，躯干的弯曲而获得了满意的补偿，以至于动物下面的那些箱子本

① 考夫卡：《心理的发展》，第193—195页。——参见本书前面部分。
② 参见皮亚杰：《儿童的物理因果性》，多处内容。
③ 苛勒：《高等猴类的智力》，第153页。

身在某种程度上服从于其小脑—迷路的神经静力学”。[1]“各种形式在它的手下发展起来，它偶尔会成功地跨越这些形式。但从静态的视点来考虑，我们认为，这些形式差不多已经超出了它的智力极限，因为我们所熟悉的、尤其是作为视觉形式固定在我们身上的全部构造，动物们只是出于偶然、因此可以说只是在抗摇晃的努力的过程中才能够获得。”[2]

如果我们现在说黑猩猩是“有智力的”，我们难道不是冒着忘记其行为中的各种物理—几何关系的原初特征，并且把它们与人类的“客观”的几何学和物理学混淆起来的危险？各种定义或许都是任意的，但苛勒对智力所下的定义似乎适合于黑猩猩。苛勒把“某一整体的解决根据场的结构而产生”[3]和某一行为的出现作为标准——这一行为的各个构成部分“单独地看，对于该问题是没有任何意义的，只有当我们在整体的进程中来考虑它时，才会恢复一种意义。”[4]但场的结构或多或少是连贯的(articulée)，而行为的结构则或多或少是复合的(complexe)。同样，在黑猩猩的机械而静态的结构与人类行为的机械而静态的结构之间，仅仅只有一种程度上的差异吗？在黑猩猩那里，静态关系的不充分难道像苛勒所说的仅仅只是一种“视觉疾病”，换而言之，仅仅只是一种类似于失明的缺陷吗？或者，因为这些关系预设了一种更高级的结

① 苛勒：《高等猴类的智力》，第 143 页。

② 同上书，第 142 页。

③ 同上书，第 179—180 页。

④ 同上书，第 94 页。

构化模式，以致它们不能为黑猩猩所理解吗？难道不应该把"智力"(intelligence)这个名称保留给这种组织方式吗？

我们已经看到，在黑猩猩的行为中，作为座位的箱子和作为工具的箱子是两个不同的、交替的对象，而不是同一个东西的两个方面。换言之，在任何时候，动物都不可能对物体采取自由选择的视点，相反，物体看起来具有一种"向量"，被赋有一种"功能价值"(它们取决于场的实际构成)。对我们来说，这就是人们在黑猩猩的行为中注意到的那些欠缺的根源。对此我们打算通过两个例子来确认：即迂回地接近对象的例子和静态关系的例子。我们给黑猩猩提出了把一个水果(它们因为盒子的那些垂直面而与水果分隔开来)拨向它们自己的任务；为了成功，它们必须推动水果远离自己朝向盒子的开口。黑猩猩全都知道采取迂回的方式，比如到外面去找人们从窗子里扔进来的一个水果。因此，显而易见，对动物机体来说，采取一种迂回的方式和使迂回方式针对一种目标是两个有区别的、难度不等的任务。这两种情形中的空间关系必定表现了某种本质的区别。这些关系，只是在它们显露出了机体趋向目标的某一运动的轮廓时，才在一个方向上为动物行为所进入。目标是一个固定的点，而机体则是一个移动的点，它们不能够交换它们的功能。机体不是诸对象中的一个对象，它拥有一种优势。是什么东西在阻止那些外感受结构获得我们可以在各种本体感受结构中找到的同样的可塑性？人类行为在某些无辨觉能症和疲劳状态中的相似提供了一种指引。经历一次复杂的旅程比向某人说明它要容易得多。通

常，在说明的过程中我们要利用一种运动模仿，如果没有这种模仿，尤其是在我们疲劳的时候，我们就不能够在心理上经历这一旅程。我们已经在盖尔布和戈尔德斯坦的病人那里遇到过对运动姿态的同样的求助。[①] 说我们求助于“运动觉材料”(donnée kinesthésique)来补充欠缺的“视觉材料”是不充分的。恰恰需要知道的是它们为什么是欠缺的。此外，运动姿态并没有代替视觉材料。事实上，有指向的那些动作在这种情形中只是相对于我们对之形成了视觉表象的这一旅程来说，才有其意义。运动姿态所提供的与其说是一些内容，不如说是组织视觉场面的能力、在被表象的那些空间点之间标出我们所需要的那些关系的能力。这种对于触觉材料的所谓的求助其实是求助于实际经验的空间(l'espace vécu)，它与我们的指示最初所处的潜在空间(l'espace virtuel)相反。通过我们所酝酿的那些动作，我们暂时地使我们的描述得以在其间展开的潜在场的那些主要方向与我们身体本身的那些稳定的结构——右与左、高与低——相吻合。对旅程作纯粹描述的困难与看一张地图，或在一张平面图上确定自己的方向所带来的困难属于同一类型，而且正像我们知道的，在某些无辨觉能症情形中，平面图几乎是毫无用处的。纯粹视觉的轮廓线要求我们以一种鸟瞰的视点、以我们在旅行时从未经历过的一个视点来向我们自己表象这一旅程；要求我们能够把一种运动旋律转译成一种视觉图表，能够在两者之间建立起一些

① 参见本书前面，第64页注释1和第110页。

彼此对应、相互表达的关系。同样，让自己采取迂回方式通向一个对象，就是通过我们的姿势本身来勾勒当我们处于这一地步时应该做出的动作的象征，就是在诸关系之间建立关系，这是一种属于第二能力的结构或意向。黑猩猩缺少的是在各种视觉刺激之间（以及在由它们引起的运动兴奋之间）建立一些表达并象征它最熟悉的运动旋律的关系的能力。动物不能够置身于可移动事物的位置并把它自身视为目标。它不能变换其视点，正如它不能从不同的视角认出同一个事物。但也许有人会说，我们预设了某种有利于各种本体感受刺激的现实性（actualité）的优势。只是在这种情况下，那些应该被传递给对象的动作才需要转译为一种本体感受语言，才要求象征行为。为什么对象的迂回不和身体本身的迂回一样现实呢？这是因为，在动物的行为中，外界对象并不是在身体本身是一个事物的意义上是一个事物，也就是说，它不是一个能够进入多种多样的关系又不在其中丧失自身的具体统一体。我们事实上避开不了身体本身的特权，问题只在于正确地定义它。动物缺少的实际上是象征行为——为了在具有多变外观的外部对象中发现不变量（可以与身体本身的当下给与的不变量相比），为了反过来把它自己的身体也作为诸对象中的一个对象，这样一种象征行为对它来说是必不可少的。同样，完全懂得如何平衡自身——即如何通过适当的运动去重建其身体的垂直位置——的猴子，却不能成功地平衡它建构的那些东西。这是因为，一个对象的平衡需要在各种视觉刺激的某些空间关系与身体本身的某些姿态之间建立起一一对应的关系。动物不得不把某些视觉刺激与某些内感受刺激看作是彼此相互表象的。但人们会说，这种解决预设了需要说明的某种东西：为什么各种视觉刺激需要与那些内感受刺激联系起来，才能根据“高”与“低”，“直”与“斜”而享有其资格？为什么它们本身的结构并不包含这些维度？苛勒在某处指出，黑猩猩们从来都不会建造桥梁，当一座桥出现在它们面前时，我们看到它们安家于此，当整个桥垮塌的时候，拉牢其中的一个桥拱，并做出“惊恐的姿势”。苛勒补充道：“所有其他的实验，只要其中原则上有两个同时介入的力量在起作用，就都像这个实验一样失败了。”[①]在把一个水果推远以便随后拿到它、或者把两个互相垂直的成分置于关系中的实验中（就像在圆环与钉子的试验中[②]，在缠绕着梁柱的绳结或绳子的试验中[③]所发生的那样），动物的失败与此没有关系吗？同样的说明对于动物在各种建造试验中表现出来的“愚笨”不是仍然有效吗？因为这里涉及到的仍然是在两种不同的力之间建立一种关联，仍然是同时满足两个条件，即脚手架（échafaudage）的内在稳固和相对于垂直面的整体定向。同样的困难在身体本身的平衡中并不存在，“脚手架”在此是完全既有的。因此，这里涉及到的并不是一种严格意义上的“视觉疾病”[④]，毋宁说，这种视觉疾病本身是一个结果：视觉静力学的不充分就在于：在

① 苛勒：《高等猴类的智力》，第 144 页，注释 1。

② 同上书，第 229—239 页。

③ 同上书，第 108—109 页。

④ 同上书，第 143 页，注释 1。

视觉与之相关联的外部对象领域内,平衡是通过两种独立力量的组合来达到的。因此,关键是把两个东西当作单一的一个,把两种力量当作某个与它们没有任何相同部分的结果的分析性表述。视觉疾病表达的只是相互表达关系、象征行为或"结构事物"(structure chose)[①]的不充分。视觉之所以是不完美的,仅仅因为它是关于潜在的东西的感觉。事实上,在迂回地对待对象的实验中,每当目标的偶然移动预示了问题的解决,黑猩猩都会从这一指示中获益:这是因为偶然移动已经把问题从潜在空间(问题在这里应该能够通过各种可能的操作被解决)转移到了实际空间(它在这里开始得到有效的解决)。[②] 始终是同一种行为无能把场的整体当作了事物场,把刺激被卷入其中的各种关系扩大了,并且把所有这些都当作了同一事物的不同属性。

苛勒指出,高与低的视觉结构、垂直与水平的协调,是与直立姿势相辅而行的。事实上,儿童在能站立之前并没有获得它们,在没有拥有它们的黑猩猩那里,直立姿势永远不会成为一种自然的姿态。[③] 在黑猩猩那里,小脑与迷宫(labyrinthe)的引人注意的发展显然与其行为的这两个特征相一致。但是在这三个事实之间存在着什么样的确切关系呢?的

① 德语作家经常用到"dingbezogene Verhalten"这一表达。参见拜顿迪克:《动物心理学》,第455页及以下。福克尔特(Volkelt)在《动物的表象》中谈到了对动物行为的"事物般划分"的不足。

② 参见苛勒的例子,《高等猴类的智力》,第224页。

③ 同上书,第153页及以下。

确，可以这么说，由于视觉疾病和本体感受性的优势，直立姿势保留为一种例外的姿态。但是，这与格式塔理论通过迷宫与小脑的发达来说明猴子的运动方式的本意相背离。如果我们回忆起苛勒是如何构想解剖学与生理学的关系的[①]，那么我们就有必要指出，这种解剖学的独特性本身是无法从它为之做出了贡献的机体的整体机能模式的发生中分离出来的。显然，相同的推理在黑猩猩的"视觉疾病"方面也是有效的。我们回想到的这三个协调的事实并不是三个彼此外在的事件，所有这三者具有相同的意义，它们三者表达了机体机能的某种相同结构，存在的相同风格。它们是对某一与直接而非潜在，功能价值而非事物相适应的行为的三种说明。根据格式塔理论的原则本身，这一行为应该在其内在法则中得到理解，而不是由孤立的原因的多样性来说明。猴子身上的那些静态结构的欠缺不应该被描述成一种"视觉疾病"。这会使人相信，在行为的整体结构中没有其根据的某种缺陷是可能的，这又重新回到了从前的内容心理学[②]。在黑猩猩所掌握的那些"可变换的"形式上面，还必须承认一种原初行为的层次。在这一层次上，各种结构更容易自由处置，更容易从一种意义向另一种意义转化。这就是结构事物在其间得以可

① 参见本书前文第 38 页。

② 在对施耐德这一病例进行分析时，盖尔布和戈尔德斯坦最初涉及到的也是视觉内容。在他们的学生的协助下，他们逐步达到了一种"结构的"解释(参见本书前面，第 70 页和第 78 页)。更一般地说，"形式"这个概念逐步显示了它要么在经验秩序中，要么在反思秩序中所隐含的意义(参见本书前文第三章)。

能的象征行为。

3. 象征形式

在动物行为中，符号(signe)始终停留为信号(signal)而永远不会成为象征(symbole)。假定我们训练一只狗，让它接受指令跳上一把椅子，然后再跳到第二把椅子上。在没有椅子的情况下，它从来不会利用摆在它面前的两条木凳或者一条木凳加上一把扶手椅。[①] 有声符号(le signe vocal)并没有使针对各种刺激的一般意义的任何反应中介化。符号的这种使用要求它不再是一个事件或一种预兆(尤其不再是一种"条件刺激物")，以便成为某种趋向于表达它的活动的特有主题。这种类型的活动已经在某些运动习惯的习得中(如在弹奏乐器或打字的能力中)存在。[②] 我们知道，在这样一种视觉刺激(一个音符，一个字母)与这样一种局部活动(指向键盘上的某个键位)之间的联结对习惯来说并不是本质性的：也有可能，一个受过训练的被试者不能在键盘上孤立地确定对

---

① 拜顿迪克和费歇尔：《论狗对人类语词的反应》，"荷兰生理学档案"，第十九卷，1934 年。参见拜顿迪克、费歇尔和拉格：《关于老鼠和狗的目标调整》，"荷兰生理学档案"，第二十卷，1935 年，第 455 页及以下。

② 我们或许会以为，按照这些例子去阐明象征行为的独特性是很容易的，因为这些运动习惯的特定"刺激"也是由人创造的书写符号(symbole)。但我们同样清楚地表明了，就某一"日用物品"习得的任何能力倾向都是物品对于人类结构的一种适应，都在于通过身体拥有一种"人为的"行为——日用物品正是根据这种行为的形象被制造出来的。如果说对象征行为的分析总是使我们回到这些由人创造的物品中，这也不是偶然的。我们将看到，象征行为是行为的种种"目的"中的任何创造和任何创新的条件。因此，它首先体现为对不存在于自然中的那些物品的适应就不足为怪了。

应于这个音符或这个字母的键位。[1] 只是作为某些对应于语词或音乐短句的运动整体的过渡点，键盘上的那些键位才会在行为中被当作目标。然而习惯甚至不在于把那些与已知的视觉整体相对应的确定的运动旋律固定下来。一个“知道”如何打字或弹奏管风琴的被试者有能力即兴表演，就是说能够产生各种对应于他从未见过的语词或从未弹奏过的音乐的运动旋律。人们由此试图假定，新的音乐短句或语词的特定因素至少与某些固定的、已经习得的搭配相对应。训练有素的被试者能够在他们不熟悉的乐器上即兴弹奏，而明显有必要事先进行的乐器调试则过于短促，以至于不允许个别搭配的替换。视觉刺激和运动兴奋之间的新的关联需要通过一个总的原则来调节，以便使演奏一个即兴的片段而不是规定好的音乐短句或片段一下子就有了可能。事实上，管风琴演奏者并不是一部分一部分地检视管风琴，[2]他在自己的手和脚进行表演的那个空间里，“辨认”出了与表达价值、而非与确定的音符整体相对应的各个区域、标记方向和运动曲线。运动兴奋对视觉兴奋的调节是通过它们共同参与到特定的音乐要素中而实现的。无疑，在某一音符，演奏者的某种动作和某个声音之间的对应是约定的：各种各样的音乐文字系统都是可能的，就像键盘的多种多样的排列是可能的一样。但是，这三个只存在着偶然的一一对应的整体，却被看作是内在相通的一些全体。旋律的特征，音乐文本的图表外观和各种姿势的展开都参与到了一个相同的结构中，共同拥

① 参谢瓦利埃(Chevalier)：《论习惯》。

② 同上。

有同一个意义核心。表达与被表达者的关系,在其各个部分之间只是一种简单的并置,而在这些整体中,则是内在而必然的。这三个整体中的每一个相对于另外两个的表达价值,并不是它们经常联合的一个结果,而是这种联合的根据。如果我们创作和弹奏音符"哆"的方式并不围绕着一个系统的原则,因此并不包含我们据之创作或演奏其他音符的方式,那么,这一乐谱就不是一种语言,管风琴也不成其为一种乐器。真正的符号代表着它的所指,这不是根据一种经验的联合,而是因为它与其他符号的关系也同于它所指的对象与其他对象的关系。因此,我们可以解读那些不熟悉的语言。假定所有的音乐文本都丢失了,留下来的只有其中的一页(我们甚至不知道它代表的就是音乐),我们仍然会注意到:这张纸上的符号会由于它们在五线谱上的高度,由于添加其上的附带符号(那些使黑白键得以区分的符号),由于它们在一定的空间单位(节拍)内的可变组合而产生区分;文本的内部分析决定了在文本中获得表达的世界的外部轮廓和主要维度。如果碰巧另一个不属于声音世界的世界拥有这些同样的结构特征,那么,该文本就仍然是含混的。但这种含混性并不能证明符号与其所指之间的关系是偶然的,相反它表明,两种可能的含义共同拥有这些相同的结构属性。为了在两架不同的管风琴上弹奏一段曲子,那些必要的运动组合之间必须有一种结构对应,正如一个物理学理论的方程能够用另一种理论的语言表达出来。从各种节奏中抽离出来的这一众结构之结构(为了使同一段乐曲适合于所有的乐器,这些节奏显然始终保持为相同的),在各种不可叠加的运动之间建立起了一种内在的关系,这就是这段乐曲的音乐含义。因此,那些真实的能力要求刺激通过其内部的结构属性，通过其内在的含义而成为有效的，要求反应同刺激一起象征化。

动物行为所欠缺的正是这种对于同一主题进行不断变化的表达的可能性，这种“视角的多样性”。正是这种可能性引进了一种认知的行为和一种自由的行为。通过使所有视点的相互替代成为可能，它把“各种刺激”从我本身的视点所参与的那些实际关系中解放出来，从永久地被确定的那些种类需求所赋予给它们的功能值中解放出来。本能的感觉—运动的先验性(a priori sensori-moteur de l'instinct)把行为与刺激的个别整体、与单调的运动旋律联系起来。在黑猩猩的行为中，各种主题，甚至各种手段都始终被种类的先验性(a priori de l'espèce)所固定[①]。伴随着象征形式，出现了这样一种行为：它为它自己表达刺激，它向真理、向事物本身的价值开放，它趋向于能指与所指、意向与意向所指的东西之间的相符。在这里，行为不再只是具有一种含义，它本身**就是**含义。

前面的描述使我们能够把条件反射置于其真实的位置。既然生命行为隶属于各种混沌的整体，既然我们只是在象征行为的层次上才能够遇到某种针对某些客观刺激(如物理学所界定的那些客观刺激)的有规律活动，那么，条件反射要么是一种病理现象，要么是一种高级行为。我们已经有机会指出，在那些接受条件性实

① “在马戏场表演期间，把黑猩猩引导到并不属于它的、在所考虑的那些环境中不属于其自然反应的某种活动、某种习惯、某种克制方式或者与事物关联的方式上去，借助于一些矫正的或者任何其他的手段，这一切或许会获得成功；但是，使一只黑猩猩掌握一个与其本性无关的动作，以至于从此以后把它当作一个自然的事情来实现，这在我看来是一件非常困难、甚至几乎不可能的任务。”苛勒：《高等猴类的智力》，第63页。

验的狗身上，出现了湿疹甚至真正的实验神经症。巴甫洛夫谈到一只狗在数次拒绝任何新的实验之后的情状："实验情景持续得越长，它就变得越烦躁，它想要放松，抓地板，啃台桌等等，这种不间断的肌体活动导致了它呼吸困难，不断口吐白沫。它对于我们的工作来说已经完全没有用了。"[①]巴甫洛夫把这种行为解释为一种"自由的反射"。如果不是指对某些确定的刺激物的一种专门反应，"反射"这个词就不具有任何意义——然而这里所涉及的反应，却是不明确地拒绝对刺激作出反应。我们看到的一般抑制并不是根据条件作用的机械法则而被构造出来的，它表达了一种新类型的法则：把机体引向具有生物学意义的行为，引向自然的情景，即引向机体的某种先验性。因此，存在着某种隶属于这些事实本身的规范。既然这是一种解体现象，如果我们"在儿童那里比在成人那里，在低龄儿童那里比在大龄儿童那里，在智力迟缓的同龄人那里比在正常的同龄人那里"[②]更经常、更容易地发现条件反射，我们也就不会感到惊讶了。但是，如果条件反射的实践导致了一种病理变异，这也是因为，对绝对刺激的反应是一种困难的操作，动物无法长时间地进行。我们已经看到，在家养母鸡对色彩的反应中，产生了某些绝对选择。[③] 但是对一种绝对颜色值的适应是不稳定的。[④] 相反，一个接受类似实验的成人则会对选择规则感到

① 巴甫洛夫：《大脑皮层活动教程》，第 12—13 页，转引自拜顿迪克和普莱西纳：《行为的生理学说明》，第 170 页及以下。

② 皮埃龙：《条件反射》，载迪马编：《心理学新论》，第二卷，第 35 页。

③ 参见本书前文。

④ 苛勒：《结构功能的简单证明》，第 24 页。

犹豫。只是在三种灰色色调之间的差别非常接近的情形中，他才会根据彼此间的关系来进行选择。[①] 事实上，我们会证实，随着我们对某些年龄较大的儿童进行测验，对绝对刺激的反应变得更加频繁。最后，我们会懂得，一般来说，所研究的对象的大脑发育越高级，条件反射也就更完善。[②] 我们已经说过，接受训练的那些被试者不能从一台机器的键盘上孤立地确定某些字母。但他们可以通过印证他们能够操作的、这些相同的字母构成其一部分的某些运动结构来间接地做到这一点。这种第二能力的操作，这种对各种反应的反应，预设了它所要分析的那些结构。我们明白，对那些绝对刺激的参照如何会具有两种意义：它代表的要么是一种病理的瓦解，要么是一种新的组织类型——它在不破坏那些现存结构的情况下，根据不同的视角去安排它们。在第一种意义上，它明显不是行为的说明原则。

但在第二种意义上就不是这样了。在我们界定那些高级结构的独特性的同时，我们也确认这些结构并没有说明其他的结构。在肯定一种心理学的经验论的同时，巴甫洛夫也从理智论那里假借了他的那些公设。经验论和理智论把一个属于非常高级的层次的结构搬入到了行为的原始模式中：纯粹并置的结构——原子——或者纯粹内在性的结构——关系。人们也许会说，通过拒绝从这些观念（它们是我们所理解的自然的构成成分）出发建构行为，通过指责它们是拟人的，我们不言明地诉诸了某种自在的实

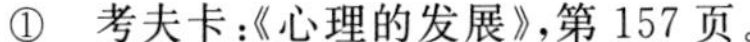

① 考夫卡：《心理的发展》，第 157 页。

② 皮埃龙：《条件反射》，载迪马编：《心理学新论》，第二卷，第 37 页。

在，诉诸了理智从中涌现的、理智相对它来说只能被称之为表面的东西的基础。但是，我们要补充说，只有借助于理智，这一实在本身才能够被命名，才能够被思考。我们必须区分理智和理智主义，或许还必须承认某些不属于逻辑秩序的意义的存在。[①] 这里涉及的只是一种预备性的描述，它并不能解决“混乱思维”的先验问题，但有助于提出这些问题。

前面各章告诉我们，不仅不能像人们所说的那样用低级来说明高级，而且也不能用高级来说明低级。传统上，人们区分了低级的或机械的反应和“高级的”反应：前者作为物理事件，是先行条件的函数，并因此在客观的空间和时间中展开；后者并不取决于物质意义上的刺激，而是取决于情景的意义，这些意义似乎为该情景预设了一个“视点”，预设了一种探索，它们不再属于自在秩序，而是属于自为秩序。这两种秩序对于理智来说都是透明的：前者对于物理学思维而言并且作为外部秩序（各种事件在这一秩序中外在地相互制约）是透明的；后者对于反思而言并且作为内在秩序（一切东西的发生在这一秩序中总是取决于一种意向）是透明的。行为，因其具有一种结构，故在这两类秩序的任何一种中都不占有其位置。它并不像一系列物理事件那样在客观的时间和空间中展开，每一个瞬间并不占有一个且仅有一个时间点。相反，在学习的关键时刻，一个“现在”从一系列“现在”中突现出来，获得了一种特殊的价值，总括了先于它的所有探索，正如这一现在介入并预示了行为的将来，把经验的独特情景转化成一种典型情景，把有效的反

① 参见本书第三章。

应转化成为一种能力。从这一刻起，行为就脱离了自在秩序，并且成为某种内在于它的可能性在机体之外的投射。世界由于维持着诸多生命存在物，就不再是某种充满着许多并置部分的物质，它在行为出现的地方凹陷(se creuser)。如果说：正是我们这些观察者，通过思维把行为所针对的情景的诸要素归并起来，以便使它们具有一种意义，正是我们把我们的思维意向投射到了外部，这种说法无济于事。这是因为，还需要知道的是，这种移情作用(einfulung)依凭什么东西，依凭何种现象，是什么征兆(signe)把我们吸引到了拟人学说。说行为"是有意识的"，它把隐藏在可见的身体后面的自为的存在作为其反面揭示出来，这种说法同样无济于事。行为的各种姿势，它在动物的周围空间中勾勒出的各种意向，都不是以真实的世界或纯粹的存在为目标，而是以"为动物的存在"(l'être-pour-l'animal)，即该种类的某种特定的场所为目标。它们并不让一种意识，即一种其全部本质就是去认知的存在显露出来，而是让某种对待世界的、"在世界中存在"或"去生存"的方式显露出来。按黑格尔的说法，意识是"存在中的窟窿(trou dans l'être)"，我们在这里具有的仍然不过是一个凹陷(creux)。黑猩猩——身体上可以直立，但在任何紧急状况下又会恢复其动物的姿势；它能够叠合箱子，但只能给予它们一种触觉平衡——由此表现出对当前情景的某种粘附，表现出某种短促而笨拙的实存方式。盖尔布和戈尔德斯坦的病人不再能"直观"数字，不再能"理解"相似，不再能"感知"各种同时性整体，表露出一种衰弱，一种生命密度和广度的缺乏——认知障碍不过是其次要的表现。只是在象征行为的层次上，更确切地说，只是在交流言语的层次上，那些陌生人的生存

（同时还有我们自己的生存）在我们看来才是与这个真实的世界井然协调的；行为的主体并不寻求把自己的固执的规范塞给世界，而是“非现实化自己”（s'irréaliser）并且成为真正的他我（alter ego）。然而，他人（autrui）的构成，如同别的我（autre Je）一样，从来都没有完成，因为他的言说，即使已经成为一种纯粹的表达现象，仍然同等地是对他自身和对真理的表达，两者是不可分的。因而，没有任何行为证明了一种隐藏于它后面的纯粹意识，他人从来都不是作为正在思维着的自我的完全等价物被提供给我的。在这个意义上，我们必须拒绝的不仅仅是动物的意识。陌生意识的设定立即使已经提供给我的世界重新回到私人场面状态，世界破碎为多种多样的“世界的表象”，它只不过是这些表象共同拥有的意义，或者说是由多个单子构成的系统的不变量。然而，事实上，我有意识地把世界，和在世界中被领会的那些指向同一个世界的行为感知为一，也就是说，在关于这些行为的经验中，我实际上超越了自为与自在的两难抉择。行为主义，唯我论及“投射”理论共同承认，各种行为是像展现在我面前的那些事物一样被给予我的。但是，在纯粹意识、思维（cogitatio）的意义上来否定动物的意识，这不是要把它们变成没有内在性的自动木偶。动物，在它能随其行为的整合而改变这一尺度内，它当然是另一种生存，每一个人都觉察到了这种生存，我们对此已经作出描述，它是一种独立于所有关于动物心灵的观念理论的现象。如果这一行为向目光提供的只不过是广延的一部分，那么，斯宾诺莎就不会花那么多的时间去思考一只溺死的苍蝇。关于动物机器的理论是对行为现象的一种“抵制”。这种现象因此仍然需要被思考。被提供给知觉经验的行为的结构，既不是事物，也不是意识，而这就使得它对于理智来说是不透明的。前面几章的目的不仅仅在于确认行为不能被还原为它的那些所谓的部分。就算我们还没有任何其他有影子的东西来取代这一冗长的归纳研究——它甚至永远不会被完成，因为行为主义总能发明需要重新开始其论证的其他机械模式——某一片刻的思考也会给我们带来一种原则上的确定性。我思(Cogito)难道不是一劳永逸地告诉我们，如果我们不首先有一种关于我们的思维的知识，我们就不会有任何关于事物的知识，如果不被转化为意识，如果不设定自为存在，那么，甚至向世界之中的逃避，和忽视内在性或不离开事物的解决方式——这是行为主义的实质——也不能够获得表达？行为因此是由各种关系构成的，也就是说，就如同所有其他对象一样，它是被思考之物，而非自在之物。这就是反思所告诉我们的。但是，如果接受这种简单的思路，我们将错失现象的本质，错失作为其构成成分的悖论：行为不是一个事物，但它更不是一个观念，它并不是某一纯粹意识的外壳。作为对某种行为的见证，我并不就是一种纯粹意识。这正是我们说行为是一种形式时所要表达的东西。

因此，借助于“形式”这一概念，我们已经找到了在关于行为的“中枢区域”分析中、在关于它的各种可见表现的分析中避免那些经典的二律背反的手段。更一般地说，这个概念使我们避免了把外在地相关的要素加以并置的哲学和在所有现象中发现思维的内在关系的另一种哲学之间的两难抉择。但是，正是由于这个原因，这一概念是含混的。迄今为止，它已经通过一些物理学的范例被引介进来，并借助于那些使它适合于解决心理学和生理学问题的特征而得到界定。还需要对这个概念本身加以理解,不这样的话,先前的分析所揭示的哲学意义就仍然是模棱两可的。

第三章 物理秩序，生命秩序，人类秩序

巴甫洛夫的反射学把行为当作一种事物处理，把它纳入和吸收到世界的事件和关系的组织之中。当我们打算界定行为实际上所依赖的那些变量时，我们不是在被当作物理世界的事件的各种刺激中，而是在并不包含于这些事件之中的各种关系中发现了它们：从存在于两种灰色色调间的关系、到手段与目的之间的功能关系，到象征行为中的相互表达关系。灰色 G1 和 G2 属于自然，而不是机体为了它们而构成的、且能在绝对颜色有差异的另一整体中“辨识”出来的颜色“对”。在分析中，刺激这一模棱两可的概念分身为二：一方面，它包含并且混同于处在自在之中的物理事件，另一方面，它是“为机体”的情景，是物的反应中唯一决定性的东西。与行为主义相对立，反射学确认：不能把“地理环境”(entourage géographique)和“行为环境”(milieu de comportement)等同起来。[1] 在种类的等级中，每一等级的各种有效关系规定了该种类的一种先天性，一种它所固有的转化刺激的方式。因此，机体有某种并非实体性的而是结构性的独特实在性，科学因此不能把机

① 考夫卡：《格式塔心理学原理》，第 28 页。

体当作某一独特世界(Welt)的一些已完成的样式,当作完全把部分包含在其中的某个全体的抽象部分。它面对的是一系列的“氛围”(ambiance)和“环境(milieu)”(周围世界[Umwelt],记忆世界[Merkwelt],亚文化世界[Gegenwelt])[①],在这些地方,刺激根据它们所意指的对象、根据它们对于所考虑的种类的典型活动的价值而起作用。同样,机体的各种反应并不是某些基本运动的堆积,而是一些具有某种内在统一性的姿势。与刺激一样,反应也可区分为“地理行为(comportment géographic)”[②](动物在其与物理环境的客观关系中实际进行的活动的总和)和严格意义上的行为(这些相同的活动在其内部的关联中、并且作为具有一种意义的运动旋律被加以考虑)。一只老鼠穿越迷宫所必需的时间,它所犯错误的次数,这些规定性属于它的地理行为。它们比起严格意义上的行为来说,具有时多时少的价值:一种不受情景的本质特性引导的活动有时会偶然地遇到这些规定性,比如,一只正在玩一根绳子的猫把一块肉拉到了自己面前。反之,有时会出现某一无效动作实际上是一个“善意的”错误的情况,比如,为了获得一个远处的物品,一只黑猩猩会用握在它手里的一根木棍去把另一根推向该物品。[③] 我们不能把动物行为中的某些反应——它们是对世界的物理化学属性的反应,促反射力量的转移随后将把某种既得的意义与它们联系起来——确定为第一层次。机体中的经验并不是对某些真实地完成了的活动的记录和国家:它提升了各种能力的倾向,

① 拜顿迪克:《动物心理学》,第 106 页,第 142 页。

② 考夫卡的“实现”概念,《格式塔心理学原理》,第 37 页。

③ 考夫卡:《格式塔心理学原理》,第 38 页。

也就是说，通过各种各样的、除了意义外没有任何共同之处的反应，它提升了机体对某一类型的情景的一般反应能力。这些反应因此不是一系列的事件，它们在它们自身之中包含着一种“内在的可理解性”[①]。由此，通过共同参与到某一结构（在这一结构中，机体特有的活动模式得以表达）之中，情景和反应内在地被连接起来。我们也不能够将它们如同原因与结果那样置于首尾相接之中，它们是一个循环过程的两个环节。一切阻碍动物活动的东西也消除了那些刺激的促反射能力，把它们从它的“感官世界”中排除出去了。[②]“动物的内在世界[③]与外在世界的关系不能被理解为钥匙和锁的关系。”[④]如果行为是一种“形式”，我们甚至无法确定，在行为中是什么东西依赖于单独被考虑的每一种内在或外在条件，因为这些条件的变化在这里通过一种整体的、不可分割的效应而体现出来。无论是在生产的因果性的粗浅意义上，还是在函数与变量关系的意义上，行为都不是物理世界的一种效应。在行为所处的物理场（各种定向力量的系统）之上，还必须承认一个生理场、一个第

① 拜顿迪克和普莱西纳：《行为的生理学说明》：“蕴涵在每一行动本身之内的可理解性”（第 169 页），应该让行为停留“自然的情景关联中，并且因此保持其表现特征和直接的可把握性。”（第 170 页）。

② 拜顿迪克：《动物心理学》，第 142 页。一条放养的狗经过训练可以选择画有一个三角形的门（尽管不同于用来训练的那个三角形，甚至画颠倒了，条件是它一开始不能过大）。而一条拴养的狗，即使接受了上千次实验，也不能获得对于一个不可变的三角形的任何反应。拜顿迪克：《人与动物的心理功能的本质差异》，“自然哲学手册”，第四卷，第 55 页及以下。

③ 这个词并不必然指动物可能意识到的一个世界，而只是指确定着其行为的各种原初关系的整体。

④ 拜顿迪克：《人与动物的心理功能的本质差异》，“自然哲学手册”，第四卷，第 55 页及以下。

二层级的“紧张和舒张系统”(它以一种决定性的方式单独规定了实际行为[①])的原初特征。即使我们完全说明了象征行为及其固有的特性,也还有理由引进一个第三场——按通常的界定,我们称之为“心理场”。我们是不是退回到了行为主义试图通过在物理因果性的独特平面上展示行为,而予以消除的那些经典问题中去了?

正是在这儿,形式的概念使得一种真正新颖的解决成为可能。由于能够同等地应用于刚才界定过的三个场中,它超越了唯物论与唯灵论(spiritualisme)、唯物论与活力论的二律背反,把它们作为结构的三种类型予以整合。数量、秩序和价值或含义(它们被分别说成是物质、生命和精神的属性)不再是所考虑的秩序中的支配性特征,它们成为了普遍适用的范畴。数量不是性质的一种否定,好像圆的方程否定了圆形一样,相反,它试图成为它的一种精确表达。物理学所从事的数量关系通常只不过是一些特定的分布过程的公式:在一个肥皂泡中就如同在一个机体中一样,发生在每一点上的一切决定于发生在所有其他点上的一切。而这就是秩序的定义。因此,在生命现象的研究中,没有任何理由拒绝这一范畴的客观价值,因为它在物理系统的定义中有其位置。在这些系统的内在统一中,我们可以接受这样的说法:每一局部效应都依赖于它在整体中实现的功能,依赖于它相对系统所趋向于实现的结构而言的价值和意义。[②] 如果我们考虑一个储存着电荷的椭圆形导体,电荷据以在该导体中分布的定律并不是陈述一些简单的巧合;存

① 考夫卡:《格式塔心理学原理》,第 42 页。

② 同上书,第 10—20 页。

在于各个轴线的大小、所虑及点的诸种协调和稳定在导体中的电荷之间的关系，只是表达出了这种关系在其间找到其存在理由的分布过程的内在统一及其总体特征。“说明和理解不是对待认知对象的不同方式，它们在根本上是同一回事。这就意味着，因果联系并不是可以被记录到记忆中的一个单纯的事实顺序(就像把一个名字与一个电话号码连接起来的顺序)，而是一种可以理解的联系。”[①]因此，我们更有理由(a fortiori)使价值和意义范畴的应用与道德科学相一致。世界，在其实现了某种结构的那些区域中，可以比之于[②]一部交响曲，因而对世界的认识可以通过两条途径来获得：我们会注意到在同一时刻由不同的乐器所演奏出来的音符的一致性，又会注意到其中的每一乐器弹奏出的音符的连贯性。我们因此获得了众多的使预见得以可能的法则。但这种融合的总和并不是所有认识的模式。如果有人知道一部交响曲的一个片断，同时又知道其整体的构成规则，他就能够从中推演出这些相同的预见，此外，他还能够从整体中发现每一局部事件存在的理由。但如果物理知识(在它与结构打交道这一范围内)接受了传统上保留给生命知识和精神知识的那些范畴本身，那么，作为对照，生物学和心理学原则上也不应该摆脱数学分析和因果说明。

因此，形式理论意识到了一种纯粹结构的思想所带来的后果，并且寻求把自身拓展为一种取代实体哲学的形式哲学。但它从来都没有能够把这种哲学分析的工作推广开来。这是因为，只有在

① 考夫卡：《格式塔心理学原理》，第 20 页。

② 威特海默：《论格式塔理论》，参看《专题论丛一》，第 1—24 页。

某一摆脱了属于任何一种心理学的那些实在论公设的哲学中,“形式”才能够获得充分的理解,这个观念的全部蕴涵才能够获得清理。只要我们不抛弃这些公设而寻求一种全面的哲学,我们就只能重新落入到我们想要超越的唯物论或唯灵论之中。其实,在结构哲学维持三种秩序的原初特征,并且承认表现在所有形式的世界中的数量、秩序和意义分别属于物质、生命和精神的“支配性”特征这一范围内,我们还是必须借助于结构差异来确定这三者的区别。换言之,物质、生命和精神必须非均衡地参与到形式的本性中,必须代表整合的不同层次,最后,应该构成一个个体性在其中始终都能够获得进一步实现的等级。根据定义,要设想一种与生理学形式有着同样性质的物理学形式,或一种作为心理学形式的等价物的生理学形式是不可能的。在刺激和反应之间,没有任何办法可以找到物理作用的连续链条:行为必定会被各种生理的和心理的关系中介化(médiatisé)。但是,只要我们停留在心理学的观点上,只要我们在行为中看出的是世界的一个事件(它被插入到先发事件和后来事件之间,被实在地包含在空间的某个区域和时间的某个片断之中),这种生命的和精神的中介化(médiatisation)就只能被理解为从一个实在平面到另一个实在平面的通道,而生命和意识将作为补充那些不充分的物理决定因素的附加条件被引入。各种生物的、物理的关系和结构因此将回复到实在力量和运动原因的状态中。我们在一种新的语言中重新发现了旧的唯灵论及其问题,结构概念的引进成为徒劳,所寻求的整合也没有达到。但形式心理学离这些结论非常远,而且,在更多时候,它走向的毋宁说是一种唯物论:我们刚刚提到过的唯灵论解决的反题。

有人甚至说，行为在地理环境中有它的根基和最终的效应。但是，正像我们已经看到的，行为只是通过适合于每一种类及每一个体的环境之中介才与地理环境联系在一起。“处于某一论域(univers de discours)中的一个原因如何会在另一论域中产生一个结果？我们的全部因果法则都与内在于同一论域的各种事件联系在一起，因此，既然地理环境属于物理世界，那么它所产生的结果也一定属于物理世界。”[①]“我承认，在我们最终的说明中，我们只能涉及到一个论域，而且一定是物理学教导给我们的那个论域。”[②]在一种真正抛弃了实体概念的哲学里，只应该存在一个领域，那就是形式的领域：在被赋有同等权利的不同类型的形式之间，在各种物理关系和那些隐含在行为描述中的关系之间，问题既不应该在于假定任何一种推论关系或因果关系，也不应该在于要求一些有助于把生理形式或心理形式带入到存在之内的物理模式。相反，在我们提到的那些心理学家那里，物理、生理和心理之间的关系问题仍然是在不考虑这些区别的结构特征的情况下，借用心理学总是用来提出该问题的相同的一些术语被提出来的。他们把人的身体置入一个作为其各种反应的“原因”的物理世界的环境中，却没有探问赋予给原因一词的意义，没有顾及到格式塔理论所做的一切——它恰恰要告诉我们没有哪种形式在自身之外有其充分原因。自此以后，行为只能作为物理世界中的一个区域而出现，而物理世界取代各种形式，行使这些形式应该实现的普遍环境

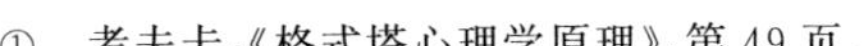

① 考夫卡：《格式塔心理学原理》，第 49 页。

② 同上书，第 48 页。

之功能。在引进各种关于结构的思考时，形式心理学并不认为已经超越了作为实在的全体(omnitudo realitutis)的物理世界这一观念，因为各种结构已经存在于物理世界之中了。在物理世界中，从条件到结果的途径已经断裂了。一个导体中的电流量并不逐点对应于已经储存其中的电流量，它根据电流的内部平衡规律被分配——该规律并不把结果的每一部分与原因的某一部分相连接，而是把它们之间的局部结果连接起来。这些局部的地形学条件从不会各自为了它们自身之故而起作用：某一高峰电荷如果邻近于另外一个更强的高峰电荷，可能就会变得非常微弱。相对于外部影响，物理系统已经表现出了我们在机体相对于其环境的物理条件，象征行为相对于其生理基础中发现的这种值得注意的自主性。行为的客观定义不可能绕过的那些价值谓词、那种内在含义，只不过是用一种人性的、而且合法的语言对神经系统的结构过程的表达，而这些结构过程反过来只不过表象了多种多样的物理形式。形式理论认为，通过揭示各种结构性神经过程(它们一方面有着同于心理的形式，另一方面又与各种物理结构相一致)，它已经解决了心身关系问题和知觉认识问题。[①] 认识理论的任何革新因此都是不必要的，作为自然科学的心理学实在论决定性地被保留下来。如果一个固体出现在我面前，而且我在我的行为中把它看作一个固体，这是因为它借以把自己与邻近物体区别开来的物理“形式”，通过作用于我的视网膜的光线活动的中介，在我的神经系统中产生了一种相同类型的生理结构。尽管传达给感官感受器的各种刺

① 考夫卡：《格式塔心理学原理》，第 56 页和第 57 页。

激在它们到达时是彼此独立的，而且并不包含它们由之而来的物理结构；尽管，比如被某一身体反射出来的那些光线之间并不比被一个邻近物体反射出来的那些光线之间有更多的内在关系，但是，通过清理出各种刺激据以在身体中被组织起来的那些规律，通过说明它们的客观特征中的某一些（它们的接近性，相似性，它们共同建构一个稳定形式的能力）预先规定了它们一起参与到一个相同的完形中，而且这些特征与对应的外界物体的物理形式相关联，心理学就对知觉认识提供了一种充分的说明，因为它使我们可以理解那些物理的事物如何在有关它们自身的某一表象行为中被复制出来。[①] 因此，根据那些最简单的图式，认识仍然被定义为对事物的一种模仿，意识仍然是存在的一部分。物质、生命和精神的整合是通过把它们还原到各种物理形式这一公分母而达到的。如果在神经机能中被假定的那些物理结构和意识在某一有生命之物或人的活动中把握到的那些结构隐含着同样复杂的关系，那么最终的说明始终是物理学的就成为无关紧要了。复杂的物理结构比旧心理学的意识原子更缺少“物质性”。“如果我们深究我们厌恶唯物论和机械论的根源，我们所发现的难道不正是那些构成元素的物质属性？坦白地说，有一些心理学理论及大量的心理学手册明确地探讨了意识的要素，然而却比一棵或许没有意识印记的活的树更加物质主义，更加没有生命，更加缺少意义和含义。宇宙微粒由何种材料构成是无关紧要的，关键是总体的类型、总体的含义。”[②]但是，

① 苛勒：《格式塔心理学》。

② 威特海默：《论格式塔理论》，第 20 页。

完全把生物结构与心理结构建立在物理结构基础之上，我们是否真的能够像格式塔理论希望的那样保留生物结构与心理结构的独创性？行为的物理学说明假定，各种物理形式可以拥有它们充作其基质的那些生物学关系和心理学关系的全部属性。在一种取消了各种具体差别的哲学中，这等于说三种秩序之间不存在任何差异，生命和精神只是用来指称某些物理形式的不同名称而已。如果我们借助结构来思考，那么，归根结底物理形式说明了人类行为，就等于说只有物理形式存在。如果在心理的、生理的和物理的结构之间不再有差别，那么就根本不存在任何差别。这样，意识将成为在大脑中发生的事件；事实上，我们看到，考夫卡按照唯物主义传统，把意识定义为"自然界中的某些事件所拥有的自我显示"[①]的属性，好像意识总是把伴随着它的生理过程作为其对象一样。"这些过程的有意识的这一方面"，即使它不进入到因果说明之中，也仍然必须作为一个事实被认识，它是人身上的各种生理过程中最值得注意的那些特征中的一个[②]，这足以把格式塔理论与副现象论（l'épiphénoménisme）区别开来[③]。但是，如果说意识的各种结构在说明中毫无用处，这是因为它们有其物理的或生理的等价物，这种"心物同型"（isomorphisme）在形式哲学中就是一种同一（identité）。意识的觉醒（prise de conscience）对各种物理结构来说没有增加任何东西，它只是一些特别复杂的物理结构的征象而已。我们应当说，对人的定义而言，不可缺少的是这些结构而

① 考夫卡：《格式塔心理学原理》，第 65 页。

② 同上书，第 63 页。

③ 同上。

不是意识。

我们认为，不管是在这些唯物论结论中，还是在我们一开始就指出的那种唯灵论解释中，人们都没有领会到格式塔这一观念的那些最重要的结论。人们并不问何种类型的存在可以归属于形式，还有，既然它出现在科学研究本身中，它要求对心理学的实在论公设进行什么样的批判；相反地人们把它放到大量的自然事件之中去，就像利用一个原因或一个实在事物那样利用它。即使在这一范围内，人们也不再根据“形式”来进行思考。只要我们在物理世界中看到的是一个囊括所有事物的存在，只要我们打算把行为纳入其中，我们就会回到一种唯灵论中：这种唯灵论唯有通过用实体来对立于实体、唯有通过对立于把其他两种秩序还原为物理秩序来维持物理秩序的一致性的唯物论，才能够维持生物结构与心理结构的独特性。我们实际上应该把物质、生命和精神理解为意义的三种秩序。但是，我们并不是借助于一种外在的标准来评判所谓的形式哲学。相反地，我们打算回到形式概念本身，打算探究在什么意义上可以说这些形式存在“于”物理世界“之中”，存在“于”活的身体“之中”，打算向形式本身要求由它引起的二律背反的解决方案、要求自然与观念的综合。

*

*　*

由各种事实所加予我们的这一形式概念被界定为一种物理系统的概念，也就是说，被定义为处于平衡状态或恒定的变化状态中的各种力量的整体；这样一来，对于每一个被孤立地看待的部分而言，就不存在任何可以表述出来的法则，而且每一矢量在其大小和方向上都受到所有其他矢量的限定。因此，每一局部的变化都可以通过各种力的重新分配在一种形式中表现出来（这种重新分配保证了它们的关系的稳定性），而这种内部流通就是作为一种物理实在的系统。这一系统就像旋律一样（它总是可移调的，并不是由一些作为它的暂时表达的特殊音符组成的），并不是由一些我们可以区分开来的部分组合成的。作为处于某一空间片断中的内在统一体，物理形式通过其循环的因果性抵制了外界影响所导致的变形，它乃是一个个体。可能会发生这种情况：承受着各种持续增长或持续减弱的外部力量，在超过一定的阈限后，系统就会以某种性质不同的秩序来重新分布其自身的力量，而这种新的秩序只不过是它的内在法则的另一表达而已。[①] 这样，借助于形式，一种非连续性原则被引入了，一种跳跃的或骤然的发展、一个事件、一种历史的各种条件也被提供了。换而言之，每一形式构成了一个以某一法则为其特征的力场——超出所考虑的动态结构的限度，该法则就失去了意义，从另一方面看，它又把它的各种属性分配给每一点，以致它们永远不会成为绝对属性，成为该点的属性。

在这个意义上理解，形式这一观念似乎不大可能为经典物理学所吸收。它否定了经典物理学所肯定的那个意义上的个体性，即被赋予了绝对属性的元素或微粒的个体性；从另一方面看，它又在经典物理学所否定的那个意义上肯定了个体性，这是因为，组合起来的微粒原则上总是可以分辨的，而形式是一种“整体的”的个

① 我们可以参照偏盲中的状态变化的例子，或者机能重组的例子，因为，正像我们已经看到的，当两个半视网膜变瞎时，偏盲就突然产生了。

体(un individu molaire)。可是,苛勒已经毫不困难地在经典物理学中发现了形式的范例:在一个导体中电荷的分布,电位差,电流。[①] 如果我们把均衡分布状态、把某一个系统中起作用的那些能量根据热力学第二定律所趋向的最大熵值看作一种形式[②],我们就可以断定,形式的观念在物理学中将是随处可见的,我们在这里赋予给自然的事件一个历史的方向。但在实际上,苛勒由这几个例子所表明的东西应该被扩展到所有的物理学定律中去:它们表达了一种结构并且只是在这一结构之内才有意义。如果说我们能成功地用某种相同的关系来确定一个椭圆导体上的每一点的电流密度(这一关系既适合于这些点的全体,也适合于它们中的每一个),这是因为,它们一起构成为一个功能性的个体。与此同理,只要地球自转的速度不随时间的变化而增加,落体定律就是正确的并且仍将是正确的;在相反的假设中,离心力将补偿并随后超出地球的引力。[③] 因而,落体定律表达的是在地球附近由一些相对稳定的力所组成的场的构成;而且,只要作为其基础的宇宙结构保持不变,该定律就会继续有效。卡文迪希(Cavendish)的实验只有获得了牛顿力学的重力概念的支持,才会为我们提供一个自在的定律。但是,如果我们引进重力场的概念,而且重力不是作为一些有重量的物体的个别而绝对的属性,而是像广义相对论所主张的那样与某些不同质的空间区域联系在一起,那么,该定律就不会表达

① 参见纪尧姆:《形式的心理学》。

② 苛勒:《身体格式塔》,第 51 页。

③ 库尔诺(Cournot):《论基本观念的连接》,§ § 183 和 184,转引自布伦茨威格:《人类经验与物理因果性》,第 514 页。

世界的一种绝对属性，它表述的只是那些决定着太阳系的历史的力量的某种均衡状态。[①] 可以说，对这些定律的思考发现的不是世界的解剖学结构的各种主要特征，不是物理世界据以构成并受其支配的各种原型，而只是某些相对稳定的整体的各种属性。我们不得不在我们关于物理世界的形象中引进一些局部的整体，没有它们，就没有定律可言，而且它们恰恰就是我们上面用形式这个概念想要指称的东西。定律的组合作用将从已经稳定下来的那些结构中取消实存，并且使它在另外一些其特征不可预测的结构中显现出来。[②] 因此，存在着诸事物的某种进程，它支撑着这些定律，但又不能最终为这些定律所解决。把物理世界看作是各种线性因果系列的一个交织（每一系列在其中都保留着它的个体性），是一个不会延续下去的世界，这乃是一种不合法的推断。必须把科学与其发展是不连续的宇宙史联系起来。我们甚至不能在我们既有的科学中冒称拥有各种真正的“因果系列”、各种线性因果性的模式。如果我们不能够把定律从赋予定律以客观价值的证实过程中分离开来，这种因果系列的观念就不能被看作是物理世界的一种构成原则。物理实验从来都不是对某一孤立的因果系列的揭示：人们证实，由于考虑了一系列独立于构成为该实验的固有对象的条件（如温度、气压、高度等）的条件，简言之考虑了一定数量的

① 布伦茨威格：《人类经验与物理因果性》，第 514 页。

② 除非我们能够从给予我们的宇宙整体中分离出一系列独立的原因——这些原因中的任何一个都表现出了它们的本质特征，而且不必从它们相遇的事实中得出在事物的进程中引入一种突然的转向这样一种结论——否则未来就是不能够被算计的。同上书，第 521 页。

其他定律,被观察到的结果当然服从于预设的定律。因而,严格说来,人们所证实的从来就不是一条定律,而是由一些补充定律构成的某一系统。问题并不在于假定在实验与那些物理定律之间有着局部的对应关系,物理学的真理并不存在于一个一个地被理解的定律中,而存在于它们的组合之中。[①] 既然定律不能脱离具体事件(它在这些事件中与其他定律交织在一起,从而与它们一道获得某种真理价值),我们就不能谈论某种从其原因得出结果的线性因果作用,因为要在自然中界定既有结果的起因,界定应对该结果负责任的原因是不可能的。然而,既然我们可以成功地推出这些定律,那么,显然并非自然的所有部分都在相同的名义下汇合,以便产生所观察到的这些结果来。因果原则的唯一有效的方式将是这样一种方式:它断定,伴随着宇宙中各种现象间的协调关系,各种先前现象与同时现象施于某一给定现象的那些影响,将随着距离的增加而成比例地减弱。[②] 于是,这些定律、结果与条件间的线性关系把我们带回到相互作用的那些事件中去,带回到它们在其中肯定不会抽象的"形式"中去。"人们或许会问……在纯粹物理学的不同分支中,在重力理论和热力学中,在光学和电磁学中,是不是有一定数量的通过实验手段获得的系数没有被引入。这些系数与我们世界的这样一种结构联系在一起,如果没有这些系数,各种

---

① 布伦茨威格:《人类经验与物理因果性》,第 517 页。

② 同上。布伦茨威格先生引述了潘勒韦(Painlevé)的表述:"某一无限地远离所有其他要素的物质要素,如果其初始速度为零,它就绝对地保持不变;如果被某一初始速度推动,它就会画一条直线……无限这个词表明:该物质要素越是远离所有其他要素,这个命题越是精确。"《论科学中的方法》,第一卷,1909 年,第 386 页。

定律、或不如说各种基本关系就既不能完全地获得表述，也不能准确地得以证实。"[①]甚至不用放弃被相对论所修正的古典物理学，我们也可以表明实证主义的因果观念的贫乏之所在——即使当它事实上与其他序列相互影响时，这种因果性也被理解为一个可以理想地分离出来的序列。[②] 科学的实际内容所要求的当然不是这样一种宇宙观：每一事物都严格地依赖于其他事物、任何区分都是不可能的；但更不是这样一种自然观：各种过程都可以被孤立地认识，自然从它的本源中产生了这些过程。它所要求的既不是融合，也不是并置，而是结构。

但我们必须问问，我们通过这些比较可以精确地证明什么。当我们说存在着各种物理形式时，这个命题是有歧义的。如果我们想表达科学不能把物理世界定义为一个排除了相互活动、性质和历史的同质的场，该命题当然是毋庸置疑的。但是，在说到各种物理形式时，格式塔理论意味着，我们能够在一个被视为自在的自然中发现各种结构，以便把它构成为精神。然而，使实证主义的定律概念失去信誉的那些相同的理由，也使自在的形式概念失去了信誉。我们不能用其中一个概念来纠正另一个概念，这两种教条主义都误解了科学意识中关于结构和规律的那些概念的活的意义。它们远不是对立的，而是相互补充的，它们代表着必须被超越的各种二律背反。如果，我们不顾任何理由地使物理定律成为自

① 布伦茨威格：《人类经验与物理因果性》，第 513 页。

② 尽管谢林顿对反射的最终"组成"持完全保留的态度，他还是被说服根据那些简单反射定律去拥有神经机能的实在要素。因此在人们针对生物学中的这一说明观念所进行的批评与物理学家为摆脱定律的教条主义而做出的努力之间存在着一致。

然的规范，由于这一定律的运用只能在某一宇宙结构内才是可能的，我们就必须——正如拉舍利埃已经成功地表明的——设定这一结构是内在于“自然”的。因此，由各种独立的因果系列构成的实证主义的宇宙，应该以一个合目的性的宇宙为基础——在后一种宇宙中，各种因果律所假定的同时性、整体性为前一种宇宙提供了存在的理由和实存的基础。但是，使一种纯粹物理分析的观念变得虚幻的东西——宇宙论材料，历史的非连续性——并不是更为深入的某一存在层次，并不是定律所依赖的物理世界的某种基础结构。在科学中，定律和结构并不像实在分析和实在综合所作出的那样彼此区分。落体定律是地球场的某种属性的表达，而后者实际上在每一时刻都是由各种宇宙关系的整体来支撑和维持的。因此，该定律只有在某一实际结构的内部才是可能的，但后者（远不是一种严格意义上的、其不透明性原则上拒绝分析的给予物）反过来又被接纳到由各种关系构成的某一连续组织之中。在科学中，结构与定律的关系是一种相互包含的关系。与实证主义相对立，我们在前面坚持定律包含在结构之中，而现在坚持结构包含在定律之中。定律不仅仅是从外部、并且通过把结构与现象的整体联系起来，才渗透到了结构之中。科学把内在于一个物理系统的各种相互决定关系分解为种种孤立的作用和反作用，冒着“每一次都依据由各种经验系数而来的某种确定的尺度来看待它们的危险——只有这样它才能够获得综合性的组合（该组合注定要表象出各种事物所表现的总体外观）。”[①]苛勒本人评论道：一个过程

① 布伦茨威格：《人类经验与物理因果性》，第518—519页。

的结构特征并不能在数学物理学中获得其表达。一个给出椭圆形导体表面上每一点的电流密度的方程式[1]，同样可以表达我们任意地赋予给某一纸上椭圆的不同点的、纯粹数学上的相应大小。“因此，数学表达在其自身中、凭借它自身并不能够表明它涉及到某一形式的各个环节，而且它也不应该这样做，因为数学语言，作为任何可以测量的对象的一般符号，应该能够像描述各种结构一样描述各种分布。”[2] 在第一种情形中，每一“环节”只是由于受到其余环节的支撑才会存在，作为结构之特征的这一事实并不会在其定律中显现出来。这样一种结构的物理学认识因此开始于这样一个时刻：即当我们考虑那些原则上在形式中并不具有实在性的点，以便用某种不变的属性去界定它们的时候。给予整体以不可分割的个体特征的形式本身，动态的、内在的统一仅仅被定律设定为一种存在条件。科学所构造的那些对象，出现在精致的物理学知识中的那些对象，始终都是一些关系束。如果说物理学只是勉强达到了用数学语言表述关于结构的定律，这不是因为结构就其本质而言是拒绝表达的，而是因为其各个环节的实存的协调使实验方法变得有些困难，妨碍了单独作用于它们中的某一环节，并且从一开始就迫使人们去发现一种适合于全体的功能。[3] 人们甚至不能说，结构是定律的实质计算（la ratio essendi），而定律是结构的认知计算（la ratio cognoscendi），这是因为，这样一种结构在世

① $\sigma=\frac{\eta}{4\pi abc}\cdot\frac{1}{\sqrt{\frac{x^2}{a^4}+\frac{y^2}{b^4}+\frac{z^2}{c^4}}}$，在这个公式中，$x$，$y$，$z$，代表所考虑点的坐标，$\eta$代表的是总电荷，而 a，b，c，代表的是椭圆的半轴。

② 苛勒：《身体格式塔》，第 105 页。

③ 同上书，第 117 页。

界中的存在只不过是众多关系的相交，这些关系确实会求助于其他一些结构条件。结构和定律因而是两个辩证的环节，而不是两种存在的力量。物理学在任何情况下要求的都不是对于某一“自然”(physis)的断定(不管它是作为各种孤立的因果作用的集合还是作为各种结构的场所)，也不是某些自在个体的创造能力。形式不是世界的一个要素，而是物理学知识所趋向的、用来规定它自身的一个界限。①

① 我们刚才推理所及的那个例子显然是不充分的。当代科学已经碰到了一些更加综合的系统，使科学不得不创造出更加精细的数学工具。我们可以对比形式概念和波动力学中所包含的个体概念。(参见德·布罗格利[L. de Broglie]:《物理世界中的个体和相互作用》，参见“形而上学与伦理学评论”，1937年4月，第353—368页。)那些具有固定不变的质量的物质点，那些由稳定的质量和电荷来定义的粒子(电子，质子，中子，正电子)已经作为抽象的观念出现在前量子科学中，这是因为，一个物质点的运动由围绕着它的力场来决定，由相互作用的粒子构成的一个系统的总体质量(根据相对论，这一总体质量与不能被分布到各个粒子中的能量成正比)，由此并不等于各个被孤立看待的粒子的质量之和。在经典物理学本身中，“实在一般而言表现为完全自主的个体概念与整体地融合的系统概念两者之间的中介。”(见前面所引论文，第357页)。更何况，现在轮到量子科学(在这一科学中，对象不再能够总是被定位在时间和空间中，不可能排除同一地点被两个粒子占据的情况，最后，它们的属性的恒常性不再被维持)自己可以得出结论:“实在在其所有的领域中都表现为这两种极端理想化的中介。”(参见前面所引论文，第367页。)“在量子物理学中，系统是一种处于某一单位中的机体，几乎所有的基本的构成单位都被消融到这一单位中了。”(德·布罗格利:《物理实在与理想化》，参见“综合杂志”，1934年，4—10月合刊，第129页。)这些类比可以被扩大，但不会对与我们有关的问题提供任何解决。如今的物理系统只有借助于生物学的或心理学的模式才是可以想像的，这一事实并非比牛顿力学中的引力更能够揭示物理现象中的那些具有生命或心智特征的关系，也并非更能够使我们相信一种唯灵论的物理学或一种唯物论的心理学的幻想:我们从此以后就知道，因果性是一种给予各种现象以投入的手段，它的成功事先并没有获得永恒法则的某种基础结构的保证;就此而言，物理现象没有任何优越于生命现象或人类现象的东西。但是，当我们使各种结构与某些数学关系(不管怎样，物理学家终于间接地建立起了这些数学关系)分离开来时，这些被这样暴露出来的结构就失去了其全部意义。因此，不管是这些结构还是这些数学关系，它们都属于思想世界而不是实在世界。

至少在这个意义上,形式应该被保留。一种关于物理认识的理论,尤其是一种排斥形式、而且用定律意识来界定意识的关于历史认识的理论,不能说明作为思想对象的历史和现实。在抛弃了定律的独断论之后,我们不会[①]同意:仿佛这些定律足以把自己的意义给予时间场或空间场,仿佛物理学已经确立的那些关系所依赖的"无关联的根基"[②]不会进入到认识的定义之中。这些定律的种种结果在时间中开展出来,而某种"同时性"在多种定律的交错中的出现和突然改变了事物进程的某一事件的出现,以及相对于这种出现的"前"与"后"的区分,使得我们可以谈论宇宙绵延的某种脉动。无疑,我们正是根据各种规律,才能够重构一种已经消失的文明的建筑:埃及学研究中的每一个进步都在改变着埃及的历史。[③] 但是,这些被重建的结构将实现它们已经预设了其观念的某种宇宙时间。这些结构本身并不是一些引导着历史进程、并且为那种连接各局部事件的因果性加上某种观念的因果性的实在力量。但是,作为一种经济的、社会的与政治的结构的埃及,仍然是一种与构成了埃及、导致了它的实存的众多事实区别开来的思想对象。它是与由一些分子事实构成的整体相同的某种观念、某种意义,这些分子事实表达了全体,但这些分子事实中的任何一个又不可能包含全体。同样,以某一物理形式作为其场所的各种作用和反作用,都被物理学家看作是某一物理系统的组成部分,如果缺

① 我们想到了布伦茨威格先生从其对实证主义和目的论的批评中得出的结论。参见《人类经验与物理因果性》,第四十九章,"因果联系"。

② 参见华尔(Wahl)的《通向具体》的"序言"。

③ 布伦茨威格:《人类经验与物理因果性》,第520页。

少它们，他的学科就没有了对象。针对把第一性质当作自发思维的对象的任何企图，用巴克莱(Berkeley)所谓的空间以颜色为前提来进行反驳仍然是合理的。物理学借以标示其对象特征的那些数学表达式，只是在人们把它们看作是关于某些形式的、某些具体组合的规律时，才会不再属于数学而是正确地表达了一种物理现象。形式(以及伴随着它的历史的和知觉的世界)，正如由形式所决定的和所指向的东西一样，在物理学认识的视域内依然是不可或缺的。“知觉材料的感性内容无疑不再具有自在的真实事物的价值；但尽管如此，被知觉到的那些规定性的基底、载体(空的 X)却相当于通过精确方式用物理学谓词来规定的东西。”[①]形式因此不是一种物理实在，而是一种知觉对象，另外，如果没有形式，物理学科就成为没有意义的。这是因为，它是根据形式、并且为了协调形式而被建构起来的。

最后，我们不能用实在的字眼而只能用认识的字眼来定义形式，不是把它定义为物理世界的一个事物，而是定义为一个被知觉的整体。苛勒已经隐约地认识到了——他这样写道：某一形式中的秩序，“我们几乎可以这样说，取决于每一局部事件都‘动态地认识到了’其他事件这一点。”[②]为了表达每一环节对于其他环节的这种呈现，如果苛勒会遇到“认识”这个用词，这并不是一种偶然现象。这种类型的统一只有在某一认识对象中才有可能被找到。被理解为一种实存在空间之中的自然存在，形式总是分散于众多的

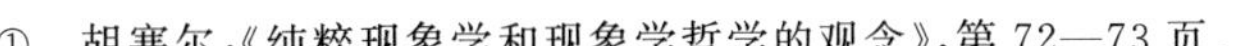

① 胡塞尔：《纯粹现象学和现象学哲学的观念》，第 72—73 页。

② 苛勒：《身体格式塔》，第 180 页。

场所,分布在各种局部事件中(即使这些事件是相互限定的)。说形式没有遭受这种分割,就等于说它没有在空间中展开,它并不以某种事物的方式存在,它是观念(在众多地方发生的一切都汇集并归并到它下面)。这种统一是被感知对象的统一。我所注视的一个着色圆圈由于不规则而在外形方面整个地变形了(这种不规则从它的圆形外观中夺走了某种东西,使它成为一个不完美的圆圈)。因此,格式塔理论正是从被知觉事物的世界中借鉴了它的形式观念。只是就物理学使我们求助于被知觉事物(作为科学为了行使表达和规定功能而不得不求助的东西)而言,形式才会出现在物理学中。因此,不仅"物理形式"不能够作为行为的结构、尤其是行为的知觉结构的真实基础,而且它本身只有作为知觉的一个对象才是可以设想的。物理学越来越忠实于世界的具体场景,有时它也会向各种动态的统一体,向各种力场,向知觉世界提供各种稳定结构,而不是从一些缺少整合的组合(这些组合向经典科学提供其模式,而且我们可以在这里把一些绝对属性赋予各个可以孤立出来的个体)获取其形象。有人会说,在放弃同质空间的同时,物理学复活了亚里士多德(Aristotle)的"自然环境"。[①] 可是,亚里士多德物理学在多数时间只不过是对被知觉世界的一种描述。苛勒刚好正确地表明了:知觉空间不是一个欧几里得式的几何空间,被感知对象在改变其场所时也改变了属性。同样,考察一组相互作用的粒子的系统的波动力学,必须"肢解"它们的个体性,必须考虑的不是那些与每一粒子相结合的波,而是与整个系统相结合的某

① 布伦茨威格:《人类经验与物理因果性》,第515页。

个波（它蔓延到一个被称为“完形空间”的抽象空间之中）。在普通空间中赋予每一粒子一种定位的不可能性，和不能还原为其组合元素的属性的那些属性在某一整体中的显现，完全可以与知觉空间的某些属性联系起来。在知觉意识层次上，时间和空间的双重性使我们想起现代物理学用来克服经典时间、空间的抽象单纯性的那些混合观念。我们不应该由此得出结论：某些形式已经在一个物理世界存在，并且充当着各种知觉结构的本体论基础。真实的情况是，从某些占优势的知觉结构出发，科学寻求去构造某一绝对物理世界的、某一物理**实在**的形象（这些形式只不过是这一形象的各种表现而已）。按实证主义的本意，知觉材料应该只是一个起点，un προτέρου προς ήμας（一种相对于我们而言的东西），一个从我们到全部规律之间的临时中介；这些规律——它们借助它们的联合作用来说明世界的这样一种状态的出现、说明这样一些感觉在我身上的呈现、说明知识的发展和科学的构成本身——因此必须封闭这一圆圈并且停留在它们自身之中。相反，正如我们已经看到的，诉诸于某种感觉的或历史的材料并非是一种暂时的不完美，它对物理学认识来说是本质性的。从事实而且从原则上说，规律是认识的一种工具，而结构则是意识的一种对象。只是为了思考被知觉世界，它们才有其意义。在现代科学中重新引入各种最出人意料的知觉结构，远没有在一个自在的物理世界中揭示出各种生命形式甚或精神形式，而只是想表明，自然主义的宇宙不可能自我封闭，而知觉不是一种自然的事件。

*

*　*

物理形式是相对于某些给定的外部条件（要么像电荷在一个

导体中的分布那样涉及到地形学条件，要么像滴入水团的一滴油那样涉及到的是动力学条件本身）获得的一种平衡。无疑，某些物理系统通过其内部的演化改变了它们所依赖的原有条件，如在电流的例子中电极的极化所显示出来的那样。我们可以想像这些能够移动其可活动的部分以便重建一种占优势的状态的物理系统。但是在系统之外起作用的活动总是具有减弱紧张状态、使系统趋于静止的效果。相反，当平衡不是相对于某些当下真实的条件，而是相对于某些仅仅潜在的、由系统自身引向实存的条件而达到的时候，当结构在某些外力束缚之下不是摆脱了那些穿透它的力量，而是在它本身的限度之外产生一种作用，并为自己建构一个合适的环境时，我们谈到的就是有机结构。在这种类型的系统中，内部反应趋向于产生的平衡，不是一种不惜任何代价的平衡，不是对已经确立的秩序的简单保留（就像在电荷的分布中那样）。优势状态、不变因素不再会作为系统中有效地展开的各种相互作用的结果而获得规定。

例如，我们知道，如果把机体看作一部机器，它永远也不会实现看起来可能的所有行为类型。当一个被试者用手指指向他前面、他右边、最后是偏右的某一对象时，我们看到，他的躯体的各种运动也同时展开，以便使他的正面与手臂形成的角度几乎保持不变。这些不变类型可能是个别的；被要求用粉笔在与其正面平行的一个平面上划圆圈的两个被试者，通常会以标示其各自性格的不同方法（如伸臂或弯肘）来进行。如果我们要求一个被试者亮出他的手，他不会以某种随意的姿势伸出它：手掌通常朝向下方，手指微屈，大拇指高于其他手指，手处在半身高的地方。众所周知，每个人都有其保持头部姿势的方式，都有他的睡姿。最后，知觉行为本身也有一些占优势的规定性。一个93度角会被确认为一个“不正的”直角；而音乐家谈到“走音的”音符。[①]

任何不占优势的行为都被被试者评判为困难的或不完美的行为。但是，是什么东西赋予了那些占优势的行为以优势呢？它们为什么被看作是“最简单的”、“最自然的”行为，它们为什么会令人感到平衡和方便呢？[②] 以这些占优势的行为为目标的指向可以比之于一个球形肥皂泡的形成吗？在后一情形中，从外面作用于肥皂泡表面的各种力趋向于把表面压缩成一个点，而被封闭起来的空气压力相反地要求尽可能大的容积。由此而形成的球形结构代表了这一最小与最大问题间唯一可能的解决。我们可以同样说，一个机体的占优势的行为是那些在其所处的事实条件中客观地提供了最大的简便性、最大的统一性的行为吗？但在大多数时候，它

① 关于所有这些观点，参见戈尔德斯坦：《机体的构造》，第220页及以下。

② 我们可以一开始就排除那些外围的说明——它们把这些行为的频率与某些部位装置联系在一起：一条稍稍倾斜的斜线被当作一条接近的垂直线，因为与视网膜的某一经络相重叠的这一垂直线产生了某些特殊的生理现象。但就实际而言，各种客观的垂直线显现在视网膜的某一经络上是非常罕见的，因为我们很少使我们的头和我们的身体保持垂直状态。手、头和身体的各种优势姿势是最不使人疲倦的，在这种状态中实现了各种内收肌和外展肌的最小张力。但肌肉的张力既不仅仅也非主要取决于局部的骨骼机制，它主要由身体的其他部分的姿势所决定。通过改变身体的其他部分的姿势或者整个机体的姿势，我们达到的是在手臂运动中优势平面的移位。因此，面对动作的各种变化多端的方向，就算正面的平面和手臂在其间移动的平面之间的间距保持不变，这一局部常量也不会是某些局部的原因的结果，它让我们求助于整个身体姿态的某种常量。参见戈尔德斯坦：《机体的构造》，第228页及以下。

们自身并不具有任何简便性或统一性的优势。

> 当我把我的头转向声源，以便听觉兴奋在我两只耳朵的平面上实际成为同时性的时候，被一部分一部分地加以考察的兴奋过程并不比此前更为简单；只有我们在其中寻找到一个可由某个独特的规律来表达的整体或全体，最后，只有借助于它与我们心灵所提供的某一简便性模式的相似，它才表现出这种简便性。

不是因为行为是简便的，所以行为是占优势的，相反，因为它是占优势的，所以我们觉得它是简便的。[①] 如果我们愿意像苛勒那样认为，占优势的行为是消耗最少能量的行为（而且它的经济特征并不是客观地建立起来的），那么，非常明显，机体并不是一架依据某种绝对的经济原则来调节的机器。相对于机体所从事的任务，占优势的行为大多数时候都是最简单和最经济的；它的基本的活动形式、它的可能的行动状态都已经在各种对它来说最简单，在它那里具有优势的结构的定义中被预设了。在某些病人那里，头部向右的任何被动活动都带动四肢和身体向同一方向移动。但是，在要求他执行的任何具体任务面前，解体仍然是可能的。由一个刺激所引起的各种反应取决于它对机体（不是作为各种经由最短路径而逐渐趋向静止的力量的整体，而是作为能够进行某些类型的活动的存在）所具有的意义。[②] 在“指示”的动作中，手臂在其间移动的那个优势平面远不是由与环境处于某种物理平衡的各种

① 戈尔德斯坦：《机体的构造》，第 230 页：“然而，这确实是一个问题：为什么某物有一个格式塔？”

② 同上书，第 325 页。

状况来规定的，而是对应于某种生命平衡的内在必然性。它不取决于某些局部条件，而取决于机体的总体活动：

所有的感官（触觉的，视觉的和听觉的）刺激物可以说都在把这一优势平面引向它们；[①]身体本身的所有活动（头部的、对向臂的、眼睛的、腿部的活动）都在改变着这一优势平面。这些运动条件即便在它们不为被试者知觉时，也并非缺乏有效性。[②] 同一种运动，根据它对被试者所具有的意义，可以在两种相反的方向上移动优势平面：比如说，眼睛向右边移动把优势平面推到了左边，前提是这种移动是无根据的、无目标的；但是，如果被试者转动他的眼睛以便注视某物，他相反地就把优势平面引到了右边。实际上，只有借助于抽象我们才能谈论优势行为，好像它涉及的是一些应该逐个加以解释的局部现象。每一优势行为都不能脱离其他优势行为，而且只能与它们合为一体。在半边机体中的紧张度的下降似乎会引起知觉和活动的障碍；如果被试者并没有在不知不觉中把他的头甚至整个身体侧向受损伤的一边，那么这种紧张度的下降事实上已经引起了这些障碍。在这种姿势中，他没有跌倒，他笔直地行走，他把那些垂直的线感知为客观地垂直。如果我们迫使被试者维持头部的垂直状态，障碍就会重新出现。因此，“在整个机体中的各种兴奋过程按照头部倾斜的位置而

① 我们在同样的方式上知道：视垂直线由于某一迷走的或触觉的兴奋或者由于四肢的位置的某种变化而被移位。

② 关于所有这些观点，参见戈尔德斯坦的《机体的构造》第 231 页及以下。

被有序化。”[①]简言之，在正常机体和病人那里一样，占优势的既不是头部的特定位置，也不是特定的紧张值，而是从其中一个到另一个的确定的关系。

由于这些同样的看法适合于每一被试者的全部典型姿态这一主题，我们就被引向了这样一种观点：对每一个个体来说，存在着行为的某种普遍结构（它通过某些举止的、感觉和运动阈的、情感的、温度的、呼吸的、脉搏的、血压的……一定的常量体现出来），以至于不可能在这一整体中发现各种原因和各种结果，每一特殊的现象同样都表现出了我们可以称之为个体的“本质”的东西。[②] 而占优势的行为是那种使最简易、最适应的活动得以可能的行为：如那些最精确的空间指示，那些最细微的感觉分辨。因此，每一机体在面对一个给定的环境时，都有其最佳的一些活动状态，都有其特定的实现平衡的方式；而且，这种平衡的内在规定因素不是由多种多样的向量提供的，而是由朝向世界的某种一般姿态提供的。因此，那些无机结构让自己通过某条定律来获得表达，有机结构则只能通过某一规范、通过某种类型的标志着个体特征的传递活动而得以理解。我们想说，一个机体的感觉阈限属于体现其本质的众多的个体常量。这意味着机体自己权衡各种事物对它产生的作用，通过在物理世界中没有其类似者的某种循环过程来自己圈定其环境。

有机的个体与其环境之间的关系因此是一些真正的辩证关

① 戈尔德斯坦：《机体的构造》，第 235 页。

② 同上书，第 237 页及以下。

系，而且，这种辩证关系导致了各种新关系的出现。这些新关系不能被类比于某一物理系统与其周遭之间的关系，当人们把机体还原为解剖学和物理科学赋予给机体的那种形象时，它们甚至不能被理解。我们已经说过，机体的各种反应，甚至某些基本的反应，都不能根据它们借以实现的各种器官，而应根据它们的生命意义来分类。[①] 其中一些反应以最少的付出获得了平衡，在这个意义上，它们更接近于一种物理过程：它们是一些让刺激物不再有害的局部补偿物。但是，另外一些反应则对外产生某种真正的、整个机体都投入其中的作用。因此，必须区分直接行为和目标行为。在各种外展和延伸的动作（它们实际上似乎更多地与骨髓活动联系在一起）与各种内收和弯曲的动作（它们更多地依赖于皮质）之间，其区别既无法由这些解剖学名称、也无法由任何物理学观念来表达。生命科学只有借助于那些为它特制的、并且从我们对有生命之物的经验中获得的概念才能够被建立起来。举例来说，我们会注意到，各种伸展活动尤其频繁地指向那些我们不加注意的对象。打呵欠、伸懒腰的动作是纯粹的伸展运动。反之，所有的精确运动（与各种力量型运动相对）则是一些弯曲运动。它们之间的真正区别因此是“机体针对环境采取的一些不同姿势”[②]的区别。弯曲是机体拥有世界的一种姿态，正像我们在那些聚合运动和注视运动的例子中，通过头脑在专注中的倾斜度所看到的那样。相反，伸展活动体现的是某一不能支配其环境的机体对于某些事物的顺从及

① 参见本书前面第一章，自反射与异反射之间的区分。

② 戈尔德斯坦：《机体的构造》，第 310 页。

其被动的生存。[1] 更着重于被动姿态的各种吸气活动，在动物甚至在人那里都与某些伸展行为联系在一起。相反，在陷入沉思的人身上变粗的呼气活动，则是弯曲活动的一个特例。这种类型的分析并没有依循解剖意义上的那些关节活动：曲肌的痉挛式收缩并不是一种弯曲活动。一种行为的生物学价值是不能够完完全全地通过它所使用的各种器官被认识的，它不能够用解剖的语言而获得理解。[2] 因此，我们应该期待在那些最简单的机体行为中发现一种不同于物理系统的调节活动。

事实上，各种向性反应(tropisme)——它们长期以来被看作是对环境中的某些物理和化学动因作出的反应——在动物的正常生命状态中似乎并不以这种形式存在。幼小鲽鱼的主动向光性(phototropisme)不会发生在一个大的水栖动物身上。[3] 放在一个金属架上的海葵让自己的肉茎向下伸展，如果我们把金属架转动几次，肉茎就会缠住金属架的链环。但经过一定数量的试验后，该动物就会摆脱其肉茎，并且使自己固定在沙中。这再次说明：行为不能被定义为对某些给定

① 比如说，我们看到这些伸展活动出现在那些被去除了自然支撑点的乌龟那里。

② 比如说，我们应该彻底放弃把神经系统本身看作是自在地“优越”于性系统的：在机体的机能中，我们既不能把它们分离开，也不能因此使一个从属于另一个。正常的性生活被整合到了行为的整体之中。我们已经看到，各种皮质损伤——它们在引起认知障碍的同时，会引起从性爱到性欲的堕落（戈尔德斯坦：《机体的构造》，第313页）——表明：正常人身上的性系统并不是自主的。各种不同层次的活动可以通过某种在解剖学上获得规定的有机整体来实现。

③ 施耐德：《动物心理学》，第227—230页。参看拜顿迪克：《动物心理学》，第60页。

条件的一种适应，机体自己能够为其平衡确定各种条件。[①]洛布(Loeb)意义上的那些向性反应代表的是实验室中的各种反应，它们类似于一个其行为由于激情而陷入混乱的人、一个要么走向光明要么走向黑暗的人的各种反应。

这样，机体与环境之间特有的辩证法会由于某些“灾难性的”行为而中断，机体暂时退回到物理系统的状态中去。但这里涉及到的是一些病理情形或一些实验室现象。这些看法不仅有助于对抗机械生理学，它们也适用于格式塔理论。各种知觉反应，只是在我们人为地把它们从它们自然地融入其中的活动语境中孤立出来时，才能够借助于某些物理学模式而获得说明。一些形式的优势地位并没有体现出所考虑机体的自然的活动方式，它只不过依赖于那些被呈现出来的刺激的某些客观特征而已。但是，要么这些没有被集中在机体的总体活动之中的结构是一些不稳定的、也即病理的构造(完全就像鲁宾[Rubin]的那些模棱两可的图形一样)[②]；要么我们试图使这些结构从中涌现的那一物理平衡过程本身，只有在神经系统的总体活动的保证和捍卫下，才能够不被中断地获得展开。威特海默诸定律把各种结构的构成与各种刺激得以在其间呈现出来的诸客观条件联系起来(接近律，性质相似律)，或者把它们与某些“好的形式”的稳定性联系起来(这种稳定性被看作是内在于它们的一种属性)。[③] 如果我们的知觉恰巧确实服从于这些定律，这不是因为它可以与一种物理结构相类比。这是因

① 杰宁(Jennings)：《低等动物的行为》。参看拜顿迪克：《动物心理学》，第60页。

② 参看《真实地获取的视觉形象》。

③ 关于所有这些观点，参看纪尧姆的《形式心理学》。

为神经系统的机能以这样一种方式被组织起来(尽管存在着以神经系统为中枢的永恒的相互作用),以至于威特海默定律可以起作用——换句话说,这是因为他有幸在这些定律中遇到了被机体的总体活动认可的某些常量。[①] 我们在这里引用来反驳它的正是格式塔理论的那些原理本身。在一种形式中,整体并不等于各部分之和。即使我们承认机体能够被一种原则上没有限制的物理分析所通达(因为没有人会怀疑机体的物理化学动因是最为复杂的),仍然可以绝对地肯定:机体的各种结构不会在那些严格意义上的物理结构中找到它们的等价物。为机体建构一种物理模式,就是建构一种机体。格式塔理论的物理模式与各种生命现象之间,正如结晶与有丝分裂之间一样,几乎没有一点关系。

我们在这里主张的并不是任何类型的活力论。我们不想说,对活生生的身体的分析在某些不可还原的生命力中遇到了一种限制。我们只想说,一个机体的各种反应,只有当我们不是把它们设想为在某一身体中展开的肌肉收缩,而是理解为针对当下的或潜在的特定环境的各种活动(捕捉猎物、走向目标、远离危险的活动)时,才是可以理解和可以预测的。生物学的目标显然不是要去研究在随便什么样的一些条件下,我们可以从一个活生生的身体中获得的所有反应,而是要研究那些只属于它的反应的反应,或如我们所说的那些“适应的”反应。在实验室里可能发生在一个机体中的一切都不具有生物学实在性。我们并不试图在有生命之物中研究物理学,而是研究有生命之物的物理学。换言之,我们试图勾勒

① 戈尔德斯坦:《机体的构造》,第323页,第325页。

出应该从事实行为中摆脱出来的“自然”行为的轮廓。这就是说，“机体”是一种有歧义的表达。有被看作为物质的一个片断的机体，有被看作为在空间中并置并且彼此外在的一些实在部分的组合的机体，还有被看作为物理和化学作用的总和的机体。在机体中展开的所有事件都拥有同等程度的实在性，而且不存在着譬如说正常与病理之间的区分。这就是真实的机体，就是机体的唯一客观的表象吗？实际上，这样理解的身体既不是生物学的对象，甚至也不是生理学的对象。如果我们能够描述出促使一个有生命之物从青少年过渡到成年的难以计数的物理化学作用，我们将会掌握一个连续的现象系列，要从中辨认出某一机体的延续将是很困难的。那些典型的“功能”或“过程”（例如再生[anagénèse]和退化[catagénèse]）——对于生理学家而言，它们的节律规定了生长与老化现象，它们与从各个方面制约着它们的那些化学反应链关联在一起——失去了它们本身的轮廓、它们的个体性，以至于它们随着年龄的增长而承受的有特点的改变不再是可以感知的。总体的分子分析把各种功能结构和机体结构消融为一堆未分化的寻常的物理、化学反应。生命因此并不是这些反应的总和。为了从这些反应出发使一个活的机体重现，我们必须从中追溯一些分界线，选择一些视点——由此，某些组合获得了一种公共意义，表现为各种各样的“同化”现象，表现为某种“再生功能”的诸构成因素；由此，迄今为止仍被淹没在某种连续变易中的一些事件系列，对于观察者而言，开始被区分为机体发展的各个“阶段”，如生长阶段，成熟阶段等。我们应该从心理上使某些局部的现象从它们的真实背景中分离出来，并且把它们归入某种并不包含在它们之中，但在它们

之中获得表达的观念之下。“机体的意义就是它的存在”,[1]而生物学分析所关注的机体乃是一种理想的统一体。这种组织经验的方法并不是生物学认识所特有的。在历史学中,理解也就是根据某些范畴勾勒出一些具体事件的全面组合,然后通过建立从一种秩序到另一种秩序(从政治学到经济学,从经济学到文化)的一致或偏离,力图回到人们由之出发的实际的统一。这也就是要在分子层次上的一种不连贯的变化中,标志出各种断裂、各个阶段、一个世界的终结和另一个世界的开端。我们以这种方式达到的结构,就像机体的结构一样,既不是一些引导各种局部现象的补充原因,也不是一些用来指称它们的单纯名称,而是各种为它们分享却不被它们所包含的观念。“供应”与“需求”既不是隐藏在那些决定着每一工厂的生产和每一个体的消费的特殊原因背后的各种实在力量,也不是用来指称这些局部现象的计量总和的一些简单名称,而是由科学建构的、提供了事件的内在意义和真理的一些思维对象。这与人们书写诸行星的历史、透过连续的分子演化使地球的年龄展现出来并没有什么不同。对理智来说,要从一些局部的物理、化学现象出发构成机体的形象是不可能的;与此同时,生命并不是一种特殊的原因。不管是在生物学还是在物理学中,我们都不能够使各种结构避开在它们之中发现某些规律的组合作用的分析。我们在生命观念中所寻找的“不是构成一座建筑的最后一块石头,而是这一建筑本身——在这里,一开始没有意义的那些局部现象,现在看来与一个确定的结构之统一的、有序的、相对稳定的

① 戈尔德斯坦:《机体的构造》,第351页。

整体联系在一起……我们并不寻找存在所依靠的实在基础（Seinsgrund），而是寻找一种观念，寻找全部特殊事实都从中获得其真理的认知基础（Erkentnisgrund）。”[①]我们只需承认：以某种方式构成机体的那些物理—化学作用，并不像解剖学精神所希望的那样在各种平行且独立的系列中展开，并不在某个全都互相依靠、任何划分都不可能的整体中相互纠缠，而是，借用黑格尔的用词，被构成为一些相对稳定的“纽节”或“漩涡”（行为的各种功能，各种结构），以至于机械论同时也是一种辩证法。

但是，我们不是被重新拉回到了经典的二者择一吗？如果我们同意：物理和化学现象只能以某种可知的方式取决于物理和化学条件本身，并且这种物理—化学分析因此在原则上是没有限制的，那么严格意义上的各种生命范畴——性对象，食物对象，巢穴——和以这些对象为目标的那些行为不就不再成为内在于行为和机体的名称了吗？它们不就反而属于我们感知它们的人为方式了吗？而且，归根结底，一种客观研究不就是应该用刺激和反应的结构来替代它们吗？描述的生物学是对于有生命之物的物理学所支持的超结构的一种预备性的清理；生物学和物理学中的说明应该被还原为一种根据那些定律而作出的独特类型的说明。有机个体的诸特征——它所具有的自己固定其平衡状态、进而自己创造其环境的属性——只不过是与物理系统的各种作用相一致的众多的基本作用的宏观结果。说明原则上应该与描述同外延。我们仅仅需要在生物学和物理学上承认：对各种结构进行穷尽的分析其

① 戈尔德斯坦：《机体的构造》，第 242 页。

实是不可思议的；我们把某一功能分解而成的那些物理、化学作用，它们本身只能在一个稳定的背景中被产生出来。因此，各种定律只有通过假定另一个结构才能说明一个给定的结构；从这个意义上说，机体的物理学也不得不从一定的“历史与料”出发。但它在这一方面并非不同于其他物理学，而机体的各种结构只不过是物理世界的那些结构的特例而已。相反地，如果我们希望把严格意义上的生物学范畴继续看作是机体的构成要素，我们就会被带回到某种活力论。我们已经承认：生命活动可以说具有一种原生的意义（sens autochtone）。物理—化学分析在活生生的机体中无意地发现的那些局部现象通过一种原初的关系已经被相互连接起来。这里涉及到的不再是物理学家们所说的把其中一种现象从其他现象中理想地推演出来的那种相互决定。它们全部参与到一个相同的行为结构中，并且表达了机体用以改变物理世界、使一个环境按照它的形象在此呈现出来的方式。作为“确定的反应能力”[①]的个体乃是一个终极范畴，是生物学知识的一种不可还原的模式（原图像[Urbild]）[②]。一旦我们试图超越那些统计学的决定关系去预测某一给定机体的各种生命反应，我们必须加以考虑的个体系数就成了“一种通过内在的必然性而归属于机体的确定的结构”。[③] 然而，量子物理学无疑已经教会我们把一些“非因果性的”[④]与料引进到我们的物理世界形象中，而在这些材料后面，原则

① 玻尔（Bohr），转引自戈尔德斯坦：《机体的构造》，第 258 页。

② 戈尔德斯坦：《机体的构造》，第 258 页。

③ 同上书，第 333 页。

④ 同上书，第 258 页。

上没有必要肯定一种经典类型的因果性;物理学家们自己[①]已经就此作了比较。但是,我们并不局限于说机体是非因果性的。通过承认机体本身按照它的活动的内在规范改变着其环境,我们已经在某种有别于现代物理学的意义上使它成为一个个体了。我们已经给予非因果性一种积极的内容,而物理学局限于把它作为一个事实记录下来,局限于用一些间接的方法(它们使我们能够把一种新的数学关系网投射到这种非因果性上)绕过障碍。我们这样描述的有机结构并不只是物理学面对的事实结构(de fait)中的一种。这是一种原则结构(de droit)。为了决定性地维持各种生命范畴的独创性,我们必须把整个机体看作是一个产生其各个部分的整体;必须在它里面发现各个局部现象从中获得其存在的简单行为;因此必须重新回到生命冲动(étan vital)的观念中去。

但是,含义观念使我们可以保留生命范畴而无需假设一种生命力。具体材料对于物理学接近律的抵制可以说是无名的:这是来自事实的不透明,是对没有料到的结论的震惊,或者是对一种难以表达的性质的体验。借助各种定律而进行的认知的未完成并不会迫使物理学去承认另一种认知模式:这是因为,除了科学后来通过发明新的定律达到的那些规定性外,不协调的剩余不会接受任何可以证实的规定性。定律因此仍然是全部物理学真理的模式。相反,说明性的生物学遭遇的"无关联的根基"已经通过某些积极的特征被展现给我们。这是以一种新的方式对于各种客观关系的

① 参见玻尔和若尔当(Jordan)的例子,转引自戈尔德斯坦:《机体的构造》,第256页。

揭示。根据所考察的点、各轴线的大小和整体电荷的大小之间的各种协调关系,一个椭圆导体中的局部电荷是可以确定的。各个局部现象并不是以这种方式、并且通过服从于某一相同的定律而被统一到一个机体中的。各种运动反应、温度、钙和钾的比例,都是由于它们共同契合于机体的占优势的活动模式而被联系在一起的。物理系统中的某条定律根据刚刚过去的先前状态而为当下状态、根据总体状态而为局部状态,至少提供了可能的价值。当这一双重规定性成为不可能的时候,物理学家就引进一些经验系数,一些不可分的能量总量,它们表达但没有说明原子的行为。机体区别于经典物理学的那些系统,因为它不承认在空间中和在时间中的划分。神经功能并不是可以局部地定位的,一种运动旋律一开始就完全呈现出来,而该旋律在其中渐进地获得实现的那些运动,只能根据其整体才能够被预见到,这是我们在前面已经证明过的。机体也区别于现代物理学的那些系统,因为各种不可分的行为统一体在物理学上仍然是一些不透明的与料,而在生物学中,它们变成为一种新的理智类型的手段:我们逐步把某一个体机体的各种特殊性与它的活动能力联系起来,而身体结构在人那里则是其个性的表达。各种物理系统的统一是一种关系的统一,各个机体的统一则是一种意义的统一。物理学思维所实践的、通过各种定律而达到的协调,在生命现象中留下了某种只有通过另一种协调方式才可以理解的剩余物:通过意义而达到的协调。使一种完全演绎性的物理学成为虚幻的那些同样的理由,也使一种完全说明性的生物学成为虚幻的。没有任何东西授权我们假定:生命辩证法可以被完整地转化为物理—化学关系,可以被还原为一种拟人现象的条件。肯定这一点，就会颠倒科学思维的逻辑秩序：它从被知觉到的东西进展到被协调好的东西，我们不能依循相反的路径并把πρός ἡμας(为我们的)秩序建立在καθ'αὑτο(自在的)秩序之上。我们已经看到，科学不得不考虑到的那些生命过程的意义和价值，确实是**被知觉的**机体的属性；但对于真实的机体来说，它们并不因此就是一些外在的名称。因为真实的机体，科学所考察的那种机体，是被知觉到的机体的具体整体，负载着分析在它那里发现的全部关联，却又不能够分解成这些关联。确实，理智论和机械论日趋一致的努力剥夺了机体知觉的所有原初规定性。但是，在心理学中和在生物学中一样，对结构的领会应该被视作一种不能被还原为对定律的领会的知识。我们在这里想说的只是：某一活生生的身体，或者像我们自此以后要说的，某一“现象的身体”的知觉，并不是一些随意的视感觉和触感觉的镶嵌——与欲望、情绪和感受的内在体验联系在一起的，或者说被理解为这些心理态度的符号的各种感觉，从它们那里获得了一种生命意义。任何一种“投射”理论，不管它是经验论的还是理智论的，都预设了它想要说明的东西，这是因为，如果在某一动物的可见的行为本身中的某种东西没有把结论暗示给我们的话，我们就不会把我们的感受投射到这一行为中去。然而，并非我们自己的身势与他人身势的相似可以提供出后者的表现价值：儿童早在看到他自己的微笑之前就理解了微笑所具有的表示愉快的意义，他也能理解某种他从未做过的、他自己的经验不能为之提供任何内容的威胁性或忧郁性的手势所表达的意义。最后，有生命之物远远先于无机物被认识到——这就是人们在谈到儿童的万物有灵论时通常相当贫乏地表达出来的东

西;把有生命之物的知觉看作是第二位的,这犯了一种时代错误。因此,现象身体的各种身势和姿态应当有一种特定的结构,一种内在的意义,它一开始就应当成为向某个“环境”衍射的各种活动的中心,成为一种物理意义和道德意义上的轮廓,成为一种特定的行为类型。事实上,现代心理学已经阐明了对各种结构的这一直接领会,这种领会是全部认知判断和全部观念联想的可能性的条件。一个人的面部表情、笔迹、思想、声音、身势都呈现出某些内在的相似,这说明了那些配接实验成功的原因(同时也伴随着一些毫无理由的不相容)——被试者在实验中应当指认出与一个声音相应的侧面,与某一面部表情相应的笔迹。[①] 同样,我们可以发现内在于现象机体的某些意义核心,某些动物本质(走向一个目标,捕捉、吞食某一猎物,跃过或绕过某一障碍的行动)——我们已经看到,它们是反射学从某些基本反应出发没有能够产生的种种统一性,它们也因此就是生物科学的某种先天性。不言而喻,对各种结构的这一领会在普通知觉中既非完备也不精确,而且,当我们谈到把握这些结构的某一直觉时,我们并不想说这种直觉是先天的。[②] 有生命之物的知觉的早熟在这里只是有助于我们去排除经典心理学的那些建构性的、投射式的说明。正是从普通知觉的各种不完善的直觉出发的描述生物学,重组了、改正了这些说明。在现象身体

① 参见沃尔夫:《自我评价与别人评价……》,“心理学研究”,第十六卷,1932 年,第 251—328 页。

② 看到这些伸展的姿态(科学借助于某种有条不紊的观察已经确认了它的灾祸性特征)被一个三岁的儿童感知为一种恐惧的表情,而且它们在他假装恐惧时在他身上被表现出来,这仍然是令人惊讶的(本人观察)。

的描述[①]和因果性说明之间存在着互助关系。比如说，常识中包含着一种丰富而含混的关于"男性"和"女性"的观念。该观念包含着某些行为常量，包含着某种在严格意义上的性行为之外可以被正确地辨认出来的一般姿态。要想通过对一大堆孤立的事实进行归纳比较，在我们每一个人的经验中形成这一观念几乎是不可能的；相反，这一观念很有可能在一瞥之下被读认出来，很有可能在某一面部表情中、在某一身势中被显露出来。各种因果关联(比如作为性别特征整体之基础的内分泌腺的种种作用)的发现，不仅仅具有"实现"通常观念的效果，它还会引导我们去改变我们关于男性存在和女性存在的观点，以便把某些已经从通常的认识中脱离出去的局部姿态整合进来。但无论如何，理解这些生物学实体并不是去记录一系列经验的巧合，甚至不是去确认一串机械的关联，而是借助已知事实的意义去连接那些已知事实的整体，在所有这些事实中去发现一种富有特色的节奏，一种针对某些种类的对象、甚或针对所有事物的一般姿态。[②] 因此，必须在这个意义上超越机械论。

① 拜顿迪克谈到了"表情活动的现象学研究"，它"孤立出某一现象，把它还原为不能再还原的剩余，通过一种当下的直观冥思它的本质特征"。(《人和动物的心理功能的本质区别》，"自然哲学手册"，第四卷，第70页和第85页)如果被运用到各种智力模仿中，这种方法会从它们之中找到"对某物的拥有"来作为它们的一般意义(同上书，第85页)。在这里，现象学一词是在非常宽泛的结构描述这一意义上来理解的。

② 对于本质的这一规定，尽管没有获得这般承认，但在所有时候都被科学家们所践行。生理学家们在他们的实验中考虑行为的面貌。他们在他们的实验结果中提到该动物感到"疲倦"。他们从它的行为的一般情状中而不是借助疲倦的那些物理—化学特征辨认该动物。当反复的条件实验在那些被试者身上引起真正的实验性神经症时，这仍然属于巴甫洛夫所碰到的行为的规范(参见本书前文，第226页)。

可是，这些看法并不能用来为一种活力论、即使是柏格森的精致的活力论提供辩护。生命冲动与生命冲动所产生的东西之间的关系是无法想象的，是神秘的。既然以机体为基底的物理—化学作用无法摆脱环境的作用，那么我们如何能够在这一连续的整体中圈定创造出一个有机个体的那种活动？生命冲动的影响区域又被限制在哪里？事实上，完全有必要在这里引入一种难以理解的断裂。就算有人喜欢说物质是解体了的生命，在生成的生命与解体的生命之间的关系也并不因此更容易理解。但是，除非对机械论的批判是在存在的平面上进行的（像通常发生的那样），这种批判才会回到活力论。抛弃机体的统一是由一系列真正连续的物理—化学作用支撑的超结构这样一个武断的正题，就会随之肯定一个同样武断的、中断这个系列以便为一种生命力腾出位置的反题——正像在康德之前，对无限可分性的否定就等于对一种不可分的实在的肯定一样。只要我们停留在存在的平面上，情形就正好是这样。按照机械论的论据，要说某一现存的物理或化学作用并不在其他的物理化学作用中拥有其实在的条件，乃是难以想像的。但是，按照活力论的论据，既然机体中的每一恒定的化学反应（如氧固着在血液的血红蛋白上）都必须以某种稳定的背景为前提——这一背景本身又需要另一前提，那么物理—化学的说明看起来就始终处在无限推延中；如果任何一条定律都不是无条件的，我们就很难明白所有这一切的整体如何会是这样的；而且，既然事实上存在着各种机体，则在现象的多样性和把它们全部设定为一个整体的某一生命冲动的单一行为之间建立联系似乎就是必要的。说实话，这两种论据都把机体当作是外部自然的某种真实的

产物；然而，机体事实上是一种意义统一体，是一种康德意义上的现象。它是和我们已经描述过的那些原初特征一道呈现在知觉中的。科学认识在机体中发现了各种物理—化学关系并且逐步把这些关系赋予给它。某种为中断这些关联而出现的抗力是难以想像的。但是，没有任何东西迫使我们认为：物理—化学作用的循环能够透过机体现象而自我闭合；说明能够与描述的材料汇合；现象的身体能够被转化成物理系统并被整合到物理秩序之中。总体性不是一种外表(apparence)，而是一种现象(phénomène)。如果说透过这一现象从原则上肯定某些物理关联的不连续性是不可能的，那么肯定一种真实的连续性就更加不被允许。任何生命活动都具有一种意义，它们在科学本身中不能被定义为某些彼此外在的过程的总和，而应被定义为某些理想的统一在时间和空间中的展开。于克斯屈尔(Uexküll)说："每一机体都是一曲自我颂扬的旋律。"[①]这并不是说它知道这曲旋律并努力去实现它，而只是说，它对于知道它的意识来说是一个有意义的整体，而不是一个取决于自在的事物。我们不能因此就认为：某些"不确定的中心"出现在物理因果性的宇宙中了。我们毋宁要说，我们的外部经验是具有多种结构、多种含义整体的经验。那些构成物理世界的结构，在某一数学定理中找到了它们的内在统一的充分表达。而我们可以称之为有生命之物的那些含义整体，则呈现出拥有某种行为的特殊性。这就是说，它们的活动不能作为物理环境的功能获得理解，相

① 转引自拜顿迪克的没有标明出处的引述，参见《人和动物的心理功能的本质区别》，"自然哲学手册"，第四卷，第131页。

反，它们对之作出反应的世界的各部分对它们来说是由一种内在规范来划定界限的。我们在这里不是把“规范”理解为某种产生存在的应当存在(un devoir être)，正是对某种统计上最频繁的优势姿态的简单确认赋予了行为一种新类型的统一。只是在我们打算通过一些个别的过程的总和来构造机体时，才需要引进一种活动秩序的原则，一种隐德来希(entéléchie)。这是因为，整体和它的那些引人注意的常量似乎要求一种能够维持它们的秩序因素。从因果性为了回复到函数对变量的依赖而失去其生产性因果性的神秘意义那一刻起，诸定律就不再可以被看作是产生事实存在的东西；我们因此不再能够说，正如拉皮克写道的，秩序是秩序借以实现自身的各种机制的一种结果。这为活力论者的论据提供了一个支撑点，并且重新回到了二律背反。秩序更不是向各种机制要求实存的东西。就像斯宾诺莎认为的那样，机体中的整体乃是一种观念。然而，仅当斯宾诺莎超越想象中的部分广延，相信自己能够在一个与物理系统的定律同质的定律中重新找到身体的统一性时，似乎才不可能通过那种追溯生命的条件的逆推式分析去理解生命。这涉及的将是一种寻求生命的内在意义的前瞻性分析，这种内在意义同样不是一种引力，就像原因不是一种推力一样。“意义”归属于终极因，正如函数与变量的关系归属于动力因。各种物理学定律，按布伦茨威格的说法，都预设了对于我们的宇宙的实际状况的确认，一个事件只能从另一个给定事件开始才能够被必然地推演出，并没有每次都被排斥到远离整体、却从来没有从整体中被消除的存在者的偶然性。同样地，行为的理想结构使我们能够把机体的当前状态与一个被看作既定的先前状态联系起来，在前者中看到在后者中已经显而易见的本质的渐进实现，但我们却永远不能超出界限，也不能使观念成为实存的一种原因。

*

*　*

通过描述物理的或有机的个体及其环境，我们已经被引导着去承认：它们之间的关系不是机械的，而是辩证的。不管是严格意义上的还是宽泛意义上的机械作用，都是指原因和结果在其中可以被分解成具有一一对应关系的实在元素的作用。在这些基本作用中，依存是单向的；从其实存和本性来考虑，原因是结果的充分必要条件。甚至在我们谈及两个要素之间的相互作用时，这种依存也被归结为一系列单向的决定关系。相反地，我们已经看到，各种物理刺激仅当它们在机体上引起某种全面的反应时（当刺激发生量变时，反应会产生质变），才能对机体产生作用。相对于反应而言，这些刺激与其说起着原因的作用，不如说起着契机的作用；反应所依靠的与其说是这些刺激的物质特性，不如说是它们的生命含义。因此，在行为实际依赖的各种变量与这一行为本身之间，呈现出一种意义关联，一种本质的关系。我们无法确定世界作用于机体的那一时刻，因为这种"作用"的结果本身表现了机体的内在规律。在相互外在的刺激被超越的同时，机体与其环境的相互外在性也被超越了。因此，这两个获得独立规定的要素必须被"环境"和"姿态"这两个相关项——它们是行为的两极，而且参与到了同一个结构之中——取而代之。当柏格森在本能中发现与对象的感应关系时，或者在苛勒写道，某一形式的每一部分都"动态地认识到了"其他部分时，他们表达的正是这种内在的关联。在这里

谈论认识、因此还有意识，我们并不是要建构一种关于自然的形而上学，我们只是局限于根据环境与机体应有的关系(就像科学对这些关系的界定那样)来命名这些关系。由于认识到任何行为都具有一种意义而且依赖于情景的生命含义，生物科学阻止自己把这些行为看作是一些自在事物(它们一些部分外在于另一些部分地存在于神经系统之内或身体之内)，它在这些行为中看出了向一个内在于它们的环境扩散的各种肉身化的辩证法。我们已经说得很多了，不存在重新回到任何一种形式的活力论或万物有灵论的问题，而只需认识到：如果意识没有在生物学的对象中发现意义的各种统一体、看到意义的展开，那么这种对象就是难以想象的。"自然的精神是一种隐匿起来的精神，它不以精神本身的形式呈现出来；它只对认识它的精神来说才是精神：它是自在的精神，而非自为的精神。"①实际上，我们已经引入了意识，我们在生命的名义下指明的东西就是生命意识。黑格尔说："概念不过是自然的内在方面"，②如果没有把一个身势从各种运动的总和中区别开来的这种内在的意义统一体，活的身体之自然在我们看来早就是难以想象的了。因此，当某一广延片断通过它的运动安排、通过它的每一运动对所有其他运动的暗示而返回到它自身，开始表达某东西，开始把其内在存在向外显示出来时，生命现象就出现了。如果我们现在继续那种总是从"局外旁观者"的视点出发的描述，而且如果我

① 黑格尔：《逻辑学》，拉松编，第113页。——参见伊波利特(Hyppolite)：《耶拿时期的黑格尔哲学中的生命与生命意识的觉醒》，"形而上学与伦理学杂志"，1938年1月，第47页。

② 转引自伊波利特的没有注明出处的引文，同上注。

们考虑的是人类秩序，那么，我们最初看到的不过是各种新结构的产生。如果生命是某一“内在”在某一“外在”中的显现，那么意识最初不过是某种的确不能被还原为先前的那些环境的新“环境”在世界中的投射，而人类不过是一种新的动物种类。尤其是，应该轮到知觉被纳入作用与反作用的辩证法中了。当一个物理系统相对于环境中的某些给定的力量获得平衡时，当动物机体根据其需要和本能的单调的先天性为自己安排一个稳定的环境时，人的劳动就开启了某种第三辩证法，因为它在人和物理—化学刺激之间筹划了一些“使用对象”(Gebrauchsobjekte)[①]——衣服、桌子、花园，一些“文化对象”[②]——书、乐器、语言，它们构成了人类特有的环境并使各种新的行为圈涌现出来。我们已经看到，把“生命状况—本能反应”这一对子还原为“刺激—反射”这一对子是不可能的，同样，我们无疑也应该认识到“被知觉情景—劳动”这一对子的独创性。

为了不再像当代大多数心理学家那样谈论活动，我们选择黑格尔式的“劳动”这一术语，它指称的是人类借以改造物理和生命的自然的各种活动的整体。因为，就算没有比把意识与活动联系在一起再寻常不过的事了，我们还是很少理解人类活动及其原初意义和具体内容。在物理力量不是透过身体在身体中引发一些自动反应，而是在某个“不确定的中心”里面、也就是说在某种能够产生它自己的活动的存在里面被减弱的那一环节，《物质与记忆》中

① 参看胡塞尔：《纯粹现象学与现象学哲学的观念》中的某些内容。

② 参看胡塞尔的《笛卡尔式的沉思》中的某些内容。

的纯粹形象也就同时成了意识;而我们的知觉也会因此隐约地标出我们可能的活动区域。但柏格森所思考的活动始终是生命活动,是机体借以维持其生存的活动。在人类的劳动行为中,在对器具的灵巧制造中,柏格森看到的只不过是达到本能方面也在追求的那些目标的另一种方式。这两种情形是“对同一个问题的两种同样精致的解决”。[①] 除了生物活动,剩下的就只有某种不以任何确定的对象为目标的神秘活动。那些严格意义上的人类行为,如言谈行为、劳动行为、穿衣行为,并不具有固定的意义;我们只有参照各种生命意向才能够理解它们:服装是一种人造毛发,乐器代替了喉舌,语言是适应“无机的实在物”的一种手段。还有许许多多。尽管我们在柏格森关于各种“运动旋律”的观念中可以找到他对活跃的意识、对内在的统一和对身姿的意义的具体描述,他有时也会重新回到一种作为纯粹运动的活动观念中去。习惯最终不过是“某一精神活动的固化的残余”,活跃的身势不过是各种思想的某一“主动的伴随物”,而意识的各种实践意向被还原为对各种“初始动作”的意识。同样,雅内的“实在功能”(fonction du réel)归根结底乃是对于我们肢体的某些移动的意识[②],因为,按该作者的说法,控制着这些肢体的“意向系统”只是一个表象性的假设。[③] 另外,如果我们在意识中实现了这一系统,那么这些自然力量与思维主体的关系就几乎是难以想象的。然而,哲学接受了心理学家们所使用的这样一种作为纯粹运动的活动观念。“根据反省分析,单

① 柏格森:《创造进化论》。

② 比如参看雅内(Janet):《从焦虑到出神》,卷二。

③ 雅内:《心理紧张及其波动》,见迪马编:《心理学专论》,第一卷。

纯心理上的东西、知觉的不能被还原的特殊要素,乃是在严格意义上赋予给实存的断定,乃是判断:这是(Cela est)。就其自身来考虑,这样一种判断无疑并不包含对于任意一种内容的任何规定。当我们在黑夜中相信自己瞥见了闪光,或听到了嘈杂声,却又不能完全确定时,对于记忆和理智相继为我们提供的东西的批判性排除,就把经验事实的初始意识还原成了我们所体验过的这种瞬间的恐惧、短暂的刺痛。这种判断自身绝没有提供其对象的规定性,并不伴随有任何当下的直观;与此同时,它是标志出与实在的关联点的东西,是经验中的不可还原的东西,如果没有它,我们的思想就会脱离存在。这就是当代的心理学家们在把心理生命的平衡与'我们拥有的对当下实在的感受'、与'实在功能'联系在一起的时候,他们已经证明了的它的首要意义。"[①]我们因此可以说,心理学和哲学都力求达到一种现实意识(conscience actuelle)观念,它们需要用它来说明知觉中所特有的东西,说明知觉在我们身上或者我们之外所揭示出的个体存在。但是哲学并不拥有使两者彼此间能够内在沟通的一种意识观念和一种行动观念。不管意识是持续的绵延,还是各种判断的中心,在这两种情形中,这一纯粹的活动都是没有结构、没有本质的。相应地,知觉和行动,按它们所具有的特性来理解,也即作为对某一实在的认识和变形,必然处于为意识所拒斥的情形中。我们承认,使意识"扎根"在存在之中乃是它们特有的功能。但在同时,我们拒绝给予实存判断以内容的规定性。因此,在实存者(ce qui existe)与这一实存的事实之间,在内

① 布伦茨威格:《人类经验与物理因果性》,第466—467页。

容意识与使这些内容根植于存在中的活动意识之间，其关系必定停留为外在的。归根结底，意识是由拥有一个思维对象或者由对自身透明而获得界定的，而活动是通过一系列彼此外在的事件得到界定的。人们已经把它们并置在一起，但还没有把它们关联起来。柏格森自己指出，描述知觉的经验起源的心理学具有抽象的特征：知觉的功能似乎一开始就是沉思，人的原始姿态似乎是一种戏剧姿态。但柏格森没有把这一观念贯彻到底。为了完全公正地对待意识，首先应当停止用自我认识来定义它[①]，应当引进意识生命的观念(该观念超出了意识对它自身的确切认识这一范围)。但还需要某种不止于此的东西：不是听任这一意识生命处于不确定状态，不是局限于这种“一般而言的具体”[②]——仿佛不摆脱全部的确定形式，意识就不能够超越那些本能的旋律似的——，而是描述意识参与的活动、参与的认识的种种结构。我们由此明白了，在柏格森那里，知觉心理学并不因为他使它接近于活动这一事实而从根本上被改变。因为活动仍然是在生命活动这一狭义上被理解的，因为生命活动的目标是让我们适应“无机的实在物”，所以，问题始终就在于理解：各种自然对象对于我们而言是如何构成的；我们不会问：人类的活动与知觉首先针对的是否就是这种类型的对象。我们已经充分表明，动物知觉只对本能已经预先规定了其形式的那些具体的刺激整体敏感；我们已经充分地谈论过一种实际经验的抽象：它把与动物的本能结构不一致的东西完完全全地排

① 波利策(Politzer)：《心理学基础批判》，第 212 页。

② 弗朗索瓦·阿鲁埃(Arouet，波利策的笔名)：《柏格森主义：一场哲学检阅的结束》，“评论杂志”(巴黎，王子先生路 47 号)，1929 年。

除在它的感觉场之外。[1] 但是,我们并不打算以同样的方式把人的知觉内容与人的活动结构关联起来。我们确实谈到,我们的"各种需要"、我们的"各种意向"及由它们引导的注意,在可能的感觉场中勾勒出了我们的实际知觉的各种对象之轮廓。但是,我们通常暗示的是注意从其中进行选择的一组性质——颜色,重量,味道;而且,我们正是从各种前意识感觉的这一镶嵌出发,寻求重返儿童知觉或原初知觉的实际内容。这一分析遵循着我们在反射理论中遇到过的那些相同的假设:我们试图使某一确定的意识内容对应于每一部位刺激(比如说光线的某种振动),完全就像反射理论试图把本能活动分解为一些基本反应的总和一样(其中的每一个基本反应都对应着一个基本的刺激)。我们已经看到,正像本能活动根据机体自身所赋予的某些结构而展开一样,我们也可以证明,感觉甚至不能被理想地假定处在各种原初知觉的具体统一体后面。但自此以后,各种需要、各种意向以及各种自发的注意行为,简言之,各种力量(它们同样也是前意识的,我们不得不引进它们,以便从某些纯粹性质出发来重建原初的混沌思维),反过来作为一些构造假设、作为只是由于感觉的神话才变得不可或缺的各种"官能"出现。它们是我们形成的一些抽象观念,为的是说明完全约定性的原则知觉和我们的事实知觉之间的差异。两种抽象合在一起并不会构成一种具体的描述。并非一方面存在着这些无人格的力量,另一方面又存在着它们要转化的各种感觉的镶嵌,而是存在着某些富有旋律的统一体,某些具有意义的整体(它们以某种不可分割的方式被经验为行动的中心和认识的核心)。原初的认

① "吸引植食动物的乃是一般而言的草地。"《物质与记忆》。

识并不是某一能量活动的过程的结果（在这一过程中，各种意向、各种需要将会释放到各种纯粹性质的镶嵌上去，并且向不偏不倚的思维主体发出它将会温顺地执行的命令）。知觉是某一具体主体的生命辩证法的一个环节，而参与到了这一辩证法的整体结构之中；相应地，它不是把“无机的实在物”而是把其他人类主体的各种活动作为它的原始对象。

由于没有对实际意识形成一种充分的概念，人们转而任意地构造知觉，而不考虑它的各种描述性的特征。相反，我们试图从这些特征出发，试图指出它们如何促使我们去设想意识的结构。①

① 人们通常都说，心理学对此无能为力，因为它不关注那些经验对象（比如说空间或他人），而只关注那些内容（视感觉，触感觉，等等）——经验对象正是透过这些内容才被给予我们的。意识活动不可能通过考察这些偶然的物质及其在时间中的起源被认识，而只能通过对对象结构的反思才能被认识。实际上，正是这种对结构和内容、心理的发生和先验的发生进行的区分才是问题之所在。先天性不是天赋性或原始性。尽管所有的知识都开始于经验，但它在经验中揭示出了并不来自于经验的某些规律和某种必然性。但心理学本身已经懂得不是把天赋性界定为与生俱来的东西，而是界定为主体从其自身的内在深处抽引出来并向外投射的东西（例如，参见纪尧姆《心理学专论》的论本能的那一章，巴黎，Alcan 出版社，1931 年）。但是，如果先验的发生确实给我们提供了经验对象在其间相互依靠的秩序的话，心理的发生和它如何能区别开来？比如说，如果对他人的知觉在其构成中依赖于对宇宙的认识，那么前者从时间上来说不可能先于后者。把封存在他人经验中的东西开展出来的一门完备的心理学，一定会在那里发现对于自然（Nature）和宇宙的某种指涉。如果心理学至少不再作为各种“心理事件”的一种盲目标记以便成为对它们的意义的描述，那么心理分析和先验分析的任务因此也没有什么区别。真实的情况是，心理学从来就没有把它对经验的说明推到尽头，因为它把那些认为自然的态度包含了全部沉淀的、变得模糊的知识的观念看作是不言而喻的。举例来说，心理学可靠地确立起了他人知觉相对于自然科学所理解的对象知觉在年代上的优先性和先验的优先性。但因为心理学也在自然科学的意义上来理解自然一词，它也没有能够感知这种原初的自然，这一他人行为在其间得以显现的前客观的感觉场——根据其含义，它先于对他人的知觉，也先于各门学科所研究的自然，而且先验反思将会发现这一点。因此，从严格意义上来理解心理学能够说出的那些东西，它所说的亦是不完备的，但并非是错误的，心理的发生提出了先验问题。这就是我们在这里所要承认的一切。更为完备的说明应该留给另一部作品去作。

初始知觉(la perception commencante)具有双面特性：它以人类的各种意向而不是各种自然物体及其支撑的那些纯粹性质(热，冷，白，黑)为目标；把它们领会为各种经验到的实在而不是真实的对象。有关自然物体及其性质的表象、真理的意识都隶属于一种高级的辩证法，我们应当使它们在我们此刻正试图描述的意识的原始生命中呈现出来。儿童的知觉首先迷恋于各种面孔和身势，尤其是他母亲的面孔和身势，这乃是一个众所周知的事实[①]。只要我们保留关于感觉的假设，下述事实或许就显得毫无意义：儿童的各种倾向和情感从感觉的镶嵌中勾勒出面孔的轮廓，从面孔中显现出表情，以至于到最后，各种感觉几乎变成为某一表情的一些有意识的符号。但我们已经看到，关于感觉的假设并不是可以获得辩解的。由此可以推出，即使像人们所说的“构成”面孔的那些颜色和线条没有被呈现给意识或者没有在无意识中被给出，我们还是能够知觉到一个微笑，甚或知觉到这个微笑中的感情。因此，应当按字面意思来理解这个经常被注意到的事实：我们不用知道眼睛或头发的颜色、嘴巴或面孔的形状，就能很好地认识一个人的面部表情。这些所谓的要素只是通过它们为面部表情作出的贡献才能被表呈出来，正是从面部表情出发，它们才在记忆中被费力地重构出来。按塞尚(Cézanne)的说法，正是画家们——某些画家们——教会我们，把面孔当作一些石头来注视。人性的含义在所谓的感性符号之前就被给予了。面孔是人的表情的一个中心，是

① 参见希茵(Shinn)小姐：《儿童成长笔记》，加利福尼亚大学，《论文系列》，卷一，第1—4页，1893—1899年。

他人的姿态和欲望的透明包装，是显圣之处，是各种各样的意向的几乎非物性的支撑点。这就是我们不可能把一张脸、甚或一个已经死亡的身体当作一个物体对待的原因。它们是神圣的实体，而不是“视觉与料”。有人或许想说，在人的身体之后，正是人所创造的那些使用物品组成了初始知觉场。事实上，它们的优势地位在成年人那里才是令人震惊的。通常的实在在成年人那里都属于人类实在；当一些带着人类标志被置于某些自然事物之中的使用物品（如一只手套，一只鞋）第一次被当作物注视时，当透过用来隔绝外界喧哗的窗格子看到的那些街上的事情（如聚集的人群，意外事故）被还原为纯粹场景状态、被赋予一种永恒性时，我们产生的是进入另一个世界，进入一个超现实的印象；[①]这是因为，那种把我们与人类世界捆在一起的约束第一次被打破了，因为一个自在的自然被允许显现出来。在这里，还是不应该由此从原始知觉中辨识出一种在许多成年人看起来荒诞的审美的知觉模式。然而，应该注意到：儿童并没有意识到多数物品的用途，甚至当他看到它们被使用时也是如此；当我们不知道事物有何用途时，我们也能够回想到它们所具有的令人赞叹的外观；儿童一定看到了许多使用物品，却没有把它们与它们是其实际支撑点的人类活动联系起来。但即使这样，也可以在儿童那里毫无疑问地假定由“视觉”、“触觉”和“听觉”属性的整体所界定的对象的知觉。这就忘记了语言在被知觉世界的构造中所起的作用。我们就儿童知觉及其缺陷所知道的一切使我们可以这样认为：在儿童的心里，一个语词的意义并不

① 我们知道超现实主义诗歌已经利用过这些主题。

是通过比较它依次指称的那些对象来确定的，而是通过印证它相继所属的逻辑语境来确定的。不是因为两个物品彼此相似，所以才用同一个语词来指称它们；相反，因为它们被同一个语词指称并因此参与到了某一相同的言语和情感范畴中，它们才被知觉为是相似的。这样，甚至当初始知觉针对的是某些自然对象时，它仍然是透过某些使用物品、某些语词才指向它们的。自然最初或许只能被理解为表演一出人类戏剧所必需的最低限度的编导。如果不是在严格的意义上理解的话，这一说法并不新奇。人们很久以来就在谈论儿童的“万物有灵论”。但是，在它诉诸于一种解释的范围内，这一表达似乎并不确切——借助这种解释，儿童把不同于质性材料(des données qualitatives)的某种含义赋予给这些材料，构造一些灵魂来说明事物。真实的情况是，并不存在这样那样的事物，而只有各种各样的面貌；同样，在成年人那里，麦司卡林中毒会导致对象中出现各种动物外形，无需借助任何虚幻的想象就能使一座钟变成一只猫头鹰。[①] 戈雅(Goya)说过：“在自然中，颜色也和线条一样缺乏。”[②]但最终说来，如果在儿童那里不存在不具有一种面貌的线条，那么，这种面貌仍然必须在最低程度的质料中呈现出来。这种感性载体的外观会是什么呢？在这里，正是“形式”的观念使我们可以继续这一分析。形式是一种可见的、有声的、甚或先于感觉区分的轮廓，在这里，每一要素的感觉值都由它在整体中的功能来决定，并随整体一道变化。在同一色点中，颜色知觉的

① 萨特的没有发表过的评论。

② 转引自多斯(Eugenio d'Ors)没有注明出处的引文，参见《戈雅的艺术》，第54页。

阈限依据该色点被知觉为“图形”还是“背景”而不同。[①] 这同一个形式观念使我们能够描述知觉的原始对象的实存模式。我们要说，与其说它们被认作是一些真实的对象，不如说被体验为一些实在。成人意识的某些状态使我们可以理解这种区分。对活动中的球员来说，足球场并不是一个“对象”，即不是一个能产生无定限数量的视点、并在其各种明显变化下面仍然保持不变的理想的界限。球场遍布着各种力线（如“边线"，那些限定“罚球区”的线），由众多区域关联而成（如竞争双方之间的那些“漏洞”）：这些区域要求特定的活动方式，它们似乎在球员不知情的情况下推动和引导着这种活动。场地对于球员来说并不是给定的，而只是呈现为他的各种实践意向的内在界线；球员与球场融为一体，比如他感受“目标”的方位，就如同感受他自己的身体的垂直位与水平位一样直接。说意识寓居于这个环境中是不够的。此时此刻，意识除了是环境与活动的辩证法外不会是别的什么。球员做出的每一动作都改变着场地的外观，并力图在这里建立起新的力线——活动反过来也在重新改变现象场的同时得以展开、获得实现。

但是，有人也许要说，这些特征并没有提出任何特别的问题。如果说知觉首先是对于人类活动或者使用物品的知觉，这只需要通过人和使用物品在儿童环境中的实际呈现就可以获得说明。如果说知觉只有通过语词才能到达对象，这乃是作为一种社会现象的语言的效应。如果说知觉把社会框架移入到了自然认识本身之

① 比如可以参见考夫卡：《知觉：格式塔理论导论》，参见“心理学通报”，第十九卷，1922 年。

中，这只不过是一种更加有利于知识社会学的试验。如果说知觉最终向某种唤起我们的行动的实在而不是某种真理、某种认识对象开放，这源自于它的运动伴随物在意识中的回应。换言之，我们应该阐明知觉的各种社会的和生理的决定因素，我们应该描述的不是意识的原初形式，而是它的各种社会的或运动觉的经验内容。只有通过身体的实存或通过融入到某一社会中，意识才会必须接受这些内容，它们并不会迫使我们改变我们就意识自身的结构所形成的观念。相反地我们打算证明：初始意识的描述性方面要求重塑一种意识观念。在儿童的环境中，其他的人类存在者和使用物品、文化物品在事实上的简单呈现，并不能够像一个原因说明其结果那样说明原始知觉的各种形式。意识不能比之为某种通过社会的或生理的因果作用而从外部获得其优势结构的可塑性物质。如果这些结构在儿童的意识中不是以某种方式被预先构成的，那么，使用物品或"他者"只有通过各种感觉结构——对它们的某种渐进的解释很晚才摆脱了人性意义——才能在意识中得到表达。如果语言在打算说话的儿童那里没有遇到某种言语行为天赋，它对于他来说就会长期停留为其他声音现象中的一种，它就没有能力超越儿童意识所拥有的那些感觉的镶嵌，我们就不能理解心理学家们一致承认的它在被知觉世界的构造中所起的引导作用。[①]换言之，如果说人类世界一开始就能在儿童意识中获得一种占优势的重要性，这不可能是因为它围绕儿童而存在，而是因为看到人

① 尤其参见卡西尔(Cassirer)：《语言与对象世界的构造》，"正常与病理心理学杂志"，1934 年 1 月卷。

们使用人类物品并且开始自己去使用它们的儿童的意识，从一开始就能在这些行动和这些物品中发现它们作为其明显见证的意向。使用一件人类物品，或多或少始终都是认同产生出该物品的劳动的意义并为了自己而恢复之。问题不在于维护有关这些基本的行为结构的天赋性的荒谬论题。天赋观念论(innéisme)不仅与各种事实不大相符——环境对精神的形成的影响是相当明显的，而且很清楚的是，一个从来没有看到过衣服的儿童不会有穿衣行为，如果他是绝对孤单的，他也不会谈论别人或者向别人作自我介绍——但天赋观念论把困难撇在一边：它只是局限于把经验论从外在经验中获得的那些内容转移到意识(简言之，即内在经验)"之内"。儿童在任何逻辑构造之前就已经理解了身体和使用物品的人类意义，或者语言的含义价值，因为他自身就已经开始了把它们的意义赋予给语词和身姿的活动。显而易见，这并不是一种解决：我们已经看到，儿童能够理解那些他从来没有机会表达的姿态；我们尤其不能明白，为什么当这些姿态以天赋的组合形式在他身上实现，在内在场面中被提供给他时，比起它们在外在场面中被提供给他时获得了更为直接的理解。不管儿童是否注视这些姿态的视觉外表，是否能够在他自己的身体中捕捉到它们的动态实现，问题仍然在于：一种不可还原的意义统一是如何透过这些质料而获得理解的。因而，在天赋性与习得性之间的人为对立之外，关键的是在经验环节本身之中——不管这种经验是早熟还是晚熟的，是内在的还是外在的，是运动的还是感觉的——去描述某一不可分解的意义的涌现。精致的或者粗俗的语言，一张脸的或者一件使用物品的外观，对一个儿童来说，一开始就必定是来自他人的某一意义意向的有声的、运动的或者视觉的外壳。精致语言的构造和意义在开始时或许非常贫乏，首先被理解的将是声音的曲折变化，是语调而非语言质料。[①] 但是，从一开始，声音现象——不管是我说话还是另一个人说话——就被纳入到了表达—被表达结构之中，面孔——不管是我所摸到的我自己的面孔还是我所看到的另一个人的面孔——则被纳入到了他—我的结构中。换言之，自从我们把初始意识作为分析的对象开始，我们就已经觉察到不可能把先天形式与经验内容这一著名的区分运用到它身上。[②] 回到这种区分的无可置疑的含义上去，先天指的是不能一部分一部分地被构想，而应当一下子就被把握为某一不可分解的本质的东西；相反，后天指的是可以在思维面前一点一滴地、通过组合各外在部分而被构造起来的东西。康德主义的实质就是只承认两种类型的经验（关于外部对象世界的经验和关于内在感觉状态的经验）拥有先天的结构，并且把所有其他可以列举的经验（如语言意识或他人意识）与后天内容的杂多联系在一起。语词因此只不过是一种声音现象，只不过是外在经验的一个环节——某种含义，即某个概念被附属性地添加给它、同它连接在一起。他人只不过是多种多样的外在经验现象（它们可以被归属到我们从内感借用的一个概念之下）的协调。康德通过把联想意识揭示为联想的条件，超越了经验

① 我们知道，一条狗几乎不能区分出人们给予它的一条指令中的语词，它毋宁依从的是语调。

② 对康德来说，质料和形式间的区分显然不是知识的两种实在因素或元素的区分（它们就像两个合力产生了一个结果一样产生了知识）。同样真实的是：自我反思的总体意识发现了各种关系判断和它们所包含的经验要素之间，在空间和充实空间的那些性质之间的区分。这种理想分析乃是批判哲学的构成要素。

论有关状态联想的观念，但这一事实并不妨碍从意义到语词的关系仍然是一种思想上的接近，言谈行为仍然是普通的概念活动（伴随着某种对它而言的偶然的发音机制），最后，他人仍然是我借以协调外在经验的某些方面的一个派生观念。但是，儿童心理学合理地提出了语言意识和他人意识之谜：正如儿童的那些神奇的、万物有灵的信仰所充分表明的，它们是近乎纯粹的、先于听觉现象和视觉现象的现象。因此，言语、他人不能从针对各种感觉现象和“复合与料”(multiple donné) 的系统解释中获得其意义。它们是一些不可分解的结构，在这个意义上，它们是先天的。但是，就涉及到意识的定义而言，由此产生了双重后果。既然在感觉内容和先天结构之间的区分只是一种次要的区分——它在成人意识所认识的自然对象的宇宙中获得了证明，但在儿童意识中是不可能的——既然确实存在着一些“先天质料”(a priori matériel)[①]，那么，我们不得不形成的意识观念就被完全改变了。我们不再可能把意识定义为组织经验的一种普遍功能——它为它的所有对象提供逻辑存在和物理存在的诸条件（而这些条件实为相互关联的对象世界的条件），只应该把它的特殊规定性归因于其内容的杂多性。还存在着某些不能彼此还原的经验区域。在放弃作为所有特殊规定性的源泉的“复合与料”这一观念之后，我们无疑也将不得不放弃作为所有协调的原则的心理活动这一观念。事实上，从拒绝把关系与显现在经验中的那些各不相同的具体结构分离开来的那一刻起，我们就不再有可能把所有的关系都建立在“认识论主

① 舍勒(Scheler)：《伦理学中的形式主义和实质的价值伦理学》。

体”的活动的基础上；在被知觉世界分割为一些不连续的“区域”[①]的同时，意识也分裂为一些不同类型的意识活动[②]。原始知觉可以说受到了人类的在场和一切其他虚无的在场的纠缠，这一事实尤其使我们不得不承认：“他人”，如果说他在成人那里或许可以透过某些“感觉”或“形象”而通达，那么，他也能够借助于一些非常贫乏的表象内容而被认识：因此，对于意识来说，在它自身中必定有许多指向其对象的方式，有多种类型的意向。拥有并深思一个“表象”，协调感觉的某种镶嵌，这都是一些特殊的姿态，它们并不能够说明全部的意识生命，它们大致就像译文符合原文那样符合那些更为原始的意识模式。欲望能与所欲对象关联起来，愿望能与所愿对象关联起来，惧怕能与所惧对象关联起来，无需把这种指涉（即使它始终包含着一种认识的内核）还原为表象与被表象者的关系。各种思维活动不可能独自拥有一种意义，不可能在它们自身中包含对它们所寻求的东西的预见；一定还存在着欲望对所欲对象、意愿对善的某种盲目承认。正是通过这种方式，他人才可以在冗长的解释工作（这种解释从表象世界中推导出他人来）之前，作为儿童的各种欲望和恐惧的中心点而呈现给他；而各种混乱的感觉组合则仍然可以被非常确切地认作人类的某些意向的支撑点。有时会发生这样的情况：进入一个房间，我们在找到混乱印象的原因（比如说，一个画框的位置不对称）之前就觉察到了某种尚未确切定位的混乱。进入一套公寓，我们就会觉察到那些居住于其中

① 参见胡塞尔的《纯粹现象学与现象学哲学的观念》中的某些内容。

② 当然，还需要说明它是如何透过它相继接受的那些结构来认出它自身的。

的人的性格，却无法列举一些明显的细节来确证这一印象，况且这种觉察早在注意到家具的色调之前就发生了。[①] 事先以“潜在内容”或“无意识知识”的形式作出这些证明，这乃是在假定：任何不以表象或内容的形式呈现给意识的东西都不能被意识所认识。我们应当明确表达从这些看法所得出的没有言明的意识概念。我们已经说出的那些足以表明，拥有一个表象或作出一个判断并不是与意识生命同外延的。意识毋宁是由含义意向组成的网络：这些意向时而于它们自身是明晰的，时而又相反地不是被认识到而是被体验到的。这样一个概念使我们能够通过扩大我们关于活动的观念而把它与活动联系起来。除非我们把人类活动所经历的理智分析看作是达到动物性目标的一种更精巧的手段，否则人类活动就不能够被归结为生命活动。但是，从我们自己所持的观点来看，正是目的与手段的这些完全外在的关系变成为不可能的了。只要我们用某些“表象”的拥有来定义意识，这种外在关系就是必然的了，这是因为，活动意识由此必然一方面被还原为对其目标的表象，并最终被还原为保证活动得以执行的身体自动机制的表象。手段与目的的关系在这些情况下只能是外在的。但是，正如我们刚刚谈到过的，如果表象意识只是意识的一种形式，如果后者通过指涉某一对象（不管是所愿对象，所欲对象，所爱对象还是被表象的对象）而获得了更为一般的界定，那么，各种被感觉到的运动将通过某种激活它们的、从它们之中产生某种定向旋律的实践意向而相互联结起来；而且，不再可能把目标和手段作为可分离的要素

① 舍勒：《伦理学中的形式主义和实质的价值伦理学》，第140页。

区分开来，不再可能把人类活动当作由本能来解决的那些问题的另一种解决：如果那些问题是*相同的*，那么它们的解决也会是一致的。关于活动的目的及其手段的分析被关于活动的内在意义及其内在结构的分析所取代。我们由这一新的观点认识到，就算任何活动都使生命的适应成为可能，但生命这个词在动物性和人性中不具有相同的意义，而生命的各种状态是由种类固有的本质来界定的。无疑，衣服和房屋可以帮助我们抵御寒冷，语言有助于集体劳动和分析“无机的实在物”。但穿戴行为可以变成为打扮行为，或者羞耻行为，并因此对本人和对他人表现为一种新的姿态。只有人才明白他们自己是赤裸的。在为自己建的房子里，人可以投射并实现他所喜好的价值。最后，言谈行为表明：人不再直接粘附在环境中，他把它提升到景观的地位，并通过严格意义上的认识从心理上拥有它。[①]

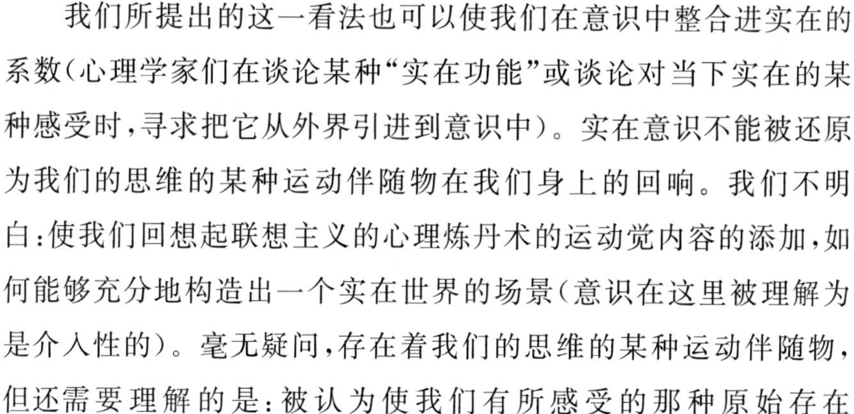

我们所提出的这一看法也可以使我们在意识中整合进实在的系数（心理学家们在谈论某种“实在功能”或谈论对当下实在的某种感受时，寻求把它从外界引进到意识中）。实在意识不能被还原为我们的思维的某种运动伴随物在我们身上的回响。我们不明白：使我们回想起联想主义的心理炼丹术的运动觉内容的添加，如何能够充分地构造出一个实在世界的场景（意识在这里被理解为是介入性的）。毫无疑问，存在着我们的思维的某种运动伴随物，但还需要理解的是：被认为使我们有所感受的那种原始存在

① 在这一意义上，言谈或表达的行为使我们超出了我们迄今为止一直在描述的使用物品的世界。对思想来说，语言既是一种奴役原则，因为它介入到事物与思想之间，又是一种自由原则，因为人们通过给予事物以名称而摆脱了偏见。

(l'existence brute)是如何与被知觉对象联系到一起的;在视觉场景本身中必定有某种东西要求这一转化。实际情况是,各种个体存在在意识中的任何改变都是通过对象的具体外观的某种变形而获得表达的。一个精神分裂症患者说:"请看这些玫瑰,我的妻子应该会觉得它们是美的,但对我来说,它们只是树叶、花瓣、刺和茎的堆积罢了。"[①]这种情况源自于"反射的先天论"或经典理论所谓:"实在功能",前者希望通过把早熟的空间知觉建立在我们形成的定向反射意识基础上来说明该种知觉,而后者从触觉空间出发来形成视觉空间。所有这些构造性的假设都预设了它们想要说明的东西,因为还需要弄明白:意识如何、根据什么标准,比如说在某种视觉材料中辨认出了某种对应的触觉材料或运动材料;这最终暗示了有关空间的某种视觉的、甚至某种感觉间的组织(的存在)。同样,个体存在意识无法获得说明,这是因为,人们想把只是涉及某一思维对象的各种判断与负责把该思维对象改造成实在的某一运动伴随物连接在一起。我们应当在被知觉者的现象方面、在其内在的意义中去寻找存在的迹象,因为正是这才显现为真实的。

但是,这种真实经验的意识并没有穷尽人类的辩证法。用来定义人的东西并不是那种在生物自然之外创造一个经济的、社会的和文化的第二自然的能力,毋宁说是那种超越已经被创造出来的结构以便创造其他结构的能力。这一运动在人的劳动的任何特殊产品中都已经成为可见的。只有当它与有机个体的可能行为相

① 据盖卢瓦(Caillois)提供的报告。转引自华尔:《艺术的理智过程》,参见"新法兰西评论",1936年,第123页。

关联时,一个巢穴才是一个有其意义的对象;如果说一只猴子可以采摘一根树枝用来获取某个目标,这是因为它能赋予一个自然对象以一种功能价值。但是,猴子几乎从来都不能够构造一些仅为制造其他工具作准备的工具;我们已经看到,对猴子来说,当树枝成为一根木棍后,它就取消其作为树枝的存在了,这就是说,它从来都不是作为一种完全意义上的工具而被猴子所拥有。在这两种情形中,动物的活动都显示出其局限:这一活动消失在它所引起的实际转化中;它不能反复进行这些转化。相反,对人来说,那根成了木棍的树枝理所当然地还是一根“成了木棍的树枝”,是具有两种不同功能的、以多种视角“为他”所见的同一“事物”。这种选择和改变视点的能力使人能够不是出于某种实际处境的压力,而是为了一种潜在的用途,尤其是为了制造其他工具而制造出某些工具。因而,人的劳动的意义就在于超越当下的环境,认识到一个对于处在多种视角中的每一个我都为可见的事物世界;就在于拥有某种不确定的空间和时间。我们可以很容易地表明,言谈的意义或者自杀和革命行为的意义都是一样的。[①] 这些属于人类辩证法的行为全都揭示了相同的本质:把自己引导到与可能、与间接相

① 我们经常注意到,革命现象或自杀行为只能在人类中遇到。这是因为,这两者都假定了拒绝给定的环境并超越所有环境来寻求平衡的能力。我们已经滥用了著名的自我保存本能,它很可能只能在那些病态的或疲劳的人身上出现。健康的人总计划着去生存,去获取在这个世界中的或超越这个世界的某些目标,而不是去自我保存。我们已经有机会看到,某些大脑受损伤的人如何通过缩小他们提供给世界的感受表面,去创造一个他们得以保存生命的狭窄的环境。避难所正是这种类型的一个环境。但是,那些过早地想恢复其旧环境的病人们的自杀企图表明:人能够不再是在生物学的实存中、而是在严格意义的人类关系层次上定位他本有的存在。

关，而不是与某一限定的环境相关的能力，我们在上面与戈尔德斯坦一道把它称之为“范畴态度”。人类辩证法因此是暧昧的：它最初通过它使之呈现出来而它又被限制于其中的那些社会的或文化的结构才得以显现出来。但是，如果导致使用物品与文化物品出现的人类活动不同样具有否定它们并超越它们的意义，这些物品就不会成为其所是。相应地，知觉（迄今为止，它已经向我们呈现为意识融入到各种制度的源泉中，融入到各种人类“环境”的狭窄圆圈中）尤其能够借助于艺术而变成为一种“宇宙”知觉。对某一真理的认识被对某一直接实在的体验取而代之。“人是这样一种存在，他有能力把那些对其环境作出抵制和反应的中心提升到对象的状态，……动物在这些对象中体验到的则是恍惚状态。”[1]但是，对宇宙的认识已经预示在实际的知觉中了，正如对全部环境的否定已经包含在创造它们的劳动中了一样。更一般地说，我们不能够完完全全地并置两者——一方面是我们前面已经描述过的处在自在之外的意识生命，另一方面是我们现在正谈到的对自在和宇宙的意识；用黑格尔式术语来说，一是自在意识，一是自在自为意识。知觉问题完全处于这种双重性之中。

在前面的篇幅中，我们已经尝试着描述人类的活动和知觉的降临，表明它们不能被还原为机体与其环境的生命辩证法，即使在受到社会因果性所提供的各种东西的改变时，也是如此。但这不足以把一种描述与那些还原性的说明对立起来，这是因为，那些说明总是可以把人类活动的这些描述性特征作为表面的东西予以否

① 舍勒：《人在宇宙中的地位》，第47—50页。

弃。应该在各种说明理论中阐明因果思维的滥用，同时肯定地表明，这些说明理论正当地依据的那些生理学的和社会学的依存性应当如何被构想。我们在这里既不能够完整地探讨这一点，也不能把它完全放置一边。既然初始意识远远不是一种不带利害关系的认知活动，而是儿童与其环境中的那些兴趣中心的一种情感接触，所以，我们愿意根据弗洛伊德主义的例子，来明确界定严格的人类辩证法与生命辩证法的关系。

我们可能会相信，弗洛伊德自己打算区分这两者，因为他反对那些有关梦的生理学理论，对他来说，它们提供的只是梦的最一般的状况；而他在做梦者的个体生活及其内在逻辑中去寻找梦的解析。但是一个梦的本来意义从来就不是它显现出来的意义。有人已经充分表明，当面临着在被试者对梦所做的第一叙述和由分析所揭示出来的第二叙述之间的对比时，弗洛伊德认为，应该在一个由各种无意识的力和心理存在（它们与审察机制的抗力处于冲突之中）构成的整体中，以潜伏的内容的形式实现第二叙述，梦显现出来的内容来自于这种能量活动。[①] 无须质疑弗洛伊德为性欲的基础结构和各种社会规范规定的角色，我们想要问的是，他所谈到的那些冲突本身，他所描绘的那些心理机制（情结的形成，抑制，倒退，移情，补偿和升华）是否真的需要因果观念系统——他借助这一系统来解释它们，并且把心理分析的那些发现转化为一种关于人的生存的形而上学理论。然而，我们很容易看出，因果思维在这里并不是不可或缺的，我们可以说另一套语言。不应该把发展看

① 波利策：《心理学基础批判》。

作是一种给定的力量固定在某些外在于它的同样给定的物体上，而应该看作是行为的一种渐进的、不连续的构造(structuration，Gestaltung)和重新构造(Neugestaltung)[①]。常规的构造是一种重新组织深度行为的构造，以至于儿童的姿态在一种新的姿态中不再有其位置或意义；它通向的是一种被完美地整合起来的、其每一环节都内在地与整体相关联的行为。我们要说，当整合只是在表面上获得了实现，而且让被代者既拒绝改造又拒绝接受的某些相对孤立的系统在行为中继续存在下去时，就会产生抑制。一种情结乃是这类行为的一部分，是一种刻板的姿态，一种相对于某一刺激范畴而获得的、可以持续的意识结构。如果某一情景不能在初始经验时被控制，而且还产生了伴随着失败的苦恼与混乱，那它就不再能够被直接体验到：被试者只有透过它在创伤经验时已经呈现出来的面貌，才能够知觉到它。在这些情况下，每一新的经验(它实际上并不是一种新的经验)都将重复以前那些经验的结果，而且使它在将来的再现更为可能。因此，情结并不像是在我们内心深处维持其存在、以便不时地在表面上产生出它的效应来的一个事物。就像我们不说某一语言时，关于该语言的知识才是在场的一样，情结唯有如此，才会在它显现出来的那些时刻之外在场。[②] 某些客观刺激已经覆盖上了一种我们无法使它们从中摆脱出来的意义，已经产生了一种刻板而稳定的组合。这些行为结构的这种粘附，这种惰性(此外还有那些结束这种粘附和惰性的行

① 戈尔德斯坦:《机体的构造》，第 213 页及以下。

② 同上书，第 213 页。

动)反过来又提出了一个问题。这就是要理解：某些孤立的辩证法，或改变一下语词的意义，某些具有一种内在逻辑的精神性的自动装置，如何能够在意识流中被构成，如何能够为因果思维、为弗洛伊德的“第三人称说明”[①]提供一种明显的辩护。但是，赋予这些情结以某种适当的实在或效验，仿佛这种孤立的行为片断的存在并不受意识的整体姿态的制约(意识避免思考它，以避免整合它并对它负责)，这并没有解决问题。[②] 为一个梦提供钥匙的童年记忆、为一种姿态提供钥匙的创伤事件，以及分析成功地揭示出来的东西，都不是梦或行为的原因。[③] 它们对于心理分析家来说是理解当下的某一组合或姿态的手段。[④] 在做梦者那里，意识变成了儿童意识，或者在人们谈论情结的那些情形中变成了分裂意识。弗洛伊德在抑制、情结、倒退或抵制的名义下描述的那些事实所要求的，仅仅只是在任何时候都不可能拥有一种独特意义的片断化的意识生命的可能性。这种让某一局部行为表现出自主性外表的衰退，重新回到了那些刻板不变的姿态中，并因此制约着情结的所谓效验，同时又使它成为模棱两可的。灾难性的姿态或者做梦者的姿态没有与那些可以说明其真实意义的历史经历联系起来。被试者因此生活在儿童们的方式中——他们受到被允许或被禁止的直接感受的引导，而不探寻那些禁忌的意义。所谓的情结无意识

① 波利策：《心理学基础批判》。

② 同上书，第 130 页。

③ 同上书，第 145 页。

④ 同上书，第 193 页。

因此被归结为直接意识的两面性。[①] 梦的倒退、在过去中获得的某一情结的效验，最后，被抑制的无意识，表明的不过是向某种组织行为的原始方式回归，从那些最复杂的结构退却，向那些最简易的结构后退。但是，自此以后，弗洛伊德描述过的心理机能，他设想过的那些力量冲突和那些能量机制，只能够代表(而且以一种非常接近的方式代表)某种片断的、也即病理的行为。构造一种关于行为的因果说明的可能性严格地与被试者实现的那些构造的不完备性成比例。弗洛伊德的作品不是一幅有关人类生存的图画，而是一幅有关各种非常频繁地出现的反常现象的图画。除了补偿、升华和移情等机制(它们预设了同样的能量隐喻，因此都是对疾病的解决)之外，人类生存的某种真正的发展和改造也应该是可能的。在升华只不过是某些尚未使用的生物力量的衍生这一范围之内，新活动必须保留那些未被整合的行为的不连贯特性、特有的不稳定性；相反，在升华和移情已经获得成功的那些情形中，正是因为生命能量不再是行为的运动力量，那些未被整合的行为真正地被整合到了一个新的整体中，并且作为生物力量被取消了。因此，有可能也有必要把各种弗洛伊德式机制在其间起作用的那些情形与它们在其间已被超越的那些情形区分开来。存在着这样一些人，他们的全部行为都可以由力比多的历史来说明，他们的全部行为因此只与生物世界相关联。透过他们没有看到的人性世界，他们以各种生命对象为目标，正如其他那些受到恋母情结束缚的人一样，他们想象自己在“娶亲”，而实际上是在寻找一种母性的保

① 戈尔德斯坦:《机体的构造》，第213页。

护；这是因为，成人或男人的重组、新生，在他们那里只是在言语中而非在现实中获得了实现。其他的人，借助严格意义上的升华机制，相信自己超越了生命和社会的辩证法，但只能够从中偏离而已。有这样一种盲目的爱，它固着在偶然碰到的第一个对象上；有这样一种艺术和宗教，其全部真正的意义只在于用一个潜在的世界来补偿现实的失败或者约束；最后，如尼采（Nietzsche）所言，有一种对神圣价值的依附，这只是一种生命萎缩、“生命贫瘠”的形式。这些虚假的解决可以由这一事实认识到：人的存在从来都不与他之所说，所思，甚至所为相一致。就像于连·索雷尔在神学院的那些同伴一样，寻求“从事一些有意义的活动”[①]的虚伪的艺术、虚伪的神圣和虚伪的爱情，提供给人类生命的只是一种借来的意义，只能产生一种想象中的改造、一种在超越的理念中的逃避。最后，还有其他的人，他们能够通过统合，使前面那些不过是意识形态借口的东西进入到他们的生存中，他们乃是真正的人。对他们来说，弗洛伊德的因果说明始终是一些趣闻轶事，它们只能够说明一种真正爱情的最外在的那些方面，正如弗洛伊德自己所说的那样，生理学说明不能穷尽一个梦的内容。精神活动应该有它们的特定意义和它们的内在规律。

但是，无论是相对于生命而言的心理，还是相对于心理而言的精神，都不能被看作是新的实体或世界。每一秩序对更高秩序的关系都是部分对整体的关系。一个正常的人不是一个支撑着某些自主本能的、与某一“心理生命”连接在一起的身体（这种心理生命

① 斯汤达尔（Stendal）：《红与黑》。

被快乐、痛苦、情感、观念联想等一些各具特点的过程所规定，并被某种在这一基础结构之上展示自身活动的精神所超出）。在高级秩序获得实现的范围之内，它的降临把那些低级秩序的自主性予以取消，并产生了为它们构成某种新意义的方式。这就是为什么我们谈到了一种人类秩序而不是一种心理秩序或精神秩序的原因。在心理和肉体之间很常见的区分只是在病理学中有其地位，但却无助于对正常的人，即整体的人的认识。这是因为，在正常人那里，肉体过程并不孤立地展开，而是被纳入到了一个更加广泛的活动圈中。这里并没有涉及两种彼此外在的事实秩序，而是两种类型的关系（其中派生的关系整合了原初的关系）。当我们一个部分接一个部分、一个瞬间接一个瞬间地审视身体时，在我们称作心理生命的东西和我们称作身体现象的东西之间的对比是显而易见的。但是，我们已看到，生物学已经涉及到了现象身体，即涉及到了各种生命活动的核心（这些生命活动向某一时间片断延伸，对某些具体的刺激整体作出反应，并且使整个机体协同作用）。这些行为样式在人那里甚至不能按这样一些方式维持下去。当它们被重组到某些新的整体中时，这些生命行为就消失了。比如说，这就是性生活在动物那里的周期性和单调性、在人那里的持续性和多样性所意指的东西。我们因此不能一般地谈论身体和生命，而只能够谈论动物身体和动物生命，人的身体和人的生命；在正常人那里，只要我们不让身体摆脱身体所支撑的行为的空间—时间圈，身体也就不会与心理分开来。同样的看法对于精神概念这一主题也是可能的。我们并不捍卫把精神与生命或精神与心理区分为两种

“存在能力”[①]的唯灵论。这里涉及到的是一种不能被转化为“实体对立”的“机能对立”[②]。精神并不是为了形成一个人而被添加到生命的或心理的存在之上的某种特殊差异。人不是一种理性动物。理性和精神的出现不会让人身上的自我封闭的本能领域不被触动。那些影响范畴态度的认知障碍通过性冲动的丧失而体现出来。[③] 高级功能的改变能够一直影响到那些所谓的本能的配备，而高级中枢的切除会导致死亡（尽管某些去脑的动物还能勉强存活）。“如果人具有某种动物的感官，他就不会有理性。”[④]人永远都不会成为一只动物：他的生命总是或多或少地比一只动物的生命更为完整。但是，如果说人的那些所谓的本能不能离开精神的辩证法而存在，那么相应地，这种精神辩证法也不能够在它得以实现的具体情景之外被设想。我们并不是与孤立的精神打交道。精神什么都不是，或者说它是对人的一种真实的而非想象的改造。这是因为，精神不是一种新的存在类型，而是一种新的统一形式，它不能取决于它自身。

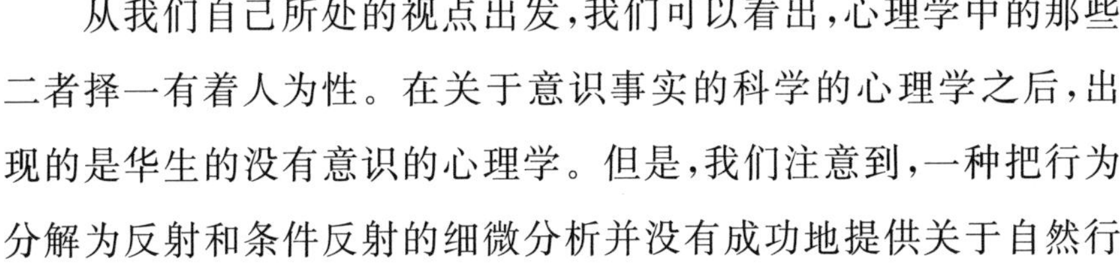

从我们自己所处的视点出发，我们可以看出，心理学中的那些二者择一有着人为性。在关于意识事实的科学的心理学之后，出现的是华生的没有意识的心理学。但是，我们注意到，一种把行为分解为反射和条件反射的细微分析并没有成功地提供关于自然行

① 戈尔德斯坦：《机体的构造》，第 300 页。

② 卡西尔：《现代哲学中的精神和生命》，“新评论”，第四十一卷，第 244 页及以下。

③ 戈尔德斯坦：《机体的构造》，第 301 页。

④ 赫尔德（Herder），转引自戈尔德斯坦：《机体的构造》，第 301 页。

为的规律。因此,有人说,除了刺激外,还必须把赋予刺激一种价值和意义的那些"限定因素"和"函数变量"[①]作为行为的条件引入。但是,不管是在托尔曼那里,还是在他的批评者那里,那些限定因素的哲学地位从来都没有被正确地思考过:人们把它们类比为物理学所要排除的现象中的想象成分;人们还补充说,作为像速度、效率和能量一样的抽象物,它们不应该被认为比速度之类更易实现。但是,当科学的这些想象的变量对于科学而言就是实在本身时,心理学家们却保留了原因与条件之间的实在论区分:"唯有那些刺激和反应才是实在,行为的那些限定因素,也即各种心理现象,只不过是某些行为特征或者说行为特征与行为阶段之间的某些关系。"[②]因此,"意向性的行为主义"[③](Behaviorisme intentionnel)仍然是"唯物主义的",它并且只是想让人们承认对行为进行某种描述的权利——这一描述不再把行为分解为原子,不再把它还原为一些生物要素,"在它的统一性和独创性"[④]中来考虑它。但是,要么这一描述所引入的那些限定因素承认某些等价的肉体因素,因而人们所谈到的描述就只有一种临时的价值,在人们已经认识到其不完备的生理学行为主义中就没有任何实质性的东西将被改变;要么这些限定因素是不能被还原的,因而,人们说,它们将重新带出目的论来。[⑤] 因此,我们没有能够走出"心灵论者"与"唯物

① 狄尔干:《一种目的论的行为主义》,载"心理学杂志",1935 年 11—12 月卷,第 742 页。

② 同上书。强调系我们所为。

③ 托尔曼的"有目的的行为"。

④ 同上书,第 768 页。

⑤ 同上书,第 768 页及以下。

论者”之间的经典争论。对唯物主义的实在论的否定似乎只是在对心灵主义的实在论有利的情况下才有可能，反之亦然。人们没有看到，从行为在“它的统一”中、在它的人类意义中获得理解这一环节出发，人们探讨的就不再是一种物质性的实在，更不是一种心理的实在，而是既不属于外在世界亦不属于内在生命的一种意义整体或一种结构。我们必须探究的正是这种一般意义上的实在论。

这种模糊性源自于外知觉和内知觉之间的旧有的对比，源自于通常赋予后者的那种优先地位。但是，可以建立起一门绝不依赖于内省(l'introspection)的心理学却是一个事实。通过比较不同的有色刺激在蝴蝶身上引起的反应，一种完全客观的方法可以勾勒出蝴蝶的“颜色”世界的结构——前提是：在面对这样一些给定的刺激的时候，我们只是专注于各种反应的一致或差异，但不把我们对于颜色的实际经验投射到蝴蝶的意识中去。存在着对于作为行为的结构的知觉、理智和情感的某种客观分析和定义[①]，我们在前面的章节中已经尝试过这种类型的描述。这样被理解的心理是可以从外部加以把握的。更有甚者，内省本身也是一种与外部观察同质的认识过程。因为，只要它开始交流，它所给予我们的就不是实际经验本身，而是有关它的一份报告。语言在这份报告中扮演的是一种一劳永逸地获得的一般训练的角色，它与客观方法所运用的情景训练没有实质上的不同。必须说出哪些颜色在他看来

① 参见纪尧姆：《心理学中的客观性》，“心理学杂志”，1932 年 11—12 月卷，第 700 页及以下。

相似的儿童，和通过我们的训练能够把所有同色的筹码放到一个茶碟中的猴子处在相同的情景中。当被试者要求自己解释他的反应时，并没有产生任何的改变，而这就是内省的。当人们问他是否能读出题写在某一画面上的文字或区别出一个图形的那些细节时，他不会去相信某种空泛的“清晰印象”。他将试图去读或描述呈现给他的东西。“只要内省在语言中被表达出来，它就肯定了完全有别于某些内在性质的存在的东西。意识状态是对于一种状态的意识。意识始终是对某物的意识(对……的意识，意识到……)，即总是一种功能意识……这些功能构成为实在的部分。我们对它的意识可能是正确的，也可能是错误的。”[①]因此，外部观察和内省共同指向的对象，乃是透过不同的质料而在两个地方都被通达到的结构或意义。既没有必要否定内省，也没有必要使之成为通达心理事实世界的最有优势的手段。内省是关于行为(行为是唯一的心理“实在”)的结构和内在意义的可能视角之一。

*

*　*

在前面各章中，我们已经考察了行为在物理世界和在一个机体中的诞生，也就是说，我们假装通过反省不能对人有任何的认识，我们只限于发挥隐含在关于人的行为的科学表象中的东西。借助结构或形式这一观念，我们已经觉察到：无论是机械论还是目的论都应该一起被抛弃，“物理”、“生命”和“心理”并不代表三种存

① 参见纪尧姆：《心理学中的客观性》，“心理学杂志”，1932 年 11—12 月卷，第 739 页。

在能力，而是三种辩证法。人身上的物理自然并不从属于一种生命原则，机体并不谋求实现一个观念，心理"在"身体"之中"并不是一种动力原则；我们称之为自然的东西已经是一种自然意识，我们称之为生命的东西已经是一种生命意识，我们称之为心理的东西仍然是意识面前的一种对象。与此同时，确立物理形式、有机形式和"心理"形式的理想性，而且正因为我们要确立这种理想性，我们就不能够简单地重叠这三种秩序；它们之中的每一种都不是新实体，都应该被看作是前一种的"重新开始"和"重新构造"。由此导致这一分析的双重角度：它把高级秩序从低级秩序中解放出来，同时又把它"奠基"于后者之上。这种双重关系仍然是模糊的，它促使我们现在相对于那些经典的解决、尤其是相对于批判唯心论来定位我们的结论。我们起初把意识看作是存在的一个区域，看作是行为的一种特殊类型。经过分析，我们发现，它到处都作为观念的处所被预设，并且到处都作为生存的整合被关联起来。那么，在作为普遍环境的意识与扎根于各种从属的辩证法中的意识之间具有什么样的关系？"局外旁观者"的视点是不是应该为了某种无条件的反省之故，被当作不合法的予以抛弃？

第四章　心身关系及知觉意识问题

我们已经过多地谈到素朴意识是实在论的。或至少应该在这方面把常识的看法、常识用语言报告知觉的方式[①]与知觉经验本身区别开来，即把被谈论的知觉和实际经验到的知觉区别开来。假如我们按照事物在我们不假言辞、不经反思地体验它们时向我们显现的样子回想它们，而且假如我们忠实地描述它们的存在样式，它们就不会让人想到任何的实在论隐喻。如果我坚持直接意识告知我的东西，那么，我在我面前看到且在其上写作的这张办公桌，我置身其中且它的墙壁在感觉场外围绕我合拢的这个房间，花园，道路，城市，最后我的全部空间视域，就不会作为我对于它们的知觉的原因向我呈现：即通过一种传递作用，它们在我这里烙上它们的印迹或者产生它们自己的一种形象。在我看来，我的知觉毋宁就像是一束光，它在事物所在之处揭示事物，并且显示出它们直到那时还潜在的在场。不管是我自己在感知还是我认为某个其他知觉主体在感知，在我看来目光都"投向"对象并且隔着距离抵达它

① 即使语言意识是第一位的（参看本书前面一章），即使从这个方面看，在直接知觉与语言说明之间的这种区别依然是有效的。

们，正如“lumina”的用来表示目光的拉丁用法确切地表达的那样。我无疑知道我对这一办公桌的当前经验是不完全的，它只不过向我显示了其中的某一些外观：不管涉及到颜色、形状还是大小，我完全知道，在另一亮度下，从另一视角看，对于另一个停留点而言，它们会发生变化；“这张办公桌”因此不能被还原为它目前具有的这些规定性。但在直接意识中，我的认识的这一透视特征并不会被理解为是我的认识的一种偶然、是相对于我的身体存在及其特有的视点的一种不完美，而且，借助“诸侧面”[①]进行的认识不会被看作是一下子就捕捉到了对象的各种可能角度之整体的真实知识的降级。透视在我看来并不是事物的主观变形，相反地是它们的属性之一，或许还是它们的本质属性。正是透视性使得被知觉者在自身中拥有一种隐藏起来的、难以穷尽的丰富性，使得被知觉者是一“物”。换言之，当人们谈到认知的透视性时，这一表达是有歧义的。它可能意指唯有对象的透视投影被提供给了原初认识，在这一意义上，它是不准确的，因为，比如说，儿童的最初反应是对对象的距离的适应[②]，这排除了最初没有深度的现象世界的观念。透视性并非一开始就被接受，而是被如此地认识。远非在知觉中引入一种主观性系数，相反地透视性确保了知觉与一个比我们由知觉认识到的世界更丰富的世界，也即一个实在的世界的沟通。我的办公桌的诸侧面并不是作为没有价值的现象，而是作为它的某些“表现”被给予直接认识。因此，虽然素朴意识从来没有把事

---

① 映射（Abschattungen），可参看胡塞尔《观念》的多处地方。

② 参见纪尧姆：《空间知觉问题与儿童心理学》，“心理学杂志”，第21卷，1924年。

物与事物具有的向我们呈现的方式混淆起来(而且正是因为它没有造成这种混淆),它认为它要达到的乃是事物本身,而不是某种内在的副本,某种主观的再现。它并不设想身体或者某些心理“表象”像一道屏障那样隔在它自己与实在之间。按照某种不可分割的方式,被知觉者既被领会为“自在”,即具有一种我永远也不能穷尽地探索的内在性,又被领会为“为我”,即透过它的各种暂时外表而作为化身被给予。不管是在我把目光转向它时会移动的这一金属斑点,还是当我的目光盯牢金属斑点时会从中呈现出来的几何状的、会发亮的这一固体,最后还有我可以就金属斑点形成的透视形象的整体,这些都不是烟灰缸,都不能够穷尽我用来表示它的这个“这”的意义;然而,出现在所有这一切中的正是这只烟灰缸。这里不是进一步分析各“外表”与该“事物”,诸“表现”[①]与通过它们且在它们之外被表现出来的东西之间的关系的地方。但我们已经说出的东西足以证明这一关系是原始的,并且以一种特殊的方式确立了一种实在意识。一只烟灰缸的透视外表并不属于“烟灰缸本身”,就像一个事件并不属于该事件所宣告的另一事件,或者一个符号并不属于该符号所指称的东西一样。不管是“意识状态”的连续性,还是思想的逻辑结构都不能够解释知觉。前者不能,因为它是一种外在关系,而烟灰缸的诸透视外表是相互表象的;后者不能,因为它预设了一个拥有其对象的精神,然而我的意志对于被知觉到的透视性的展开并无直接作用,这些透视的协调一致的多样性是由它本身组织起来的。“立方体”并不是我所看到的那样,因

① 我们尝试着翻译德语的“Erscheinung”(表现)。

为我只能够同时看到它的三个面，但它也不是我借以重新联结诸相继显现(apparences)的一种判断。除非某些孤立的显现首先被给予了，否则判断(也即对于它自身的一种有意识的协调一致)就并非必要的，这与理智论的假说相违背。在理智论中，始终保留着理智论要克服的某种经验论的东西，某种被抑制的经验论的东西。因此，为了公正地对待我们关于事物的直接经验，既必须对立于经验论，坚持这些事物是在它们的感性表现之外的；又必须对立于理智论，坚持它们并不属于判断秩序的那些统一体，而是具体化在它们的显现中。在素朴的经验中，"诸事物"作为透视性的存在是一目了然的：它们无需中间环节地被提供出来，而且只能逐步地、永远不能完全地被揭示，这对于它们来说是根本性的；它们被它们的透视外表中介化，但这并不涉及到一种逻辑中介，因为它把我们引导到它的物质性实在中去；我在某一透视外表中捕捉事物，我知道这只是事物的可能的外表之一，事物本身超越于这一外表。一种向我的认识开放的超越，这就是对素朴意识所指向的事物的定义本身。不管我们发觉思考被如此描述的知觉有多么困难，我们还得适应它，我们就是这样感知的，意识就是这样存在于事物中的。对于知觉而言，没有什么比这种关于世界的观念——即世界通过因果作用在我们身上产生了某些有别于世界的表象的观念——更为奇怪的了。用康德式语言来说，素朴意识的实在论是一种经验的实在论(它深信某种外部经验，它不怀疑我们可以走出"意识状态"并通达坚实的对象)，而不是一种先验的实在论(它在哲学命题中把这些对象设定为某些被独自地给予的"表象"的难以把握的原因)。

身体中介最经常地逃离我：当我目击到使我感兴趣的一些事件时，我从来没有意识到眨眼所加于场景的那些持续顿挫，它们不会出现在我的记忆中。但最终说来，我完全知道我有能力通过闭上眼睛来中断场景，我是通过眼睛这一中介进行观看的。但是，这种知道并不妨碍我相信：当我的目光投向事物时，我看到的是事物本身。这是因为身体自身及其器官始终是我的意向的支撑点和载体，还没有被领会为"生理学的实在"。身体就像那些外在事物一样被呈现给心灵，在这两种情况下涉及的都不是两项之间的一种因果关系。人的统一性还没有断裂，身体还没有被剥去人的谓词，它还没有变成一部机器，心灵还没有以自为存在的名义获得界定。素朴意识没有在心灵中看出身体运动的原因，更没有像把舵手置于他的船中一样把心灵置于身体中。那种思考方式属于哲学，并不包含在直接经验之中。既然身体本身没有被领会为一堆物质性的、惰性的东西，或一种外在工具，而是被领会为我们的活动的活的躯壳(enveloppe vivante)，这些活动的原理就不需要成为一种准物理的力量。我们的意向在运动中找到了它们的自然外表或者说它们的具体化，在这些运动中获得表达，就像事物在它们的透视外表中获得表达一样。于是，就像皮亚杰[①]问到的那些儿童所说，思想或许是"在喉咙里"。这并没有什么矛盾，没有混淆广延和非广延，因为喉咙还不是能够产生语言的声音现象的振动带的整体，因为它始终只是这一定性空间的优势区域(我的意指意向在此表现为言语)。既然心灵始终是与自然共外延的，既然知觉主体没有

① 《儿童对于世界的表象》。

被领会为外部事件之信息在那里间接通达的一个小宇宙，既然他的目光向那些事物本身延伸，那么，作用于事物对他来说就不是走出自我并在广延的一个片断中引起局部的移动，而是在现象场中使意向扩张为一个有意义的身势圈，或者使意向与事物结合在一起（在这些事物中，它经历到了它们通过吸引而引起的那些作用，这是一种可以与不动的第一推动者的吸引相比较的吸引）。你可以这么说，被知觉的事物与知觉，或者说意向与实现意向的身势之间的关系在素朴意识中是一种魔术般的关系：但仍然必须像魔术意识理解它自己那样理解魔术意识，而不是从一些后来的范畴出发来重构它。主体并不生活在由意识状态或者表象构成的世界中（他相信借助于某种奇迹，他能够从这一世界作用于外在事物或者认识它们）。他生活在一个经验的宇宙中，生活在相对于机体、思想和广延的实质性区分而言的中性环境中，生活在与各种存在、各种事物以及他自己的身体的直接交往中。作为他的意向由以扩散的中心之自我，负载这些意向的身体，这些意向所指向的各种存在及各种事物这三者不能被混淆：但它们不过是某一独特的场的三个区域。事物就是事物，也就是说它们超越于我就它们而知道的一切，它们能够为别的知觉主体所通达。但是，它们恰恰就是作为事物被指向的，由此成为包含着它们的真实经验的辩证法的不可或缺的环节。

但在另一方面，尤其是在患病的情况下，意识发现了来自自己身体的抵制。既然眼睛受伤会大大削弱视力，因此我们是通过身体来看的。既然患病足以改变现象世界，因此正是身体构成了我们与事物之间的屏障。为了明白身体具有的颠倒世界的整个场景的这一奇特力量，我们不得不抛弃直接经验给予我们的有关它的形象。现象的身体（以及那些使意识无法与它相区分的人类规定性）将转而成为现象的条件；“实在的身体”将是解剖学或更一般地说是孤立的分析方法让我们认识到的身体，是我们在直接经验中不会对它们形成任何观念的各种器官的集合——这些器官在事物和我们之间插入了它们的机理，它们的未知的力量。人们仍然可以保留素朴意识所喜欢的隐喻，并且承认主体根据他的身体来知觉（就像有色玻璃改变了灯塔所照亮的东西），而无需否认他可以通向各种事物本身或者将它们置于他之外。但身体看起来能够引起某种彻头彻尾的伪知觉。因此，正是某些以身体为其处所的现象构成为知觉的充分必要条件，身体成为从此以后彼此分开的实在世界与知觉之间的必不可少的中介。知觉不再是对某些事物的一种占有（即在这些事物本身所在之处找到它们）；它应当是身体之中的一个内部事件，它产生自这些事物对身体的作用。世界一分为二：既有处于我的身体之外的实在世界，还有为我的、从量上区别于前者的世界。应当将知觉的外部原因与它默想的内在对象分离开来。身体本身变成为一团物质性的东西，主体相应地撤离身体以便在自身中凝思其表象。撇开某一纯粹描述所揭示的、在某一经验的生动统一体中不可分离地联结在一起的三个要素，我们会发现外部事件的三种秩序相互呈现：那些自然事件，机体事件，思想事件相互通过对方而获得说明。知觉产生于某一事物对身体、身体对心灵的作用。我们安置在心外之物函项中的首先是感性事物，被感知者本身，问题于是在于理解实在的一个副本或者仿制品如何在身体中，然后在思想中产生。既然一幅画让我们想到它所代表的东西，人们就以视觉器官的优先例子为依据，提出假定：通过一些刺激心灵去知觉实在事物的“微型画”诸感官接受了那些实在的事物。[①] 在身体中显示事物的感性外表的那些伊壁鸠鲁的“幽灵”，或者那些“意向性种类”、“所有那些通过空气飞来飞去的微小影像”，[②]只不过用因果解释或者实际作用的术语转换了事物向知觉主体的理想在场。我们已经看到，这对于素朴意识来说是显而易见的事情。由于缺乏一种数目上的同一，哲学家寻求在被知觉者和实在者之间维持一种特殊的同一，寻求使被知觉者的那些独特特征从事物自身中涌现，这就是为何知觉被理解为感性事物在我们身上的一种模仿或复制，或者被理解为某种在外部感性事物中仅为潜能的东西在心灵中的实现。

如果这一说明性的神话学所遇到的种种困难只不过源自笛卡尔以来就被抛弃了的一种感性实在论，那么这些困难就不值一提。事实上它们是被运用到知觉中的整个因果说的永久难题。写《屈光学》的笛卡尔抛弃了那些感性事物（等同于被知觉事物）借以把它们的形象印在身体上的传递作用（心灵在身体上发现了这种作用）。在外在于身体的各种事物、各种生理现象与心灵知觉到的东西之间，不需要设定任何相似性，因为光只不过是一种运动。此外，即使被知觉对象与作为知觉的条件的各种身体现象、与它们的各种外部原因相似，人们也始终未能说明知觉：“……虽然这幅画直至进入我们脑袋内部时都始终保留着与它由之而来的那些对象

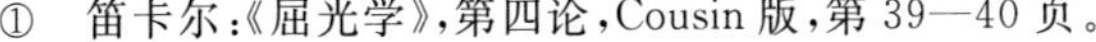

① 笛卡尔：《屈光学》，第四论，Cousin 版，第 39—40 页。

② 同上书，第一论，第 7—8 页。

的某种相似，我们还是不应该相信……这幅画是借助于这一相似才使我们感觉到了这些对象，仿佛在我们的大脑中还有其他眼睛，我们能够借助它们来感受这幅画；相反应该相信，为了使心灵能够产生如此感受，组成这幅画的那些运动（它们直接作用于与我们的身体统一在一起的我们的心灵）自然地被构成了。"[①]外部事物与身体印象不再作为典型原因起作用，它们是心灵感受的偶因(cause occasionnelle)[②]。但并不是所有的困难都被消除了；假如大脑印象不过是知觉的偶因，那么在大脑印象与知觉之间仍然必定存在着一种有规律的对应。我们已经完全摆脱了感性事物在精神中的真实传送这一观念不可避免地造成的那些神话；但我们不得不构造一些生理学方案，它们使我们明白感觉印象在大脑中如何预备变成为我们的知觉的适当契机。因为我们知觉到的只是一个对象（尽管它在我们的视网膜上形成了两个形象），只是来自不同感官的各种与料都分布于其中的一个空间，因此，我们就应该设想一种身体作用，它在对象和感官之间组合了这些多样的要素，并为心灵提供了形成单一知觉的契机。[③] 因此偶因替代典型原因并没有消除把被知觉对象的某种生理表象置于大脑中的必然性。这种必然性内在于一般的实在论态度之中。

这种必然性在科学家们和心理学家们的伪笛卡尔主义(pseu-

① 笛卡尔：《屈光学》，第六论，第 54 页。

② "……这使它的心灵有机会在这些身体上感觉到完全而且多样的性质，它在各种运动中感觉到了这种多样性，它们在大脑中是由这些运动引起的。"同上书，第四论，第 40 页。

③ "论激情"，第 32 和 35 条目——《屈光学》，第四论，第 53 页。

do-cartésinanisme)中可以找到。他们都把知觉及其特定的对象看作是“心理的”或“内在的”现象，是某些生理或心理变量的函数。如果我们把自然理解为由规律连接起来的事件的全体，知觉就是自然的一个部分，被知觉世界就是具有第一性质的实在世界的函数。于是问题就在于在身体中确定知觉的各种适当的条件。就像笛卡尔不得不把身体和知觉的中介保留给作为共同感觉所在地的松果腺[①]一样，生理学家们必须放弃在神经系统外周确定不变的空间或色彩值，并且必须使在知觉中被分布到视觉场的不同点上的那些值，依赖于某些相应的兴奋进入到某些可变的联合环路之中。笛卡尔的松果腺扮演的是当代生理学家的联合区（zone d'association）的角色。一旦人们像实在论希望的那样承认心灵“只能通过大脑的中介才能直接看”，[②]即使这一中介并不是一种传递活动，它也必须在身体中寻找被知觉者的生理等价物。然而在感觉场的不同点上分布它们的空间或色彩值、而且（比如在正常的情况下）使得复视不可能的那种神经机能，如果不诉诸于现象场及其内在平衡法则乃是难以想象的；这乃是一种形式的进程，而其概念归根到底来自于被知觉世界。为了摆脱“通过空气而飞来飞去的种种微小影像”，笛卡尔说是“心灵而不是眼睛在看”。[③] 当代生理学的发展证明，这句话应该严格地被理解并且用来反驳笛卡尔本人。是心灵而不是大脑在看，正是通过被知觉世界及其固有的结构，人们才能够说明在每一特殊情况下为知觉场的某一点规

① 《论激情》，第 34 条目。

② 《屈光学》，第六论，第 64 页。

③ 同上。

定的空间值。现象场的那些协调轴，在各个时刻获得“垂直”与“水平”值的那些方向(“正方向”或“侧方向”)，带有不变标志且现象场的其余部分相对于它们看起来“在运动”的那些整体，被看作为“中性的”并且决定着场的其余部分的表面颜色分布的那些有色刺激，我们的空间和颜色知觉的那些背景，它们并不以结果的名义从种种机械活动的交织中产生出来，它们不是那些物理变量的一个函数。格式塔理论相信：只要人们在物理学中，除了机械活动之外，还认识到了那些结构化过程，因果的甚至物理学的说明就仍然是可能的。但是，我们已经看到，物理定律并不对某些结构提供一种说明，它们代表的是用那些结构进行的某种说明。它们表达那些最不完整的结构，在此函数与变量的各种简单关系可以被确立。它们在当代物理学的“非因果”领域内已经变得不适当了。在机体的机能中，结构化按照新的维度(种类或个体的典型活动)得以构成，而活动和知觉的各种优先形式仍然不大会被作为各个部分的相互作用的最后结果看待。于是现象场的属性在一种并非源自它们的语言中是难以得到表达的。“被知觉事物”的结构因此为这一结论提供了一种新的支撑。透视的各个外表与它们向我们表呈的事物的关系不会被归结为任何一种在自然内部存在的关系：我们已经看到，这既不是结果与原因的关系，也不是函数与相应的变量的关系。实在论的全部困难正好源于它打算将这一原始关系转变成因果作用，并且将知觉塞进自然之中。既然一个“事物”向意识的呈现或展现，不像在素朴经验中那样停留为一种理想的关系，而是被解释为事物对于身体和对于知觉主体的真实作用，那么，以结果的名义重新构造知觉的描述内容、世界的实际场面就变得不可能了。在关于“幽灵”的理论中或者在关于“意向性种类”的理论中，困难是明显的，这是因为，作为事物本身的印移(décalque)，被传递到身体中的这些“微型画”不可能具有我们借以知觉事物的那些可变的透视外表。相反地，在光学和关于光的理论排除了在真实事物和被知觉者之间的相似性观念之后，透视的变化才获得了理解。反过来说，恰恰是那些被知觉事物在它们的可变的透视外表下的恒常性会变成为一个难题。基于各个视点而产生的如此不同的视网膜形象，如何会“给予心灵以手段”从多侧面去知觉同一个事物？应当假定存在着当前大脑印象与先前印象留下的印迹的某种联合。但是，现代生理学刚好禁止假定大脑印迹的堆集、假定那些有别于“知觉中心”的“形象中心”，而我们的知觉的生理学基质被设想为一个不可分解的协调过程，在这一过程中，那些先前兴奋的影响是不能够被单独地确定的。人们最经常是用一种心理过程，用记忆的某种“投射”[①](它会使那些不完全地呈现的与料完整并矫正它们)来寻求说明现象事物的恒常性。在这一心理学说明不过是一种新的因果思维方式的范围内，我们可以像对待任何“说明”一样抛弃它。不管涉及到记忆还是大脑印迹，我们通过心理或生理因果性的实际作用所能够获得的不过是感性与料的真实转换：我们将证明一个客体的“心理形象”为何并不精确地随着其“视网膜形象”的透视变化而发生，当这一客体位于远处时，其现象的大小如何代表了在短距离的视网膜形象的大小和长距离的视网膜形象的大小之间的一种平均值。但是，即使我们能够确定心理形

① 柏格森仍然使用这一语言。

象对于可变的距离保持为恒常的(这是错误的),我们还是没能说明同一事物在各种可变角度中的展示,因为我们完完全全地取消了透视变化,而以恒常的"意识内容"和不变的"心理形象"的惰性取而代之。透过其"各个侧面"而被看到的某一事物的景象、这一原初的结构绝不是可以通过某种真实的生理或心理过程获得说明的任何东西。当我看远处的一个客体时,我不能够凝视到某一确定大小的心理形象,就如同一块玻璃感光片能够接受一种物理形象一样。我在透视外表中并通过它捕捉到了由它中介化了的一个恒常事物。现象对象并未被展现在一个平面上,它包含着两个层次:由诸透视外表构成的层次和它们所呈现的事物的层次。这一理想的指涉,这一含混的组织样式可以被描述和理解,但不能够(比如借助心理—物理学定律)被理解,仿佛"心理形象"是另外一种视网膜形象,其大小可以被测度并与一定的变量联系起来。

但我们到此为止所谈的只不过是一种伪笛卡尔主义。《屈光学》、《论人》与《论激情》将自己立足于完全既定的世界中,在这个世界中勾勒出人的身体并最终引入心灵。这显然不是笛卡尔主义的主要姿态。笛卡尔的最初念头是抛弃哲学实在论引入的超心理的事物,为的是回到对于人的经验的清算和描述,而无须首先假定从外部对它进行说明的任何东西。就知觉而言,笛卡尔主义的根本原创性就在于立足于知觉本身的内部,不把视觉和触觉分析为身体的功能,而是"关于看和触摸的独一无二的思想"[①]。超越使

① 笛卡尔:"对第五组反驳的答辩",见布里杜(Bridoux)编:《笛卡尔作品与书信》,Pléiade 书店,第 376 页。

知觉作为一种自然结果出现的因果说明，笛卡尔寻找知觉的内部结构，说明知觉的意义，清理确保素朴意识通达“事物”、并且（例如在一小块蜡烛中）捕捉到短暂现象之外的坚固存在的各种理由。正像我们通常所说的，如果涉及到感性事物的方法论怀疑区别于怀疑派的怀疑——一种是不包含解决方案的不确定状态，另一种在自身中找到了使怀疑停息的东西——那么在结果中的这种差异应该取决于导向这些结果的活动中的差异。怀疑派的怀疑是难以克服的，因为它不是彻底的：它把对超心理事物的认识预设为理想的极限，正是相对于这一难以触及的实在，梦想和知觉以等值的现象呈现出来。笛卡尔式怀疑必然在自身内包含着解决，这恰恰是因为它没有预设任何东西、任何关于认识的实在论观念，因为通过把注意力从经历着事物的看和触摸引回到“看和触摸的思想”，通过把知觉和一般认识活动的内在意义置于无遮蔽状态，它向思想揭示了不容置疑的意义领域。即使我不能看和触摸到任何在我的思想之外存在的东西，我仍然认为我看见和触摸到了某种东西，并且在作此理解的这一思想的意义上，某些确定性的判断是可能的。我思不仅向我揭示了我的存在的确定性，而且更一般地，通过给予我一种普遍方法向我开启了知识的整个领域的入口：通过反思，在每一领域寻找界定它的纯粹思想；例如，就涉及知觉而言，就是分析知觉的思想与被知觉者的意义——它们内在于对一小块蜡烛的视看中，内在地激活并维持这一视看。我们可以说笛卡尔在此非常接近于把意识理解为焦点的现代观念——在这个焦点中，人们可以谈论的全部对象、指向这些对象的全部心理活动都获得了一种不容置疑的明晰。正是借助于这一观念，康德得以超越怀疑论

和实在论，把外部经验和内部经验的描述性的、不可还原的特征看作是世界的一种充分根据。从这一观点看，知觉不再会呈现为某一外部事物在我们身上作用的结果，身体也不再呈现为这一因果作用的中介；被定义为“关于”事物“的思想”和“关于”身体“的思想”——被定义为含义事物（signification chose）和含义身体（signification corps），外部事物和身体成为不容置疑的，以至于它们在清楚明白的经验中向我们呈现，与此同时，它们丧失了哲学实在论给予它们的种种神秘力量。但笛卡尔没有沿着这条路走到底。对这一小块蜡烛的分析给予我们的不过是事物的本质、不过是梦中对象或被知觉到的对象的可知结构（structure intelligible）。[①] 想象力已经包含了这一分析没有提到的某种东西：它把五边形作为“在场的”给予我们。[②] 在知觉中，对象在未曾被期望的情况下就自我“呈现”。[③] 存在着一种实在的标志，它把被知觉的或被想象的对象与观念区别开来，它在它们中显示出“某种不同于我的精神的东西”[④]，并且不管这一“他者”（autre）是什么。[⑤] 由此，一种感性的在场经验由于一种实在的在场而获得说明：当心灵知觉时，心灵被“刺激”去借助身体事件来思考这种实存着的对象——心灵专

① “……这里涉及的不是通过身体器官的调节而发生的看和触，而是不需要这些器官的独一无二的看和触摸的思想，正像我们在所有晚上的睡梦中所经历的那样。”“对第五组反驳的答辩”，同前一引文。

② 《第六沉思》，第 57—58 页。

③ 同上书，第 59 页。

④ 同上书，第 58 页。

⑤ 同上书，第 63 页。

注于身体事件,后者向它"表象"某一具有真实广延的事件。[①] 身体不再作为它在知性面前所是的东西——广延的一个片断:在其中不存在实在的部分,心灵不会拥有特别的处所[②]——以便像马勒伯朗士(Malebranche)谈到的有广延的立方体的脚那样[③],成为一个实在的个体。在这一名义之下,身体或许是各种知觉的偶因,而且它甚至能够仅仅凭借心灵与之直接相关的那个部分成为这种偶因[④]。我的身体经验作为"我的"经验[⑤]——它使亚里士多德的心灵就像船上舵手[⑥]这一隐喻信誉扫地——反过来由"精神与身体"的实际"混合"而获得说明。由此,我思所揭示的、甚至连知觉似乎都应该被包含在其统一中的意识世界,在严格的意义上,只不过是一个思想世界:它说明了看的思想,但看的事实和实存知识的全体仍然处在这种思想之外。我思在知觉的核心中找到的理智活动并没有穷尽其内容;在知觉向"他者"(autre)开放的范围内,在它是对一种实存的经验的范围内,它隶属于某种"只能被它本身所理解"[⑦]的原初观念,隶属于某种在其间知性的区别被完全取消了的"生命"秩序。[⑧] 笛卡尔因此并不寻求将认识真理与体验实在、

① 《论激情》,第一部分。

② 同上书,第一部分,第 30 条目。

③ "我完全知道一个立方体的脚与所有别的广延具有同样的性质,但使一个立方体的脚成为立方体的脚的东西与其他一切区别开来,这就是它的存在。"见"与梅朗(Mairan)的通信"。

④ 《论激情》,第 31 条目。

⑤ "这一身体,由于某种特别的权利,我称作是我的……",《第六沉思》,第 60 页。

⑥ 同上书,第 64 页。

⑦ "致伊丽莎白的信",1643 年 5 月 21 日,第三卷,第 666 页。

⑧ "尽管人们希望把心灵设想为是物质性的(这乃是严格地设想它与身体的统一)……","致伊丽莎白的信",1643 年 6 月 28 日,第三卷,第 691 页。

将理智与感觉整合在一起[①]。它们不是在心灵中，而是在上帝那里彼此联结起来。但在他之后，这一整合将作为对哲学实在论提出的问题的解决而出现。这一整合实际上同意放弃身体或事物对精神的作用，同意将它们界定为意识的不可置疑的对象，并通过联合先验唯心论和经验实在论（采用康德的用词）而超越了实在论与怀疑论的二者择一。

一种接受批判主义启发的哲学重新恢复了笛卡尔所教导的感性认识的观念。认识某种东西，这不仅仅是处在与料的密集整体的在场中，并且可以说是生活在其中。这种共—生（co-naissance）[②]，这种与某一独特对象的盲目关联，这种对其实存的参与，如果它们并非已经包含着我借以远离事物以便认识事物的意义的

① “对第六组反驳的答辩”在涉及对大小、距离和形状的知觉时谈到了儿童的清楚的推理能力，并就这一主题求助于《屈光学》。但是，《屈光学》的确相对于客体的状况来描述“思想活动”，思想活动只不过是完全单纯的想象，没有在它自身中包含一种推理能力（第六论，Cousin 版，第 62 页）。笛卡尔承认，心灵直接地、无需通过肢体就认识到了对象的状况，这是通过“自然的惯例”认识到的（第六论，第 60 页）——当大脑的一些部分的如此安排得到实现时，它就认为如此状况被“看到”了（同上书，第 63 页）。只是当笛卡尔例如在《沉思》中分析内在知觉时，关于知觉的“自然几何学”（《论人》，Cousin 版，第四卷，第 380 页）才成为心灵本身的一种推理能力，而知觉才成为精神的一种审视。（参见《第六沉思》，第九卷，第 66 页）《屈光学》预告了马勒伯朗士的“自然的判断”，也就是说顺生的思维（pensée naturée）。“心灵绝没有做我归因于它的全部判断：这些自然的判断只不过是一些感觉……”（《真理研究》卷一，第九章）——“上帝为了我们而置自然的判断于我们身上……以至于，如果我们由于神力知道光学和几何学，我们就能够自己形成这些判断。”（同上）知觉暗含的推理能力不是把上帝复原为圣言和观念的处所，而是创造的意志与偶因的立法者。相反地，《沉思》宣告了斯宾诺莎的源生的思维（pensée naturante）。

② 克洛岱尔（Claudel）：《诗歌艺术，论与世界共—生和论自我本身》，巴黎，法国信使报。

相反运动，那么它们在精神的历程中就将一无所是，除了在此留下一种生理疼痛或者一种消逝外，不会留下任何可自由支配的认识与记忆。作为感觉的红和作为“性质”(quale)的红应该被区别开来。性质已经包含了两个环节：红的纯粹印象及其功能，例如它会覆盖一定的空间与时间范围。[①] 认识因此始终是在某一函数中、按照某种关系捕捉某一与料，“因为”它向我指示或呈现这种或那种结构。心理学家们通常说的似乎是：全部问题在于知道被知觉者的这一含义从何处来，他们把它看作是一堆补充的与料，通过把形象投射到原始感觉与料上来说明它。他们没有看到，就被引入的那些形象而言，同样的问题产生了。如果这些形象是先前知觉的简单移印，是一些更不纯粹的“微型画”，一旦它们被某种心理的或者生理的机制引入到精神的注视之下，那么有待于分析的就是对这些新的“东西”产生意识(prise de conscience)。即使某种“动态图式”主宰着对记忆的唤醒，只要我没有在被唤起的记忆中认识到对这一图式的说明，这种追忆就停留为一种第三人称运作。我们并不是通过汇集借自感官的材料和借自回忆的材料来把知觉建构成一座房子；我们并不是通过把知觉放在多个因果系列(各种感觉机制和记忆机制)的汇合中来把它当作一种自然事件予以说明。即便对生理和心理的决定因素的探求使我们可以在它们和被知觉到的场景间建立一种从函数到变量的关系(我们已经看到绝对不存在这种关系)，这一说明能够提供给我们的也不过是场景的各种实存状况；既然这一探求将场景与处于时间和空间中的一些身体

① 胡塞尔：《内在时间意识的现象学讲座》，第5页。

的或心理的事件联系在一起，它也就使这一场景成为一种心理事件。然而这是另一码事。假定我固定地注视我面前的一个对象，心理学家会说，如果外部条件保持不变，关于对象的心理形象也就保持不变。但还应该分析我据以在任一时刻认出这一形象在意义上同于前一时刻的形象的那一活动。心理学家的心理形象是某种东西，有待于理解的是对于这一东西的意识是什么。认识活动不属于事件的序列，它是对于这些(甚至是内在的)事件的把握，它不会混同于它们，它始终是对于心理形象的一种内在的“再创造”，而且，就像康德和柏拉图(Plato)所说的，它是一种确认和承认。能够完成视觉活动的不是眼睛，不是大脑，更不是心理学家的“心理”。这涉及到精神的某种审视，由于这一审视，那些在它们的实在中被经验的事件同时又在其意义中被认识。被知觉的内容由某些自然条件所决定，不管在任何特殊情形中这有多么地明显，至少就知觉的一般结构而言，知觉排除了自然说明而且只承认一种内在分析。由此产生的结果是：认识的各个环节——在这些环节中，我认为通过某事物自身来知觉该事物是确定的——应该被理解为意识的一些派生样式，它们归根结底是建立在某种更为源初的意识样式基础上的。既然我们那些断言的动机只能在它们本来的意义上被寻求，一种实在的东西的经验就不能够通过这一事物对于我的精神的作用而获得说明：对于一个事物而言，作用于某个精神的唯一方式是向它提供一种意义，是向它呈现自己，是借助于它的各种理智联系在它面前构成自己。对认知行为的分析导向这样一种关于构造的或源生的思维(la pensée constituante ou naturante)观念，它内在地成为某些对象的特有结构的基础。为了既突出对象与主体的亲密关系，又突出使这些对象与各种显现(apparences)区分开来的那些牢固结构在它们中的呈现，我们把这些对象称之为“现象”(phénomènes)，而哲学在把自己限定于这一主题的范围之内，变成为一种现象学，即对意识作为世界之中心(milieu)的清点。

哲学于是回到了素朴意识的明证性。先验唯心主义通过使主体和客体成为不可分割的相关项保证了知觉经验的有效性。在知觉经验中，世界作为化身出现，然而又不同于主体。如果认识不向主体表呈一幅静止的图画，而是对于这幅图画的意义的领会，那么客观世界和主观显现的区别就不再是两类存在的区别，而是两种含义的区别，在这一名义下，认识是无可指责的。我在知觉中通达的是事物本身，因为人们能够思考的全部东西是“事物的含义”，因为人们恰恰将知觉称作是这一含义借以向我揭示出来的活动。不是应该向柏格森而是应该向康德追溯这一思想：对于O点的知觉属于O点。[①] 这种思想直接产生自作为普遍生命的意识之观念，在这种普遍生命中关于对象的全部断言都找到了动机。

身体成为那些在意识面前被构成的对象之一，它被整合在客观世界之中。既然整个自然只是作为源生认识的相关项才是可以被思考的，把认识作为一种自然事实对待就不再有任何问题。意识自身无疑认识到，是某些自然法则依据身体和身体现象的状况，决定着它的那些知觉事件的秩序。在这一意义上，意识作为世界的一部分而呈现，因为它可能被嵌入到那些构成世界的关系之中。意识似乎包含了两个方面：一方面，它是世界的中心，为所有关于

① M. 华尔似乎在此看出了当代哲学的一种发现。(参见《通向具体》之序言。)

世界的断言所预设，另一方面它又受到世界的制约。批判哲学的首要环节因此是区分不可能从任何身体的、心理的事件中派生出来的意识的一般形式（以便赋予其认识分析以合法性）和实际生存可以在其中被归属于这些外部事件或者被归属于我们的心理—物理构造的特殊性的那些经验内容（以便说明主宰着知觉的、我们把它作为知觉中的被动性领会的外部条件）。这差不多接近于先验感性论的看法。[①] 但是，正像《纯粹理性批判》第二版表明的，这一态度不过是暂时性的。如何设想“所予者”（donné）和“所思者”（pensé）的实际关系，意识对于纯粹感觉这种惰性“事物”的作用，“感受”与认知、感性意识与理智意识的联系？归根结底不存在着感性意识，不存在着感性论与分析论的间断，不存在着顺生意识。[②] 一种打算孤立出知觉内容的分析不会找到任何东西，因为一旦某一事物不再是一种不确定的存在，一旦它可以比如被确认为、认识为一种颜色、甚或“这种独一无二的红色”，对它的任何意识就透过生动的印象预设了对于既不包含在这一事物之内，也不是它的一个真实部分的意义的领会。认识的质料变成为意识在对自己进行的反思中设定的一个界限概念，而不是认识活动的构成成分。自此以后，知觉成为理智的一个变种，并且就其肯定地具有

① “先验感性论”（Barni 译本，第一卷，第 64，68，70，80 页）甚至除经验内容之外，还把空间形式本身与人的构造的偶然性联系在一起。

② 我们知道《纯粹理性批判》第二版是如何从感性中抽回“形式的直观”（“先验感性论”所说的我们受到影响的方式）并且把它给予知性的，它又是如何放弃先验想象的三种综合的（尽管任何一种都预设了随后的一种，这三种综合为现象提供了一种精神结构，以便更好地让“我思”在一种抽象分析可以区别出来的所有意识层次上的呈现成为显然的）。

的一切而言，成为了一种判断。通过完结关于知觉的理智主义理论，批判主义解决了由形式与质料、所予者与所思者、心灵与身体的关系提出的各种问题。[①] 如果人们事实上能够在知觉中证明一种初始的科学，证明一种只有通过科学的协调才能够完成的对经验的最初条理化，那么所谓的感性意识就不再会产生任何问题，因为知觉经验的“源初”特征不过是剥夺和否定而非别的什么：“直接经验的世界包含的不是多于而是少于通过科学所获得的，因为这是一个表面的、残缺的世界，就像斯宾诺莎所说的，这是无前提的结论的世界。”[②]心灵与身体的关系问题只会在混乱的思维层次上被提出来，这种思维把自己局限于各种意识产品，而不是在这些产品中去寻找使它们得以存在的理智活动。被放回到只是给予它一种意义的理智背景之中，“感性意识”作为问题被取消了。身体重新回到它接受其作用而且不过就是其一部分的广延之中；知觉重新回到暗中包含着知觉的判断之中。意识的全部形式预设了其完成的形式——认识论主体与科学客体的辩证法。

*

*　*

前面那些分析使我们不得不进入了这一方向？它们至少导向先验的态度，也就是说一种把全部可以设想的实在都看作为意识对象的哲学。在我们看来，物质、生命、精神不能够被界定为实在的三种秩序或者三种存在，而是意义的三个平面或统一体的三种

---

① 布伦茨威格：《人类经验与自然因果性》，第 466 页。

② 同上书，第 73 页。

形式。尤其是，生命不是一种加于物理—化学进程之上的力量，它的新颖性乃是具有自己的结构、并且按照某种特殊辩证法相互联系在一起的诸现象的种种联结方式的新颖性(这在物理领域没有等价物)。在一个有生命之物那里，躯体的各种移动和行为的各个环节只能用一种定制的语言并根据原始经验的范畴才能够被描述和理解。正是在同样的意义上，我们认识到了一种心理的秩序和一种精神的秩序。但是，这些区别因此是经验的不同区域的区别。我们已经从作为全体实在(omnitude realitatis)的自然的观念回到这样一种关于诸对象的观念：它们不能够被设想为是自在地彼此外在的，而是只有借助于它们共同享有的某种观念、借助于在它们之中获得实现的某种意义，它们才能够获得界定。既然物理系统与作用于它的力量之间的关系，有生命之物与它的环境之间的关系，不是并置在一起的实在之间的外在而盲目的关系，而是一些辩证的关系(在这些关系中，任何一个部分作用的结果都取决于它对于整体的意义)，那么人类意识秩序就不会呈现为叠加于两种其他秩序之上的第三秩序，而是它们的可能性的条件和它们的基础。

从这种绝对意识、世界中心的观点看，就像从批判主义观点看一样，心灵与身体的关系问题似乎消失了。在意义的三个平面之间，毫无疑问有一种因果作用。当我们感觉到我们的行为具有一种精神意义时，也就是说当它不能根据任何物理力量的运作、不能根据任何具有生命辩证法特征的姿态而得以理解时，我们就说心灵“作用于”身体。实际上这一表达是不适当的：我们已经看到身体不是一部封闭的、心灵只从外面作用于它的机器。只有通过它的可以提供所有层次的整合的机能，它才能够获得界定。说心灵作用于它，这是错误地预设了一个单义的身体观念，并为它增添了一种用以说明某些行为的精神意义的派生力量。最好这样说：在这一情形中，身体机能被整合到了一种比生命层次更高的层次，于是身体真正成为了人的身体。反过来，当行为毫无保留地用生命辩证法的词汇或者借助已知的心理机制而获得了理解时，人们就说身体已经作用于心灵。严格地说，人们在这里仍然无权设想一种从实体到实体的传递作用，仿佛心灵是一种不断地呈现的力量，其活动性会由于一种更强大的力量而受阻。更准确地说，行为由于给那些缺少整合的结构让位而瓦解了。总之，所谓的相互作用被归结为一种选择或一种辩证法的替代。既然物理、生命、心理个体只能作为不同程度的整合才彼此区别开来，在人被完全视同于第三辩证法的范围之内，也就是说，在他不让孤立的行为系统在他自身中起作用的范围内，他的心灵和他的身体不再被区别开来。正像我们有时所做的那样，如果我们假定在格列柯(Greco)那里存在着视力偏差，我们并不因此得出结论说，他画中的身体形状，以及姿势类型要求一种"生理的说明"。当某些难以纠正的身体特性被整合到我们的经验整体中时，它们在我们这里就不再具有作为原因的地位。由于艺术家的默思，视觉偏差可以获得一种普遍的意义，并且成为他洞察人类生存的某一"侧面"的契机。只要我们的身体构造的那些偶然性不是作为主宰我们的纯粹事实被承受，而是借助于我们用来把握它们的意识成为一种拓展我们的认识的手段，那么它们就总是能够扮演这种揭示者的角色。说到底，假定的格列柯的视觉障碍已经被他克服，它是如此深入地被整合到了他的思考和存在方式中，以至于最后呈现为他的存在的必然表达

而不是从外面强加的一种特殊情况。说"因为格列柯画出了一些拉长的身体,所以他是散光症患者"就不再是一个悖论。[①] 个体中的一切偶然的东西,也就是说一切属于部分的、独立的辩证法,而与他的生命的整体意义没有关系的东西,都被吸收和集中到了他的完整生命之中。身体事件不再构成一些自主的循环,不再遵循生物学和心理学的抽象的图式,以便获得一种新的意义。然而归根结底,正是身体说明了格列柯的视力,他的自由不过在于通过赋予这一偶然性以形而上学意义而证明了这一源自自然的偶然性。统一没有为赢得的自由提供充分的标准,因为,比如一个被某种情结主宰、且在他的全部活动中服从同样的心理机制的人,在奴役状态中实现了这种统一。但这里涉及的不过是一种表面的统一、一种刻板不变的统一,它无法承受某种出乎意料的经验。只是在某一选定的环境中、正好是在病人因逃避所有境况(在这些境况下,他的行为的表面一贯性被瓦解了)而成了病人的情况下,这种统一才能够得以维持。相反,行为的真正统一在它由于环境限制而未能获得的东西中被认识到。同样,感官上的或体质上的缺陷,如果给予人的是一种他不能够摆脱的单调的视觉或活动,就可能成为奴役的一种原因;如果他把它用作为一种工具的话,则可能是更大自由的契机。这假定他认识到了该缺陷但并不受其支配。对于一个生活在单纯生物学层次的人来说,这种缺陷是一种不幸。对于一个获得了自我及其身体的意识、达到了主体和客体的辩证法的人来说,身体不再是意识结构的原因,它变成为意识的对象。然而

① 卡苏(J. Cassou):《格列柯》,巴黎,Riede 出版社,1931 年,第 35 页。

这不再是人们所谈论的一种心理生理平行论：唯有分裂的意识会与某些“生理的”过程、也就是说与机体的部分机能相平行。进入到真实的认识中，超越有生命之物或社会存在与其限定环境之间的辩证法，变成为客观地认识世界的纯粹主体，（通过这些方式）人最终实现了绝对意识，相对于这种意识，身体、个体的生存只不过是对象，死亡丧失了意义。一旦被放回到意识对象的状态，身体就不应该被看作是“事物”与认识这些事物的意识之间的一个居间者。既然摆脱了出自本能的晦暗，意识就不再表达对象的生命属性而是表达它们的真实属性，那么，这里的平行就存在于意识及其直接认识到的真实世界之间。所有的难题似乎都被消除了：在我们抽象地把身体看作是物质的一部分时，心灵与身体的各种关系是晦暗不明的，当我们把身体看作是一种辩证法的承载者时，这一关系得到了澄清。既然物理世界和机体只能被看作是一些意识对象或者是一些意义，那么意识与它的物理的或器官的“条件”的关系问题就只会存在于与抽象联系在一起的某种混乱思想的层次上，它消失在真理的领域之内（在这里，只有认识主体及其对象的关系以原始的方式存在着）。这乃是哲学反思的唯一合法的主题。

让我们考虑一下某个把眼睛转向放置在他面前的感性对象的主体的情形。我们前面的看法使我们可以这样说：他的知觉场的连续改变不是兴奋的物理现象或者相应的生理现象的结果。我们已经弄明白：被知觉对象的那些最显著的特征（它的表面距离、大小、颜色）不可能从知觉的生理上的既往史中推演出来。现代神经机能理论把这些特征归属于一些既没有物理规定、也没有生理规定的“横向现象”，而我们正是借助被知觉世界、借助于其描述性属性的形象来设想它。为知觉确定一种身体的基础是不可能的。刺激的转化和运动冲动的分布伴随现象场特有的那些关联而形成，人们以“横向现象”名义引入的实际上是被知觉场本身。这对于我们而言意味着：活的身体和神经系统不是物理世界（知觉的偶然原因将出现在这里）的附属物，而是突出在意识认识到的那些现象之上的一些“现象”。科学所研究的知觉行为不能够用神经细胞与神经突触来进行界定，它不存在于大脑中，甚至也不存在于身体中：科学不能够从外面把行为的“中心区域”构造为某种封闭在颅骨内部的东西，它只能够把它理解为一种辩证法——其各个环节不是一些刺激和运动，而是一些现象性的对象和一些活动。对感觉器官的刺激和“针对”意识的刺激的传递作用的幻觉，来自于我们单独地从物理身体、解剖身体甚至生理学的机体中认识到的东西，而这些认识乃是运动着的身体的抽象和快照。

当那些新近的工作承认幻觉形象存在时，它们不再把它看作是可以根据某些中枢的发炎而得以说明的一种孤立现象：它与器官—植物机能的整体联系在一起[①]，这就是说，与其说幻觉是一种没有对象的知觉，不如说是一种与神经机能的整体的改变联系在一起的整体行为。它预设的是一种整体合成，对幻觉的描述，如同对正常机能的描述一样，不能够用身体的词汇进行。身体事件并不直接起作用。只是在贝多芬的重听“说明了”他的晚期作品的意义上，视神经区域才可以被说成是失明的原因。只有使皮质的整体机能在发光刺激物的作用下成为不可能的，它才会引起现象场

① 穆尔格（Mourgue）：《关于幻觉的神经生物学》。

的改变。我们可以看作为一种原因的是这一机能本身吗？如果我们把它理解为在皮质的每一处发生的神经事件的总和，答案就是否定的。这一整体只不过是这种感性场面的存在条件。它说明我在知觉这一事实，但没有说明我从这样的场面中知觉到了什么[1]，因为后者已经在神经过程的完整定义中被预设。一切的发生就如同我的知觉向着由源初意义组成的某一网络开放。神经冲动在这些导体中的转变不会产生可见的场面，它甚至不会以单一的方式确定其结构，因为结构是按照一些平衡法则——它们既非物理系统的平衡法则，也非如此看待的身体的平衡法则——组织起来的。身体基质是某一辩证法的过渡点、支撑点。同样，没有人打算依据其生理状况来说明某一谵狂的内容，即便这种意识形式从存在上(in existento)预设了大脑的某种变化。

从某种一般方式上看，我们似乎与批判的观念汇合了。不管意识的发展取决于什么样的外在条件(身体的、心理的、社会的)，即使这种发展只能在历史中逐步地形成，相对于已经获得的自我意识而言，意识由之而来的历史本身也不过是意识所给出的一个场面。在成熟意识面前产生了一种视角的颠倒：为成熟意识做准备的历史变化并不先于这一意识，它不过是为了这一意识，意识进展期间的时间不再是它的构造的时间，而是由它构造而成的时间，事件的系列从属于其永恒性。这乃是批判主义对于心理决定论、社会决定论和历史决定论的永久回答。

这种关于因果思维的探讨在我们看来是有价值的，我们已经

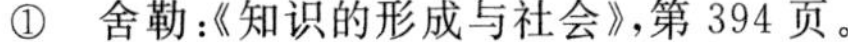

① 舍勒：《知识的形成与社会》，第394页。

在行为的全部层次上进行过这种探讨。我们刚才说过，这一因果思维导向的是一种先验的态度。[①] 这是我们应该从前面各章中引出的第一个结论。这不是唯一的结论，甚至必须说这一结论与一种受批判主义启发的哲学[②]处于某种简单的同名关系中。在我们由以出发的“格式塔”中，有深度的不是含义的观念而是*结构*的观念，是一种观念与一种存在的难以觉察的结合，是质料借以在我们面前开始拥有一个意义的偶然安排，是处于诞生状态中的可知性。对反射的研究已经向我们表明：神经系统是一个没有解剖学保证的秩序经由一种连续的组织而得以实现的地方。这一研究已经让我们在功能与基质之间确立一种严格的相互关系：不存在一块在其运作中不与神经系统的全面活动联系起来的领地，也不存在一种不会因为这些领地中的某一块的减少而被深刻改变的功能；离开在每一时刻都显露出来而且在神经块基础上组织自身的过程，功能就什么也不是。[③] 对行为的“中心区域”的研究证实了身体本性的这一含混性：一方面，任何功能严格地说都不能被定位，因为每一区域都只有在全面活动的范围内才能够起作用，而且它所控制的各种各样的运动对应于性质上不同的好几种功能模式，而不是对应于已经局部地分化了的好几种装置。另一方面，同样明显的是，神经物质的某些部分对于接受这些刺激、对于实施指定给这

① “我们无需抛开自然态度就可以证明：追根究底，自然世界的整体性问题一旦追究到根底时就（Ganzheitsprobleme）如何通过导致向先验态度的转变而获得了解决。”芬克（Fink）：《想像与形象》，“哲学与现象学研究年鉴”，第十一卷，第 279 页。

② 我们想到的是一种像布伦茨威格那样的哲学而不是像康德的哲学，尤其是在后者的《判断力批判》中包含着在这里受到质疑的那些问题的基本线索。

③ 参见本书第一章。

样一些接受区域或者指定给这一肌肉全体的那些运动来说是不可少的，而且，就算神经物质并非这种类型的特殊力量的占有者，它在任何地方也都是不可替代的。我们于是更多地与“水平定位”和“垂直定位”的理不清的交织而不是与这两种定位类型打交道：身体绝没有哪一部分是纯粹的事物，也没有哪一部分是纯粹的观念。[①] 要确定大脑的视觉区域和听觉区域分别提供的东西是不可能的：两者都只能同中枢一起运作，整体化的思想使假设的“视觉内容”和“听觉内容”变样到难以辨认出来的程度；同样，这些区域的某一个的改变将通过某种确定的缺陷在思维中表现出来：正是对这些同时整体的直觉或者连续整体的直觉变成为不可能的。[②] 这样，视觉或听觉区域在一种功能全体中的整合——尽管它使相应的“内容”负载了一种新的意义——并没有取消各个区域的特性，它利用这种特性并使之升华。对于生命如同对于精神一样，不存在绝对过去了的过去，“精神似乎抛在后面的那些环节，它在其当前深度中依然承载着它们。”[③]高级行为在其存在的当前深度中仍然保留着那些从属的辩证法——从物理系统与其地形学条件的辩证法直至机体与其“环境”的辩证法。当整体正常地运转时，这些辩证法在整体中是无法认识到的，但是，它们的迫近可以通过局部损伤情况下的解体获得证实。并不存在通过我们的神经构造的偶然性、并且以生存条件的名义来接受“视觉思维”和“听觉思维”的各种特殊形式的思维之本质。这些所谓的生存条件在它们附着

① 参见本书第一章，第 38 页注释①和第二章。

② 参见本书前文。

③ 黑格尔：《历史哲学讲演录》。

于其中的整体里是辨别不出来的，相应地，整体的本质如果没有它们、没有它的构成史就不可能被具体地思考。我们由此发现，质料与形式在有机客体中的关系，心灵与身体的关系是以有别于批判思维的方式来构想的。批判主义一步一步地驱逐作为其理想分析之剩余的性质和实存，为的是最终将它们置于我们无法对之进行任何思考、因此在我们看来仿佛不存在的质料中；它由此从头到尾在认识中展现了一种同质的知性活动，而每一次赋形在我们看来相反地就像处于观念世界中的一个事件，是一种新的辩证法的确立，是现象的一个新区域的开放，是一个新的构造层次的建立——它将先前的层次作为孤立的环节予以取消，同时又保留和整合它。通过证明我们从来都不是与自在的身体，而是与一个为意识的身体打交道，通过证明我们因此没有必要把意识置于与一种不透明而陌生的实在的联系中，批判主义思维逐渐排除了心灵与身体的关系问题。然而，对于我们来说，意识在任何时刻都体验到它为某一机体所固有，因为并不存在着它为某些物质装置所固有的问题（对于意识来说，这些物质装置实际上不过是一些对象），而存在着意识自己的历史、意识已经跨越的那些辩证阶段向着意识呈现的问题。为了表达心灵与身体的关系，我们因此不应该接受任何唯物论模式，但更不能接受各种唯灵论模式，比如笛卡尔关于工匠与其工具的隐喻。[①] 我们不能把器官比作一件工具，仿佛它能够脱

① “……当你如此大胆地、未经任何证明就提出精神跟身体一起生成、一起衰弱时，我无法相信你。由于精神的作用在一个孩子的身体里并不如在一个成人的身体里那么完满，由于精神的活动时常会被酒或者其他有形的东西所妨碍，所以唯一可以说的是：在它和身体结合在一起时，它是把身体当作一个工具来使用，让它去做它通常从

离整体机能而存在并且获得思考；也不能把精神比作使用这一工具的工匠：这将回到一种外在关系，就像舵手与他的船的关系一样，这恰恰是笛卡尔所抛弃的。精神并不利用身体，而是透过身体，通过使身体超出于物理空间之外而实现自身。当我们描述行为的结构时[①]，这完全是为了表明：这些结构不能够被还原为物理刺激与肌肉收缩的辩证法，并且在这个意义上，行为远不是一种自在地存在的东西，而是面对思考它的意识的一种意义整体。但是，与此同时而且相应地，这是为了在“表达行为”中使某一意识的场景（来到世上的精神的场景）可以在我们的眼皮下被看到。我们无疑明白，我们为什么甚至不能够无保留地承认在心灵和身体之间存在着一种可以与概念和语词的关系相比的表达关系，也不能将精神定义为“身体的意义”，将身体定义为“心灵的表现”。[②]这些表述有着让人想到两个极限（deux termes）这样的缺陷，它们或许相互关联但却彼此外在，而且这种关系是不变的。然而，有些时候，

事的这些类型的活动，而不是身体让精神比它独自存在时更加完满或者更不完满。而你从那里得出来的结论并不比你从下面这件事得出来的结论更好，即一个工匠每次使用一个不好使的工具就工作不好时，你就得出结论说，他是从他的工具的好使中得到他的技巧和他的技术上的学问的。”（笛卡尔：《对第五组反驳的答辩》，布里杜编：《作品与书信》，第371页。）赞同伽桑狄（他把属于现象身体的东西赋予给生物学的身体）是完全不可能的，但这并不是谈论独自存在的精神之完满的理由。如果说身体扮演着一种妨碍精神的实现的角色，这是因为当精神的完满得以实现时，身体也被暗含于其中。

① 参见本书第二章第3节。

② “心灵是身体的意义，身体是心灵的显现，两者中的任何一个都不能够作用于另一个，因为它们都不属于一个由事物组成的世界……就像概念内在于话语一样，心灵内在于身体：概念是语词的意义，心灵是身体的意义；语词是思想的外衣，而身体是心灵的显现。就像没有话语就没有概念一样，没有显现就不再有心灵”。克拉格斯：（L. Klages）：《意识的本质》。

我们的身体把某种揭示出了高于生物学辩证法的意向对外表现出来;有些时候,它通过它过去的生命所具备的各种机制的作用,局限于模仿那些它不再拥有的意向,比如像一个垂死者的动作所显示的那样。[①] 不管哪种情形,心灵与身体的关系以及这两项本身都依据"赋形"成功还是失败、依据各种从属辩证法的惰性是否被克服而获得修正。我们的身体并非总是具有意义,此外我们的各种思想(比如在羞怯的情形中)并非总是在身体中找到它们的活跃表达的全部。在那些解体的情形中,心灵与身体是明显相区别的,而这就是二元论的真理。但是心灵,如果它不拥有任何表达手段(更应该这样说:不拥有任何自我实现的手段),很快就不再是随便任何东西,尤其不再是心灵,就像失语症患者的思维衰退了、瓦解了一样。丧失了意义的身体很快就不再是活的身体,以至于重新回复到一堆物理—化学物的状态中,它不过是在垂死状态中通向了无意义。只要不停止存在,这两项永远也不会绝对地区别开来,它们的经验的关联因此被建立在源初的活动基础之上:这一活动在物质的某一片断中安置了一种意义,使意义在此栖息、呈现和存在。通过回到这一结构就像回到基础实在一样,我们使心灵与身

① "……他的移开遮掩一个动作的覆盖物的手从前表示这些覆盖物让手难受,而今它什么也不表示。"普鲁斯特(Proust):《在盖尔芒特家那边》,下册,第 27 页。"由于吗啡和氧气的双重作用的解救,我的祖母的呼吸不再吃力,不再哼哼唧唧,而是像溜冰者一样活跃、轻松地滑行,接近于美妙的流体。屏住如同芦笛中的气流一样感觉不出来的气息,在这一美妙的乐曲中夹杂着更为人性的几丝叹息。摆脱了死神的降临,这些叹息使我们感受到了那些不再感觉的人的痛苦和幸福的印记,并把一个更富旋律但不改变其节律的音符添加给这一长音符短句——它被抬升、继续上升,然后下降,以便气息微弱的胸膛能够重新捕获氧气。"同上书,第 31 页。

体的区别和联结同时成为可以理解的。存在着某种总是重新出现在这一层次或那一层次上的二元性：饥饿或饥渴妨碍着思维或情感；严格的性欲辩证法通常透过一种激情而显现出来；两者的整合从来都不是绝对的，它总是失败，在作家那里整合得好一些，在失语症患者那里差一些。总有那么一个时刻，我们由于疲劳或者自恋而逃避一种激情。这种二元性并不是一种简单的事实，它在原则上是被建立起来的，每一整合都预设了那些总是要求着自身利益的从属组织的正常机能。但这不是一种实体的二元性，或换而言之，心灵和身体的观念应该被相对化：存在着作为一堆相互作用的化学化合物的身体，存在着作为有生命之物和它的生物环境的辩证法的身体，存在着作为社会主体与他的群体的辩证法的身体，并且，甚至我们的全部习惯对于每一瞬间的自我来说都是一种触摸不着的身体。这些等级中的每一等级相对于它的前一等级是心灵，相对于后一等级是身体。一般意义上的身体是已经开辟出来的一些道路、已经组织起来的一些力量的整体，是既有辩证法的土壤——在这一土壤上，某种高级形式的安置发生了，而心灵是由此而建立起来的意义。[①] 我们完全可以将心灵与身体的关系同概念与语词的关系相比较，但前提条件是：在各种分离的产物之下意识到把它们联合起来的构造活动，并且在作为思想的外在附属物或偶然外衣的各种经验语言之下，重新找到作为思想的独特实现的

① 可是有必要深化我们的“自然的”身体（对于意识来说，它总是已经在此，总是已经被构成了）与我们的“文化的”身体（它乃是意识的自发活动的沉淀）之间的区别。这一难题是胡塞尔在其区别原初的被动性和派生的被动性时提出的。尤其参见《形式的与先验的逻辑》，第 287 页，“哲学与现象学研究年鉴”，第 10 卷，1929 年。

活的言语:意义在这种言语中第一次获得表达,由此作为意义被确立,并且对于后来的活动而言成为可以自由使用的。我们的分析于是将我们完全引向了身体的观念性,但这里涉及到的是一种在生存的偶然中被说出甚至被构造出的观念。格式塔观念通过一种自然的展开把我们带回到它的黑格尔式意义中去,也就是说带回到在其演变成自我意识之前的概念中去。我们说自然是一个概念的外部。[1] 但概念作为概念正好不具有外部,格式塔有待于被思考为内部与外部、自然与观念的统一。[2] 相应地,格式塔为之存在的意识并不是理智意识而是知觉经验。[3] 因此,必须向知觉意识提问以便在它那里找到一种明确的澄清。我们在此局限于表明:对象的地位、形式与质料的关系、心灵与身体的关系、意识的个体性与杂多性是如何建立在知觉意识之上的。

我不再能够把我所知觉到的东西与事物本身相等同。我看到的物体的红颜色是我、并将始终是我独自地知道的。我没有任何方式可以知道这一物体给予别人的颜色印象是否与我的印象相同。我们的主体间的对照只能支撑在关于被知觉世界的理智结构之上:我可以坚信别的观众和我使用同一个语词来表示这一物体的颜色,这同一个语词另一方面可以用来定性我也称作红色物体的一系列其他物体。就算这些关系被保留,也可能会出现他知觉到的颜色范围完全与我的不相同。然而,正是在这些物体给予我

① 参见《形式的与先验的逻辑》,第 287 页,“哲学与现象学研究年鉴”,第 10 卷,1929 年,第 175 页。

② 同上书,第 147 页。

③ 同上书,第 156 页。

“被感受者”的原初印象时，在它们拥有这种直接质疑我的方式时，我才说它们是存在物。由此可以得出结论：知觉，作为对于存在着的事物的认识，是一种个体意识而不是我们前面谈到的一般意识。在我固定地注视场景的一部分而不寻求去认识它时，我在其间获得体验的这团感性的东西，我的意识无言地指向的“这”并不是一种意义或者观念，尽管它随后可以充作逻辑说明和言语表达活动的基础。当我命名被知觉者或者当我把它辨认为一把椅子或一棵树时，我已经用概念归类替代了对某一流动实在的经验，当我发出“这”一语词时，我把一个独特的、实际经验到的实存与实际经验到的实存的本质联系起来。但这些表达或者反思活动指向是一个不可能被剥夺意义的源始文本。我在某一感性整体中找到的意义已经内在于其中。当我“看”一个三角形时，我说我思考了或者理解了这一关于感性与料的三角形，我对于我的经验的这种描述显然很糟糕。意义是具体化的。正是在此地此时我将这一三角形知觉为是这样的，而我给予它的概念则是一种永恒的存在，正像笛卡尔所说的，其意义和属性绝不归因于我知觉到它这一事实。这不仅仅涉及到可以说脱离了事物并且变成为我的个体意识的一个内容的知觉质料。在某种方式上，形式也构成为心理个体的一个部分，或者毋宁说与心理个体有联系，而且这一指涉被包纳在形式的意义本身之中，因为它属于向此地此时的我呈现的这一事物的形式，而且因为通过知觉向我显示的这一相遇并不关系到事物的任何固有的本质，它相反地构成为我的生命的一段插曲。如果两个邻近相处的主体注视一个木质立方体，立方体的总体结构对于两者都是相同的，它具有主体间真理价值，这乃是两个人都说那里有一个

立方体所要表达的意思。但在他们两个那里,他们各自看到和感觉到的并不是立方体的同一面。我们已经说到知觉的这种"透视性"并不是一种无关紧要的事实,因为没有它,这两个主体就不会有在感觉内容之外知觉到一个实存着、持存着的立方体的意识。如果立方体的所有面一眼就能够被知道,那么我就不再与一个逐步地把它自己提供给审视的事物、而是与我的精神真实地拥有的一个观念打交道。这就是当我思考那些我未经实际地知觉就认为它们是存在物的对象时发生的事情。在断定它们持续地实存时,我想说的是:一个适当定位的心理—物理主体看到了如此这般的感性场面,它以如此这般的方式被联结起来,通过如此这般的客观转换与我真实地知觉到的场景联系在一起。但我不应该把这种关于世界的知识与我对世界的某一片断及其邻近视域的知觉混在一起。不属于被知觉者范围的那些对象实存着,这是在我不思考真理的时候真理并不停止为真实的这一意义上而言的:它们的存在模式是逻辑必然性而不是"实在性"。因为我在它们那里也预设了一种"透视论":对于它们来说,透过多个"侧面"向某个观众呈现是根本性的。但我既然没有知觉到它们,这里涉及的就是观念中的某种"透视论"和旁观者的某种本质,两者的关系本身是一种含义关系。这些对象因此属于含义的秩序而不是实存的秩序。[①] 一种

① 我们暂时不探讨这样一个问题,即要知道是否像海德格尔所暗示的那样不存在着对世界的知觉,也即不存在着进入对象的不确定场(这个场提供这些对象的实在)的方式。有把握的是,被知觉者并不局限于停留在我们眼睛上的东西。当我坐在我的书桌前时,空间在我后面不仅观念地而且实在地合拢起来。即使被知觉者的地平线可以一直被扩展到世界的边界去,对于作为存在者的世界的知觉意识仍然区别于作为无数真实判断的对象的世界的理智意识。

与感性事物同外延的知觉是难以想象的，它并非物理地而是逻辑地是不可能的。为了能够有知觉——也即能够有对某一实存的感知——，物体不完全把自己给予注视（这种注视投射在物体之上并保留当前知觉所指向的而不是拥有的那些外表）是绝对必要的。一种不是由某个视点构成、可以同时向我们给出比如一个立方体的所有面的观看在用词上是一种纯粹的矛盾，因为，为了成为可见的，一个立方体的全部的面应该是透明的，也就是说不再是一个木质立方体的诸面。如果一个透明的立方体的六个面都以正方形的形式成为可见的，我们看到的就不再是一个立方体。因此，柏格森式的“纯粹知觉”观念，也就是说与对象符合或者与对象同一的观念是不可靠的。由相等的六个面构成的乃是作为意义或几何学观念的立方体。各种实存事物、各种“外观”与整个物体的源始的、富有特色的关系，并不是像符号与含义那样的逻辑关系：椅子的那些边并不是椅子的“符号”，它正好就是椅子的那些边。

同样，我的身体现象应该与各种纯粹的逻辑意义区别开来。使我的身体与那些外部事物（即使像它们在实际的知觉中呈现出那样）相区别者，就在于它不像它们那样可以为某一没有限度的考察所通达。在关系到一个外部事物时，我知道改变位置我就能够看到向我掩饰起来的那些面，占据我的邻近者当时的位置，我就能够获得一个新的视角，并作出一份与我的邻近者当时对对象进行的描述相一致的言语报告。我对于我的身体不具有同样的自由。我完全知道我不能够直接看到我的眼睛，而且，即使是在镜子中，我也不能够捕捉到它们的运动和它们的生动表情。我的视网膜对于我来说是一个不可知的绝对。总而言之，在此存在的不过是知觉的透视性的一个特例。说我有一个身体，仅仅是以另一方式说我的认识是一种个体辩证法，某些主体间的对象在这种辩证法中呈现出来；当这些对象以实际存在的样式被给予他时，它们按照相继的、不能够共存的外表向他呈现，最后，它们中的某一个顽固地“从同一面”呈现出来，我不能够环绕它一圈。对于镜子向我提供的我的形象应该有所保留（一旦我把头斜向右边和左边以求在不同视点下看到这一形象时，这一形象就移动了，这不是一件真正的“东西”），视觉向我提供的我的身体在双肩之上被截掉了，并且完结在一个触觉—肌肉对象之上。人们对我说，在我的脑袋所处的这一空隙中出现的是一个对于他人来说可见的对象。科学告诉我们说，分析在这一可见的对象中发现了一些器官，一个大脑，而且每当我看到一个外部对象时，还发现了一些“神经冲动”。我从来没有看出这一切意味着什么。我永远无法使我的身体的某种实际经验（身体与这种经验相一致）符合于科学及各种证明为我提供的“人的身体”的含义。存在着一些存在物，对于我而言，它们始终在它们的外表之下保留着某些纯粹意义，从来都只能够向某种不完全的知觉提供自身。这一结构在其自身中并不比它与之连成一体的外部对象的结构更为神秘：如果作为自我、知觉主体，我没有在某种方式上被掩饰在我的某种现象之中（这一现象包围着我，因为我不能够环绕它一圈），那么，我如何能够“在某一方向上”接受一个对象？确定一个方向需要两个点。我们还没有完整地描述身体本身的结构，它还包含一个其重要性显而易见的情感视角。但前面所述足以证明：“我的身体”不包含什么谜团，在它与我的关系中不存在什么难以表达的东西。的确，通过描述身体，我们将实际经验到的按定义不是一种意义的视角转化成了意义。但被知觉的存在者的这种非逻辑的本质可以被清楚地加以规定，比如我们会说：通过这些侧面——我并不像拥有某种观念那样拥有它们——把自身提供出来，这本身就包含在被知觉的存在及身体的观念中。回到其积极的意义，心灵和身体的联系仅仅意指侧面认识的个体性而非其他。除非由于某种固执的偏见，我们设定我们所经验的任何存在物都应该“全部地”被提供给我们（就像各种意义企求的那样），否则这种联系就不过是一种奇迹。由此身体的模糊因果性可以被归结为某一现象的源初结构，而我们并不打算“借助身体”并根据因果思维来把知觉解释成某个个体意识的事件。但是，如果问题始终不在于外在地把我的意识与一个身体联系起来（意识以某种无法说明的方式在身体中获得其视点），如果一切都最终回复到承认某些人看到了我未能看到的某些东西，为了忠实于这一现象，应该在我的认识中把那些个别视角的区域与主体间意义的区域分别开来。这里存在着的不是感性与理智的经典区别，因为被知觉者的视域延伸到视觉的范围之外，除了那些在我的视网膜上产生印象的对象之外，还把围绕着“感性”核心透视地排列在我身后的房间墙壁、房子或许还有我居处其中的城市包纳在内。我们更不会回到质料与形式的区分，因为一方面知觉的形式本身参与到了个体性中，另一方面我可以使那些要把感性内容转换成意义的认识和命名活动建立在感性内容基础之上。我们引入的区分毋宁是经验到的东西（le vécu）与认识到的东西（le connu）之间的区分。心灵与身体的关系问题于是被转化了而不是消失了。它现在成了作为某些个别事件的、某些具体而牢固的结构的流动的意识，

与作为理想意义的组织的意识之间的关系问题。先验哲学的观念,也就是说那种能够构成它自己面前的世界的、能够在一种毫无疑问的外部经验中把握那些对象本身的意识的观念,在我们看来乃是反思的第一阶段的一种确定性的收获。但是,我们是否不得不在意识内部重新确立一种我们认为在它和各种外部实在之间不再存在的二元性?作为理想统一体和作为意义的那些对象是透过某些个别视角而被捕捉到的。当我看一本摆在我面前的书时,它的长方形形状是一种具体的、获得了实现的结构。这一长方形"面貌"与我用逻辑证明能够说明的长方形"意义"之间的关系是什么?

整个知觉理论都寻求克服一种众所周知的矛盾:一方面,意识是身体的功能,它因此是一种依赖于某些外部事件的"内部"事件;另一方面,这些外部事件本身只有通过意识才能被认识。换言之,意识一方面作为世界的一部分出现,另一方面作为与世界同外延者出现。在有系统的知识,即科学知识的发展中,最初的确认似乎首先获得了证实:第二性质的主观性作为对等物似乎具有了第一性质的实在。但是,就科学对象和物理因果性进行的更为深入的反思发现的是这样一些关系:它们不可能自在地存在着,它们只是在精神的某种审视面前才具有意义。我们谈到的二律背反随同它的实在论主题在反思思维(la pensée réfléchie)的层次上消失了,它只是在知觉认识中才有其合适的位置。批判思维到此为止在我们看来还是无可争议的。它出色地证明了:知觉问题对于专注于自反思维的那些对象(也就是说专注于各种意义)的意识来说并不存在。只是到了后来似乎才有必要放弃这种批判思维。把知觉的二律背反如此地溯回到生命的秩序中(正像笛卡尔所说的),或者溯回到混乱的思维秩序中，我们企图证明：这一背反没有任何的持存性，知觉只要稍微思考它自身并且知道它所说的，它就会发现被动性的经验依然是精神的一种构造。实在论甚至没有建立在严密一致的现象基础上，它是一种错误。我们于是要问：如果这些自然的错误不建立在某种本真经验的基础上，而且并不严格地拥有任何意义的话，有什么能够为意识提供被动性的观念本身，意识为什么与它的身体混合在一起。我们已经试图证明：实际上，随着对机体的科学认识变得明确起来，要赋予世界对于身体和身体对于心灵的所谓作用一种一致的意义变成为不可能的。身体和心灵隶属于含义（signification），并因此只是相对某一意识才具有意义（sens）。也是从我们的观点看，在面对的只是各种含义的反思思维的层次上，常识的实在论主题消失了。被动性的经验不能由一种实际发生的被动性获得说明，但它一定具有某种意义并且能够获得领会。实在论作为哲学是一种错误，因为它把它曲解了的或因为这一曲解而使之不可能的经验转换成独断的主题。但这是一种有促动作用的错误，它依托于哲学可以说明的某种本真现象。知觉经验特有的结构，局部"侧面"对于它们所表呈的整体意义的指涉都属于这一现象。事实上，从其实际意义来把握，为了获得理解，所谓的知觉的身体调节要求的不多不少正是这一现象。我们已经看到，各种兴奋、各种神经冲动都是一些抽象，科学在定义中把它们与神经系统的某一整体机能（现象的东西暗含在其中）联系在一起。被知觉者不是大脑机能的一种结果，它乃是其意义。因此，我们认识到的每一个意识都通过作为它们的透视外表的一个身体呈现出来。说到底，每一个体辩证法可以说都有被它自己所

忽视的一些大脑中转站，神经机能的意义都有并未出现在该意义中的一些器官支撑点。从哲学上看，这一事实承认了下面的表达：每当这样的一些感性现象在我的意识场中获得实现的时候，一个适时适地的观察者就会在我的大脑中看到某些不可能以现实的方式被提供给我的其他现象。为了理解这些现象，正像我们在第二章中做的那样，我们应该从中认识到某种与我的知觉内容相一致的含义。反过来，从被提供给我的实际场面出发，我可以以潜在的方式，也就是说作为一些纯粹含义，来表象那些我把它们定位在我的身体的潜在形象中的视网膜和大脑现象。旁观者和我本人两者都与我们的身体联系在一起的事实，总体上说都重新回到了这一点：可以在现实的方式中作为一种具体的透视被提供给我的东西，只能在潜在的样式中、作为一种含义被给予他，反之亦然。我的整个心理—物理的存在（也就是说我对我自己的经验，别人对我的经验，他们所运用的和我所运用的那些认识我自己的科学知识）从总体上看是种种含义的交织。由此，当它们中的一些被知觉到且转化为现实性时，别的一些就只能够被潜在地指向。然而，这种经验结构类似于外部对象的结构。进而可以说它们相互以对方为前提。如果对于我来说存在着某些事物，也就是说某些透视中的存在物，在它们的那一透视外表自身之中，也包含着对于我借以看它们的一个视点的指涉。但是，处于某一视点之中，这必然意味着不能看到这一视点本身，只有在一种潜在含义中才能把它作为一个视觉对象来把握。一种外部知觉的存在、我的身体的存在，以及对我来说“在”这一身体“之中”不能知觉到的现象的存在，因此是严格同义的。在它们之间不存在着因果关系，它们是一些协调一致的现象。按我们通常的看法，知觉的透视性仿佛可以借助对象向我的视网膜的投射而获得说明：我只不过看到了一个立方体的三面，因为我用我的眼睛来看，而在我的眼里，唯有这三面的投射才有可能；我不能够看到我后面的对象，因为它们不能够投射到我的视网膜上。但我们完全可以有相反的看法。事实上，“我的眼睛”，“我的视网膜”，“外部立方体”本身，以及“我没有看到的那些对象”是什么呢？它们是一些逻辑含义，它们通过一些有效的“动机”与我的实际知觉联系在一起，[①]它们说明它的意义，但它们向它假借了真实存在(existence réelle)的标志。这些含义因此在它们自身中并没有什么东西用以说明我的知觉的实际存在(existence actuelle)。人们通常掌握的语言仍然可以获得理解：超越于被提供给我的那些外表，我对一个立方体的知觉把立方体作为一个完全而实际的立方体呈现给我，我对空间的知觉把空间作为一个完全而实际的空间呈现给我。因此很自然的是，我倾向于把空间和立方体从一些具体的透视中分离出来并且自在地确定它们。同样的作用针对身体发生了。结果，我自然地倾向于通过客观的立方体或空间对于我的客观身体的作用来形成知觉。这样的尝试是自然的，但其失败同样是不可避免的：我们已经看到，我们不能通过结合各种理想含义(刺激、感受器、联合环路)来这样重构知觉经验的结构。但是，如果生理学不能说明知觉，光学和几何学更不能说明它。设想我之所以在镜子里看到了我的形象，是因为到达我的眼睛的那些光线形成了一定的角度，是因为我把它们的起源定位在

① 胡塞尔：《纯粹现象学与现象学哲学的观念》，第89页。

它们的交会点上，这就使得镜子的使用在光学还没有被发明的许多世纪中变得很神秘。真实的情况是：人最初“通过”镜子看到他的形象，而镜子一词还不具有它在几何学智慧面前所呈现的含义。然后他构造了关于这一现象的几何学表象，这种表象建立在被知觉领域的各种具体关联基础上，它说明这些关联，使之成为合理的，但却永远不能像实在论希望的那样成为其原因，也不会像批判唯心论所做的那样用这些关联代替表象。进入到知觉的特有领域已经给所有的哲学造成了困难——由于一种回顾性的幻象，这些哲学借口已经能够构造一种有关被知觉对象的几何学而在知觉中实现了一种“自然的几何学”。对距离或大小的知觉不能够混同于科学藉以确定距离和大小的那些数量估算。全部科学都被置于一个“完全”而实在的世界中，却没有意识到，就这一世界而言，知觉经验是其构成要素。我们因此面对着一个实际经验的知觉场，它先于数字、尺度、空间、因果性，然而只能作为某些具有稳定属性的客体、某个客观世界和某个客观空间的一种透视视界（vue perspective）被提供出来。知觉问题就在于研究科学逐步阐明了其规定性的主体间世界是如何透过这一知觉场而被把握的。我们在本段开始时谈到的二律背反建立在知觉经验的这一含混结构基础上。正题和反题表达了它的两个方面：我的知觉始终属于各种个别事件的流动，在知觉的实际透视中存在着的完全偶然的东西说明了实在论意义上的现象，这样说是真实的；因为这些透视按照某种使进入个体间的含义得以可能的方式关联起来，因为它们“呈现”了一个世界，所以我的知觉通达了事物本身，这样说也是真实的。因此完全是在我看到了它们的意义上，在我的经历之中和我的经历之外存在着与这双重关系不可分离的诸事物。我直接地知觉到这些事物，我的身体并没有在它们与我之间构成一道屏障，它就像它们一样是一种现象，它确实具有一种原初结构，这一现象正好把它作为世界与我的中介向我表呈出来，尽管它实际上不是这样的中介。我用我的眼睛观看，它们不是透明的或不透明的组织和器官的整体，而是我的注视的工具。视网膜形象在我认识到它的范围之内，并非仍然是由那些从对象流射出来的光线产生的，但这两种现象以一种神奇的方式透过某一还不是空间的间距而彼此相似、相互一致。我们回到本章开始时我们分析过的素朴意识的那些材料。这并不是说知觉哲学是完全在生命中被构成的：我们前面看到意识产生自我误解是自然的，因为它是对事物的意识。围绕知觉的那些古典争论足以表明这种自然的错误。人们将已经被构成的世界与关于世界的知觉经验相比较，要么希望从世界出发产生知觉（就像实在论所做的那样），要么只希望从知觉中看到关于世界的科学的粗坯（就像批判论所做的那样）。就像回到一种原初经验（在这种原初经验中，实在世界依据其特殊性而被构成）那样回到知觉，这就颠倒了我们为自己设定的意识的自然运动；[①]另一方面，并非所有的问题都被克服了：关键的是要理解诸“侧面”与它们所表呈的那些“事物”之间、各种透视与通过这些透视所指向的理想含义之间的实际关系，而不能将它混同于一种逻辑关系。[②] 马勒伯朗士用偶因论（occasionnalisme）或莱布尼茨用前定

① 我们在这里按胡塞尔晚期哲学给予的意义来界定“现象学还原”。

② “意向性”这一观念正是对此会有所帮助。

和谐想要解决的问题在人类意识中被转换了。

我们到此为止还只是涉及到了真实知觉的透视性。还需要分析的是实际经验显得具有某种含义的那些情况——这种含义可以说突然出现在了后来的经验过程中,并且不能够被那些一致的综合所证实。为了说明这种第二层次的主体性,我们并没有承认自然主义所给予的因果说明。人们在幻觉和过错的状态中所召唤的身体的、心灵的或社会的决定论,在我们看起来可以归结为不完满辩证法和局部结构的呈现。但是,在存在中(in existendo),为什么有机—植物性层次上的这种辩证法(就像在幻觉中发生的那样),会破坏一种更为整合的辩证法?意识并不只是也不总是对真理的意识,如何理解那些低级辩证法的惰性和抵抗(它们阻止无人称主体与真实客体的纯粹关系的降临,并且使我的认识带有某种主观性系数)?如何理解作为幻觉的构成要素的虚假含义对于实际经验的黏附?我们已经抛弃了弗洛伊德的因果范畴并且用结构隐喻代替了他的能量隐喻。尽管情结不是一种外在于意识的东西(它在意识中产生其效应),尽管它不过是一种意识结构,但是,至少可以说这一结构是倾向于自我保存的。有人说过,[①]我们所谓的无意识仅仅只是一种未被觉察到的含义:我们自己有时不能够领会我们的生命的真实含义,不是因为一种无意识的人格处于我们的内心深处并且支配着我们的活动,而是因为一种与我们的真实状态不相符合的观念使我们不能够明白我们的真实状态。然而,即使不为我们所知,我们的生命的真实含义也并非不属于生命

① 萨特:《自我的超越》,“哲学研究”,1936—1937 年。

的有效法则。事情的发生就如同这一含义引导着各种心理事件流。因此必须区分它们的或许为真或许为假的理想含义和它们的内在含义,或者使用一种我们从此以后要利用的更为明晰的语言:应该将实际结构与理想含义区分开来。相应地,必须在发展中区分观念的解放和实际的解放。前者并不在我们的存在中改造我们,它只是改变我们对于我们自己的意识;后者是我们和戈尔德斯坦一同谈到的改造(Umgestallung)。我们不能将自己还原为我们对于自己的一种观念意识,而现存着的事物也不能被还原为我们借以表达这一事物的含义。同样,我们很容易对社会学家提出异议:他使之与某种经济结构相关联的那些意识结构实际上是对某些结构的意识,这意味着某种完全接近于精神的自由,这种精神能够在自己由于某种特定环境而具有的各种偶然形式之内,借助于反思把自己领会为一种自发的、源生的源泉。就像弗洛伊德的情结一样,经济结构不过是先验意识的对象之一。但先验意识、对自我的充分意识并非是完全既成的,它有待于被构成,也就是说有待于在生存中获得实现。人们有理由反对涂尔干(Durkheim)的"集体意识"、反对他对认识进行社会学说明的种种尝试:意识不能够被看作是一种结果,因为正是它构成了原因与结果的关系。但是在很容易受到指责的因果性思维之外,存在着一种社会学主义(sociologisme)的真理。集体意识并没有产生这些范畴,但我们不能进而说这些集体表象不过是在它们自身方面始终都自由的某一意识的对象,"我们"的意识不过是我的意识之对象。我们已经说过[①],心理现象被

① 参见本书前文,第 199 页。

归并到了行为的结构中。因为这一结构在从内部、对于表演者可见的同时，从外部、对于观众也是可见的，所以他人对于我来说原则上就如同我本人一样是可以通达的，我们两者都是在一种无人格的意识面前展示的对象。[①] 但是，正如我考察我自己会犯错误，只能领会到我的行为的外表的或想象的含义，同样，我也可能在考察他人时犯错误，只能认识到他的行为的外壳。在痛苦和悲伤的情形中，我对他的知觉与他对他自己的知觉永远都不会是等价的，除非我与他充分地结合在一起，以至我们的感受一起构成为一个单一的"形式"，而我们的生命不再单独地消逝。正是通过这种少有的、困难的认同，我才能与他真正地汇合，就像我只有通过决定成为我自己才能够领会我的自然运动并真诚地认识到我自己一样。因此，我不能够通过定位认识到我自己，更不具有真实地认识他人的天赋能力。我通过他人行为的含义与他人沟通，但关键是要通达这种含义的结构，也就是说，在他的话语甚至他的活动的下面，通达他的话语和活动得以准备的区域。我们已经看到，[②]他人行为在意指某种思考方式之前表达某种生存方式。而当这一行为面向着我(就像在对话中发生的那样)，并且捕捉我的各种思想以便回应它们时，或者更为简单的情形，当一些落在我的目光中的"文化对象"忽然与我的各种能力相一致，唤醒了我的意向并且使它们自己被我"理解"时，我就被带入到了一种共在中——我不是这种共在的唯一构成成分，它确立了社会自然之现象，就如同知觉

① 这是萨持的命题，《自我的超越》，"哲学研究"，1936—1937 年。

② 参见本书前文，第 194—195 页。

经验确立了物理自然之现象一样。意识能够不经反思地经历各种现存事物，可以完全委身于它们尚未转化为可表达的含义的具体结构；意识生命的那些插曲，在它们被还原为不受约束的记忆和不会有害的对象的条件之前，会由于它们固有的惰性而限制意识的自由，缩小它对于世界的知觉，强加给行为一些老套路；同样，在思考我们的阶级和环境之前，我们就是这一阶级和这一环境。

“我思”因此可能会由于它的对象而产生幻觉。有人会回答说（这是真的）：我思“应该能够”伴随我们的全部表象，而且它们以它为预定前提，即使不算是实际的意识行为的界限，至少也是一种原则的可能性。但这一批判论的回答提出了一个难题：目光的改变将意识生命转换成一种主体与客体的纯粹辩证法，把处于其感性厚度中的事物还原为一个含义网络，把创伤记忆还原为一种无足轻重的回忆，并使我的意识的阶级结构接受审查——这一目光改变说明了一种永恒的“可能性的条件”，或者使一种新的意识结构呈现出来了？这是这样的一个问题，即要知道：比如在意识摆脱时间、摆脱在它自身核心中的这一不间断的涌现，以便把它理解为一种理智的、易于驾驭的含义时，发生了什么事情。意识只不过使暗含的东西被揭示出来了吗？或者相反，它难道不是如同进入了一个清晰的梦中——它在这一梦中实际上没有遇到任何的不透明，不是因为它使事物的存在和它自己的存在得到了澄明，而是因为它处于它自己的表面、处于事物的外壳之上？通向理智意识的反思通道是我们的知识与我们的存在的一种符合，抑或仅仅是意识用以创造一种单独的实存——一种寂静主义——的方式？这些问题并没有表达出任何经验论的要求，没有表达出对那些不需要说

明它们自身的经验的任何讨好。我们相反地打算把意识与整个经验相等同，在自为意识中集中自在意识的全部生命。一种接受批判主义影响的哲学把道德建立在反思基础上，而反思在全部对象背后重新找寻处于自由中的思维主体。相反地，如果我们以现象的名义认识到意识以及它的那些稳固结构的存在，那么，我们的认识就取决于我们之所是，道德就开始于某种对自身的心理学的和社会学的批判。一个人事先并不确信自己拥有一种德性的源泉，自我意识在他那里并不是原则性的，它只能通过澄清它自己的具体存在才被获得，它只有通过积极地整合最初被拆散的那些孤立的辩证法（身体与心灵）才能够获得证实。最后，死亡并不是没有意义，因为实际经验的偶然性对于那些永恒含义（他自认为他在这些含义中获得了完整的表达）是一种永久的威胁。应当确信：对永恒性的经验并不是没有意识到死亡，但不是限于其内而是超越于它，就像另外还必须区别热爱生命与眷恋生物学实存一样。献祭生命在哲学上是不可能的，问题仅仅在于"调动"他的生命，这是一种更深入的生活方式。

如果我们通过知觉来理解使我们认识到各种实存的活动，我们刚才触及到的所有问题都将归结为知觉问题。这一问题存在于结构和含义观念的二元性中。诸如"图型和背景"结构这样的"形式"，乃是一个有意义的、并因此能为理智分析提供一个支撑点的整体。但与此同时，它并不是一种观念，它在我们面前作为一种场面被构成、被改变和被重组。所谓身体的、社会的、心理的因果性被归结为限制我们通达永恒含义的那些实际透视的偶然性。大脑机能的那些"水平定位"，动物行为的那些粘连结构，病理行为的那些粘连结构不过是它的一些明显的特例。“结构”乃是自然主义和实在主义的哲学真理。这一派生的意识(conscience naturée)与纯粹自我意识的关系是什么？我们可以思考知觉意识而不用取消其作为源初模式吗？能够维持其独特性而不会使它与理智意识的关系成为难以想象的吗？如果批判主义解决的实质在于在认识的界限之内拒绝实存，在于在具体结构中重新找到理智含义；如果就像我们说过的，批判主义的命运与关于知觉的这种理智主义理论联系在一起，那么，在批判主义不能够被接受的情况下，就必须重新界定先验哲学，以便直至把实在的现象整合到其中。自然的“事物”，机体，他人的行为，我的行为只是由于它们的意义才存在，但显示在它们那里的意义并非还是一种康德式对象，构造它们的那种意向性生活并非还是一种表象，通达它们的那种“理解”并非还是一种理智活动。

所引著作目录

A. Bethe(贝特)选编:*Handbuch der normalen und pathologischen Physiologie*(《正常的与病态的生理学手册》),Berlin,Julius Springer,1927.

L. Brunschvicg (布伦茨威格):*L'Expérience humaine et la Causalité physique*(《人类经验与物理因果性》),Paris, Alcan, 1922. Nouvelle édition, Paris,Presses Universitaires de France,1949.

——*Spinoza et ses contemporains*(《斯宾诺莎及其同时代人》),3e éd,Paris, Alcan,1923.

F. Buytendijk (拜顿迪克):*Psychologie des Animaux*(《动物心理学》),Paris, Payot,1928.

J. Chevalier (谢瓦利埃):*L'Habitude*(《论习惯》),Paris,Boivin,1929.

R. Dejean(德让):*Étude psychologique de la "Distance" dans la vision*(《关于视觉"距离"的心理学研究》),Paris,Presses Universitares de France,1926.

——*Les Conditions objectives de la Perception visuelle*(《视知觉的客观条件》),Paris,Presses Universitaires de France,sans date.

A. Gelb et K. Goldstein (盖尔布与戈尔德斯坦):*Psychologische Analysen hirnpathologischer Fälle*,*I*(《脑病理衰退的心理分析》,卷一),Leipzig,J. A. Barth,1920.

K. Goldstein(戈尔德斯坦):*Der Aufbau des Organismus*(《机体的构造》), Haag,Martinus,Nijhoff,1934.

P. Guillaume (纪尧姆):*L'Imitation chez l'Enfant*(《儿童的模仿》),Paris, Alcan,1925.

——*La Formation des Habitudes*(《习惯的形成》),Paris,Flammarion ,1937.

——*La Psychologie de la Forme*(《形式心理学》),Paris,Flammarion,1937.

E. Husserl(胡塞尔),*Ideen zu einer reinen Phänomenologie und phänome-*

nologische Philosophie I(《纯粹现象学与现象学哲学的观念》I),*in Jahrbuch für Philosophie und phьnomenologische Forschung I*(《哲学与现象学研究年鉴》卷一),Halle,M,Niemeyer,1913.

——*Vorlesungen zur Phänomenologie des inneren Zeitbewusztseins*(《内在时间意识的现象学》),ibid.,IX(同上,卷九),1928.

——*Formale und transzendentale Logik*(《形式的与先验的逻辑》),ibid.,X(同上,卷十),1929.

——*Méditations cartesiennes*(《笛卡尔式的深思》),Paris,Colin,1931.

L. Klages(克拉格斯):*Vom Wesen des Bewusztseins*(《意识的本质》),Leipzig,J. A. Barth,1921.

K. Koffka(考夫卡):*Die Frundlagen der psychischen Entwicklung*(《心理发展的基础》),Osterwieck am Harz,A. W. Zwickfeldt,1921,traduit en anglais sous le titre The Growth of the Mind (英译名为《心理的发展》),London,Kegan Paul,Trench Trubner and C°,New-York,Harcourt,Brace & C°,1925.

——*Priciples of Gestalt Psychology*(《格式塔心理学原理》),Londres et New-York,memes diteurs,1935.

W. Koeler(苛勒):*Optische Untersuchungen am Schimpansen und am Haushuhn*(《对黑猩猩和家鸡的视觉研究》),Berliner Abhandlungen,Jahrgang 1915,phys.-math. Klasse n °3.

——*Nachweis einfacher Strukturfunktionen beim Schimpansen und beim Haushuhn*(《黑猩猩和家鸡的功能结构的简单证明》),ibid.,1918.

——*Die physischen Gestalten in Ruhe und im stationären Zustand*(《睡眠和平静状态中的身体格式塔》),Erlangen,Braunschweig,1920.

——*L' Intelligence des Singes supérieurs* (《高等猴类的智力》),Paris,Alcan,1927.

——*Gestalt Psychology*(《格式塔心理学》),London,G. Bell,1930.

R. Mourgre (穆尔格):*Neurobiologie de l' Hallucination*(《关于幻觉的神经生物学》),Bruxelles,Lamertin,1932.

B. Murchison(默奇生)编:*Psychologies of 1925*(《1925 年心理学》),Worcester,Massachussets,Clark University Press,1928.

——*Psychologies of 1930*(《1930 年心理学》),ibid. 1930.

I. P. Pavolov(巴甫洛夫):*Die höchste Nerventätigkeit von Tieren*(《动物的高级神经活动》),Munchen,Bergmann,1926.

——*LeÇons sur l'activité du cortex cérébral*(《大脑皮层活动教程》),Paris,A. Legrand,1929.

——*Les Réflexes conditionnels*(《条件反射》),Paris,Alcan,1932.

J. Piaget(皮亚杰):*La Représentation du Monde chez l'Enfant*(《儿童的世界表象》),Paris,Presses Universitaires de France ,1948.

——*La Causalité physique chez l'Enfant*(《儿童的物理因果性》),Paris,Alcan,1923.

H. Piéron(皮埃龙):*Le Cerveau et la Pensée*(《大脑与思维》),Paris,Alcan,1923.

G. Politzer (波利策):*Critique des Fondements de la Psychologie*(《心理学基础批判》),Paris,Rieder,1929 (Presses Universitaires de France,1967).

E. Rubin(鲁宾):*Visuell wahrgenommene Figuren*(《图形的视觉记录》),Christiana,Gyldendalske Boghandel ,1921.

M. Scheler (舍勒):*Die wissensformen und die Gesellschaft*(《知识的形式与社会》),Leipzig,Der Neue Geist verlag,1926.

——*Der Formalismus in der Ethik und die materiale Werthethik*(《伦理学中的形式主义和实质的价值伦理学》),*in Jahrbuch für Philosophie und phänomenologische Forschung*,*BdI-II*("哲学与现象学年鉴")1—2 卷,Halle,M,Niemeyer,1927.

——*Die Stellung des Menschen im Kosmos*(《人在宇宙中的地位》),Darmstadt,Otto Reichlverlag,1928.

P. Schilder(施尔德):*Das Körperschema*(《身体图式》),Berlin,Springer,1923.

A. Tilquin(狄尔干):*Le Behaviorisme*,*origine et developpement de la psychologie de reaction en Amerique*(《行为主义:反映心理学在美国的起源与发展》),Paris,Vrin,1942.

J. Wahl(华尔):*Vers le Concret*(《通向具体》),Paris,Vrin,1932.

H. Wallon(瓦隆):*Stades et troubles du développement psycho-moteur et mental chez l'enfant*(《儿童心理活动的与心理发展诸阶段及障碍》),Paris,Alcan,1925;*republie chez le même éditeur sous le tire*:*L'Enfant turbu-*

lent(《好动的儿童》),1925.

J. B. Watson(华生):*Behaviorism*(《行为主义》),London,Kegan Paul,Trech Trubner and C° et New-York,Harcourt Brace and C°,2e edition,1930.

法中(西中)术语对照表

a priori　先验性
abstraction　抽象作用
acquisition　习得 获得
acte　活动 行为
action　活动 行动
activité　活动
activité de signalement　信号活动
activité prospective　预期活动
actualité　现实性
acuité visuelle　视敏度
adaptation　适应
agent　动因 因素 因子
agnosie tactile　触觉辨识不能症
agnosie　无辨觉能症
ajustement　调节
alexie　失读症
allure syncretique　混沌情状
alter-ego　他我
amimie　表情缺失
amnésie　遗忘症
amusie　失歌症
anagénèse　再生
analyse réelle　实在分析
anarthrie　构音障碍
antagonisme　拮抗作用
antagoniste　拮抗肌
anthropomorphisme　拟人特征、拟人论
antinomie　二律背反
aphasie　失语症
appareil récepteur　感受器官
apparence　外表 现象 呈现
apprentissage　学习
apraxique　运用不能症患者
arc réflexe　反射弧
aspect　外表
association　联合 联想
astéréognosie　实体觉缺乏
attitude categoriale　范畴态度
attitude négativiste　违拗姿态
automatisme　机械活动 自动性
autre　他者 他异
autrui　他人
behaviorisme　行为主义
caractère　特征
caractéristique　特征
catagénèse　退化
causalité　因果性

cécité psychique 心理盲 精神性盲
cécité verbale 识字盲
central 中枢 中心
centre phémeque 语位中枢
chair 肉体
champ récepteur 感受场
champ réflexogène 促反射场
chose 事物 物
chromatopsie 部分色盲
chronaxie 时值
circuit coordinateur 协调环路
circuit nerveux 神经环路
circuit réflexe 反射环路
coenesthésique 一般肌体觉
cogitatio 思维
cogito 我思
complexe 情结
commande 控制 装置
comportement 行为
comportment géographic 地理行为
comportment-chose 行为—事物
comportment-manifestation 行为—表现
co-naissance 共—生
conception 概念 观念
conditionnement 条件作用
conduite 行为
configuration 完形
conscience engagée 介入意识
conscience na¿ve 素朴意识
conscience naturée 顺生的意识
conscience pure 纯粹意识
conscience-témoin 见证意识
constellation 群集
contingence 偶然性
contre coup 反冲
contre-coup 反向影响
contre-épreuve 反证试验
contre-force 抗力
contre-inhibiteur conditionnel 条件性抗抑制
contrØle 控制
coordination motrice 运动协调
coordination réceptrice 感受协调
coordination 协调
corporéité 身体性
corps pour-moi 为我的身体
corps pour-autrui 为他的身体
corps-outil 工具性身体
corps 身体
désagrégation 解体
désinhibition 抑制解除
dialectique 辩证法
direction 方向
dispositif 装置
donnée 材料 与料 所与者
dualisme 二元论
dynamisme 动力论
écorce 皮质 皮层
effecteur 效应器
eigenreflexe 自反射
einfulung 移情作用
element 元素 要素
empirisme 经验论 经验主义

engagement　介入
en-soi　自在
entéléchie 隐德来希
entourage géographique　地理环境
épiphénoménisme　副现象论
équilibre　平衡
erkentnisgrund　认知基础
espace vécu　实际经验的空间
espace virtuel　潜在空间
espèce　种类
essais et erreurs　试错法
étan vital　生命冲动
étant　存在者
être　存在
être au mond　在世
être-dans-le-mond　在世存在
évidence　明证性
excitation　刺激
excitant　刺激物
existence　生存 实存 存在
existentialisme　存在主义
expérience critique　临界实验
expérience cruciale　判决性实验
expérience naturelle　自然经验
expérience　经验、实验
extéroceptivité　外感受性
etra-mental　超心理的
facteur　因素
finalisme　目的论
fonction de médiatisation　中介化功能
fonction du réel　实在功能
fonctionnement nerveux　神经机能
fonction　函数 功能
fonctionnement　机能
forme amovible　可变动形式
forme symbolique　象征形式
forme syncrétique　混沌形式
forme　形式
foyer　病灶
fremdreflexe　异反射
gestalt　格式塔
gestaltblindheit　格式塔盲
gestalttheorie　格式塔理论
geste　动作 身势
hémiachromatopsia　偏色盲症
hémiamblyopie　偏弱视
hémianopsique　偏盲症患者
hémiaphotopsia　偏闪光幻觉症
hémiastéréopsia　偏实体觉缺乏
hémiplégie　偏瘫
horizon　视域
idée　观念
idéalité　观念性
identité　同一
image en miroir　镜像
image verbale　言语形象
image　形象
impression　印象
induction　诱导
inhibiteur conditionnel　条件抑制
inhibition　抑制
innéisme　天赋观念论
innervation　支配 神经支配

instance　机构
instinct　本能
intellectualism　理智主义
intelligible　可知的、知性的
intelligibilité　可知性 知性
intensité　强度
intention　意向
intéroceptivité　内感受性
interprétation　解释
intervalle　时距
intervention　干预
introspection　内省
intuition simultanée　共时直觉
irradiation　扩散
isomorphisme　心物同型 同型论
langage automatique　自动语言
langage volontaire　自愿语言
legato　连奏运动
liberté　自由
local signe　部位记号
localisation　定位
localisation horizontale　水平定位
localisation verticale　垂直定位
loi d'accentuation　加强律
loi de maximum　最大值律
loi de nivellement　均等律
lumière phénoménale　现象之光
lumière réelle　实在之光
macula　黄斑
manifestation　表现
matérialisme　唯物论
mécanisme　机制 机械论
médiatisation　中介化
melodie　旋律
milieu de comportement　行为环境
mobilité　机动性 活动性
moment　环节 时刻
montage　合成 组合
mosa¿que　镶嵌
motoranalysator　运动分析器
motorium　运动器官
movement　运动 活动 动作
muscle effecteur　效应肌
nativisme réflexe　反射的先天性
naturalisme　自然主义
naturant　源生的、主动的
naturée　顺生的、被动的
néant d'être　存在的虚无
névrose expérimentale　实验神经症
nominalism　唯名论
notion　概念 观念
occasionnalisme　偶因论
omnitudo réalitutis　实在的全体
ordre　秩序 顺序 序列
organe récepteur　感受器官
organisatiom　构造 组织
organisation en profondeur　深度组织
organisme　机体 有机体
parallélisme　平行论
paraphasie　言语错乱
partes extra partes　一些部分外在于另一些部分的
pensée criticiste　批判思维

pensée naturante 源生的思维
pensée naturé 顺生的思维
pensée réfléchie 自反思维
pensée 思维 思想
perception commencante 初始知觉
perception 知觉
permutation 转换
personnalité nosologique 疾病分类学个性
phénomene 现象
philosophie des facultés 机能哲学
philosophie transcendentale 先验哲学
photopsie 闪光幻觉
phototropisme 向光性
postivisme 实证主义
pour-soi 自为
présence 在场 呈现
présentation 表象
prétention ontologique 本体论意图
projection 投射
projet 筹划
propriété 属性
proprioceptivité 本体感受性
pseudofovéa 假视网膜中央凹
psychiatrie 精神病学
psychologie 心理学
psychologie intellectualiste 理智主义心理学
psychologie analytique 分析的心理学
psychologie de laboratoire 实验心理学
psychopathologie 精神病理学
quale 性质
qualité 性质
racine 根
rationalisme 唯理论、理性主义
réalisme 实在论
réaction 反应
récepteur 感受器
réel 实在
réflexe composé 复合反射
réflexe conditionnel 条件反射
réflexe conditionné 条件反射
réflexe congenital 先天性反射
réflexe de contact 接触反射
réflexe de fixation 注视反射
réflexe imminent 立时反射
réflexe médullaire phasique 阶段性脊髓反射
reflexe oculo-moteur 眼动反射
réflexe tonique 紧张性反射
réflexe 反射
réflexion 思考 反思
reflexogene 促反射的
regulation 调节
remplissement 充实
renversment 反向 倒转
reorganisation 重组
reponse 反应
rythme 节律
schéma du réflexe 反射图式
schéma 图式

seinsgrund　实在基础
semi-rétine　半视网膜
sens autochtone　原生的意义
sensation　感觉
sensorium　感觉器官
sens　感官、意义、方向
sensibilité　感性 可感性 感受性
sensible　感性 可感的 感性的东西
seuil　阈限
signalisation　信号作用
signal　信号
signe local　部位信号
signe　符号 征兆 信号
signification　意义 含义
situation　情景
sociologisme　社会学主义
spiritualisme　唯灵论
staccato　断奏运动
stéréopsie　立体幻觉
stimulations discrètes　离散刺激
stimuli partiel　部位刺激
stimulus inconditionné　无条件刺激
stimulus　刺激
structuration　结构化
substance nerveuse　神经物质
substance-étendue　广延实体
substance-pensée　思维实体
sujet　主体 被试者
surdité musicale　音乐聋
surdité psychique　心理聋
sustrat　基质
symbole　象征 符号
sympathique　交感神经
syncrétisme　混沌 混合
système nerveux central　中枢神经系统
temporalité　时间性
tendance　趋势
terminaisons sensorielles　感觉神经末梢
terminaison　神经末梢
texure　结构
topographie　地形学
toucher　触觉 触摸
trace kinesthésique　动觉印迹
trait　特性
trajet　通道 路径
transfert　迁移
transformation　转化
transplantation　移植
tropisme　向性反应
trouble apraxique　运用不能障碍
trouble gnosique　识别障碍
trouble　障碍
umwelt　环境
univers de discours　论域
urbild　原图像
vague　迷走神经
valeur chromatique　色彩值
valeur spatiale　空间值
valeur symbolique　符号值
vide　空无 空无的
virtuel　潜在 潜在的
vision　视觉

vivante　有生命之物、活的
zone d'association　联合区、联想区
zone de projection　投射区

中法(中西)术语对照表

被经验者 vécu
本能 instinct
本体感受性 proprioceptivité
本体论意图 prétention ontologique
辩证法 dialectique
表情缺失 amimie
表现 manifestation
表象 présentation
病灶 foyer
部分色盲 chromatopsie
部位刺激 stimuli partiel
部位记号 local signe
部位信号 signe local
材料 donnée
超心理的 etra-mental
呈现 apparence
呈现 présence
充实 remplissement
抽象作用 abstraction
筹划 projet
初始知觉 perception commencante
触觉 toucher
触觉辨识不能症 agnosie tactile
垂直定位 localisation verticale
纯粹意识 conscience pure
刺激 excitation
刺激 stimulus
刺激物 excitant
促反射场 champ réflexogène
存在 être
存在 existence
存在的虚无 néant d'être
存在者 étant
存在主义 existentialisme
倒转 renversment
地理环境 entourage géographique
地理行为 comportment géographique
地形学 topographie
定位 localisation
动觉印迹 trace kinesthésique
动力论 dynamisme
动因 agent
动作 geste
动作 movement
断奏运动 staccato
二律背反 antinomie
二元论 dualisme
反冲 contre coup

反射　réflexe
反射的先天性　nativisme réflexe
反射弧　arc réflexe
反射环路　circuit réflexe
反射图式　schéma du réflexe
反思　réflexion
反向　renversment
反向影响　contre-coup
反应　réaction
反应　reponse
反证试验　contre-épreuve
范畴态度　attitude categoriale
方向　sens
方向　direction
分析的心理学　psychologie analytique
符号　signe
符号　symbole
符号值　valeur symbolique
复合反射　réflexe composé
副现象论　épiphénoménisme
概念　conception
概念　notion
干预　intervention
感官　sens
感觉　sensation
感觉器官　sensorium
感觉神经末梢　terminaisons sensorielles
感受场　champ récepteur
感受器　récepteur
感受器官　appareil récepteur
感受器官　organe récepteur
感受协调　coordination réceptrice
感性　sensibilité
感性的　sensible
格式塔理论　gestalttheorie
格式塔　gestalt
格式塔盲　gestaltblindheit
个性　personnalité
根　racine
工具性身体　corps-outil
功能　fonction
共一生　co-naissance
共时直觉　intuition simultanée
构音障碍　anarthrie
构造　organisatiom
观念　conception
观念　idée
观念　notion
观念性　idéalité
广延实体　substance-étendue
函数　fonction
环节　moment
环境　umwelt
黄斑　macula
混沌　syncrétisme
混沌情状　allure syncretique
混沌形式　forme syncrétique
混合　syncrétisme
含义　signification
合成　montage
活的　vivante
活动　action
活动　movement

活动性　mobilité
活力论　vitalisme
获得　acquisition
机构　instance
机动性　mobilité
机体　organisme
机械活动　automatisme
机械论　mécanisme
机能　fonctionnement
机能哲学　philosophie des facultés
机制　mécanisme
基质　sustrat
疾病分类学个性　personnalité nosologique
加强律　loi d'accentuation
假视网膜中央凹　pseudofovéa
见证意识　conscience-témoin
交感神经　sympathique
阶段性脊髓反射　réflexe médullaire phasique
接触反射　réflexe de contact
节律　rythme
拮抗肌　antagoniste
拮抗作用　antagonisme
结构　texure
结构化　structuration
解释　interprétation
解体　désagrégation
介入　engagement
介入意识　conscience engagée
紧张性反射　réflexe tonique
经验　expérience
经验论　empirisme
经验主义　empirisme
精神病理学　psychopathologie
精神病学　psychiatrie
精神性盲　cécité psychique
镜像　image en miroir
均等律　loi de nivellement
抗力　contre-force
可变动形式　forme amovible
可感的　sensible
可知的　intelligible
可知性　intelligibilité
空间值　valeur spatiale
空无　vide
控制　commande
控制　contrØle
扩散　irradiation
离散刺激　stimulations discrètes
理性主义　rationalisme
理智主义　intellectualiste
理智主义心理学　psychologie intellectualiste
立时反射　réflexe imminent
立体幻觉　stéréopsie
连奏运动　legato
联合　association
联合区　zone d'association
联想　association
联想区　zone d'association
临界实验　expérience critique
路径　trajet
论域　univers de discours

迷走神经　vague
明证性　évidence
目的论　finalisme
内感受性　intéroceptivité
内省　introspection
拟人论　anthropomorphisme
拟人特征　anthropomorphisme
偶然性　contingence
偶因论　occasionnalisme
判决性实验　expérience cruciale
批判思维　pensée criticiste
皮层　écorce
皮质　écorce
偏盲症患者　hémianopsique
偏弱视　hemiamblyopie
偏色盲症　hémiachromatopsia
偏闪光幻觉症　hémiaphotopsia
偏实体觉缺乏　hémiastéréopsia
偏瘫　hémiplégie
平衡　équilibre
平行论　parallélisme
迁移　transfert
潜在　virtuel
潜在空间　espace virtuel
强度　intensité
情结　comlexe
情景　situation
趋势　tendance
群集　constellation
人为性身体　corps-facticité
认知基础　erkentnisgrund
肉体　chair
色彩值　valeur chromatique
闪光幻觉　photopsie
社会学主义　sociologisme
身势　geste
身体　corps
身体性　corporéité
深度组织　organisation en profondeur
神经环路　circuit nerveux
神经机能　fonctionnement nerveux
神经功能　fonction nerveux
神经末梢　terminaison
神经物质　substance nerveuse
神经支配　innervation
生存　existence
生命冲动　étan vital
失读症　alexie
失歌症　amusie
失语症　aphasie
时间性　temporalité
时距　intervalle
时刻　moment
时值　chronaxie
识别障碍　trouble gnosique
识字盲　cécité verbale
实存　existence
实际经验的　vécu
实际经验的空间　espace vécu
实体觉缺乏　astéréognosie
实验　expérience
实验神经症　névrose expérimentale
实验心理学　psychologie de labora-

toire
实在 réel
实在功能 fonction du réel
实在的全体 omnitudo realitutis
实在分析 analyse réelle
实在基础 seinsgrund
实在论 réalisme
实在之光 lumière réelle
实证主义 postivisme
事物 chose
视敏度 acuité visuelle
视域 horizon
试错法 essais et erreurs
视觉 vision
适应 adaptation
水平定位 localisation horizontale
顺生的思维 pensée naturée
顺生的意识 conscience natruée
顺序 ordre
思考 réflexion
思维 cogitatio
思维 pensée
思维实体 substance-pensée
思想 pensée
素朴意识 conscience na¿ve
所与者 donnée
他人 autrui
他我 alter-ego
他异 autre
他者 autre
特性 trait
特征 caractère
特征 caractéristique
天赋观念论 innéisme
条件反射 réflexe conditionné
条件反射 réflexe conditionnel
条件性抗抑制 contre-inhibiteur conditionnel
条件抑制 inhibiteur conditionnel
调节 ajustement
调节 regulation
同型论 isomorphisme
同一 identité
投射 projection
投射区 zone de projection
图式 schéma
退化 catagénèse
外表 apparence
外表 aspect
外感受性 extéroceptivité
完形 configuration
为我的身体 corps pour-moi
为他的身体 corps pour-autrui
违拗姿态 attitude négativiste
唯理论 rationalisme
唯灵论 spiritualisme
唯名论 nominalisme
唯物论 matérialisme
我思 cogito
无条件刺激 stimulus inconditionné
物 chose
习得 acquisition
先天性反射 réflexe congenital
先验性 a priori

先验哲学　philosophie transcendentale
现实性　actualité
现象　apparence
现象　phénomene
现象之光　lumière phénoménale
镶嵌　mosa¿que
向光性　phototropisme
向性反应　tropisme
象征　symbole
象征形式　forme symbolique
效应肌　muscle effecteur
效应器　effecteur
协调　coordination
协调环路　circuit coordinateur
心理聋　surdité psychique
心理盲　cécité psychique
心理学　psychologie
心物同型　isomorphisme
信号　signal
信号活动　activité de signalement
信号作用　signalisation
兴奋　excitation
行为　comportement
行为　conduite
行为—表现　comportment-manifestation
行为环境　milieu de comportement
行为—事物　comportment-chose
行为主义　behaviorisme
形式　forme
形象　image
性质　quale
性质　qualité
虚无化　néantisation
序列　ordre
旋律　melodie
学习　apprentissage
言语错乱　paraphasie
言语形象　image verbale
眼动反射　reflexe oculo-moteur
要素　element
一般肌体觉　coenesthésique
移情作用　einfulung
移植　transplantation
遗忘症　amnésie
异反射　fremdreflexe
抑制　inhibition
抑制解除　désinhibition
意识　conscience
意向　intention
意义　sens
意义　signification
因果性　causalité
因素　agent
因素　facteur
因子　agent
隐德来希　entéléchie
印象　impression
有机体　organisme
有生命之物　vivante
诱导　induction
与料　donnée
语位中枢　centre phémeque

预期活动　activité prospective
阈限　seuil
原生的意义　sens autochtone
原图像　urbild
源生的　naturant
源生的思维　pensée naturante
元素　element
运动　movement
运动分析器　motoranalysator
运动器官　motorium
运动协调　coordination motrice
运用不能障碍　trouble apraxique
运用不能症患者　apraxique
再生　anagénèse
在场　présence
在世　être au mond
在世存在　être-dans-le-mond
障碍　trouble
征兆　signe
支配　innervation
知觉　perception
直觉　intuition
秩序　ordre
中介化　médiatisation
中介化功能　fonction de médiatisation
中枢神经系统　système nerveux central
种类　espèce
重组　reorganisation
属性　propriété
注视反射　réflexe de fixation
转化　transformation
转换　permutation
装置　commande
装置　dispositif
自动性　automatisme
自动语言　langage automatique
自反射　eigenreflexe
自反思维　pensée réfléchie
自然经验　expérience naturelle
自然主义　naturalisme
自为　pour-soi
自由　liberté
自愿语言　langage volontaire
自在　en-soi
组织　organisatiom
组合　montage
最大值律　loi de maximum

法中(西中)人名对照表

Alain 阿兰
Aristotle 亚里士多德
Arouet,F 阿鲁埃
Babinski 巴宾斯基
Benary,G 本纳利
Bergson,H 柏格森
Berkeley,G 巴克莱
Bethe 贝特
Bohr,N 玻尔
Boumann 鲍曼
Brunschvicg,L 布伦茨威格
Bühler,L 彪勒
Buytendijk,F. J. J 拜顿迪克
Caillois,R 伽约瓦
Cannon,W. B 坎农
Cardot 卡尔多
Cassirer,E 卡西尔
Cassou,J 卡苏
Cavendish 卡文迪希
Cézanne 塞尚
Chevalier,J 谢瓦利埃
Claudel,P 克洛代尔
Cournot 库尔诺
de Broglie,L 德·布罗格利
Dejean,R 德让
Descartes,R 笛卡尔
d'Ors Eugenio 多斯
Drabovitch,W 德拉波维奇
Dume 迪马
Durkheim,E 涂尔干
Ezn 埃仁
Fink 芬克
Fischel 费歇尔
Freud,S 弗洛伊德
Fuchs,W 富克斯
Gelb,A 盖尔布
Goldstein,K 戈尔德斯坦
Goya 戈雅
Greco 格列柯
Grünbaum,A. M 格林鲍姆
Guillaume,P 纪尧姆
Head,H 海德
Hegel,G 黑格尔
Heidegger,M 海德格尔
Helmholtz,H 赫尔姆霍兹
Hering 黑林
Hocheimer,H 霍赫默尔
Hume,D 休谟

Husserl,E 胡塞尔
Hyppolite,J 伊波利特
Ivanov-Smolensky 伊万诺夫—斯莫伦斯基
Jaensch,E. R 杨施
Janet,P 雅内
Jaspers,K 雅斯贝尔斯
Jastrow,J 贾斯特罗
Jennings,H. S 杰宁
Jordan,P 若尔当
Kant,I 康德
Katz 卡兹
Kierkegaard,S 克尔凯郭尔
Klages,L 克拉格斯
Koehler,W 苛勒
Koffka,K 考夫卡
Kroetz 格鲁茨
Lachelier 拉舍利埃
Lagneau 拉尼诺
Lalande,A 拉兰德
Lapicque,L 拉皮克
Lashley,K. S 拉什利
Leibniz,G. W 莱布尼茨
Loeb 洛布
Luchsinger 卢齐生格
Ludwig 路德维希
Malebranche,N 马勒伯朗士
Marie,P 玛丽
Marina 玛丽娜
Marx,K 马克思
Michelson 米歇尔松
Miller,N. E 米勒
Monakow 莫纳科夫
Mourgue,R 穆尔格
Nellmann,H 尼尔曼
Nietzsche,F. W 尼采
Ombredane,M 奥姆伯里达因
Painlevé, 潘勒韦
Pavlov,I. P 巴甫洛夫
Petrova 彼德洛娃
Piaget,J 皮亚杰
Piéron,H 皮埃龙
Plato 柏拉图
Plessner,H 普莱西纳
Politzer,G 波利策
Proust,M 普鲁斯特
Ptolémée 托勒密
Revesz,G 里夫斯
Rubin,E 鲁宾
Ruger,H. A 罗吉尔
Ruyer,R 吕耶
Sanders,L 桑德斯
Sartre,J-P 萨特
Scheler 舍勒
Schiff 谢夫
Schilder,p 施尔德
Shepherd 谢泼德
Sherrington,C 谢林顿
Shinn,M. W 塞茵
Spinoza,B 斯宾诺莎
Steinfeld 施泰因费尔德
Stendal 斯汤达尔
Talbot 塔尔博特
Thorndike,E 桑代克

Tilquin,A　狄尔干
Tolman,E. C　托尔曼
Trendelenburg,W　特伦德伦伯格
Tudor-Hart,B　图尔多—哈特
Uexküll　于克斯屈尔
Volkelt,H　福克尔特
Von Kries,J　洪·克里斯
Von Weizsäcker,V. F　韦赛克
Wallon,H　瓦隆
Watson,J. B　华生
Weber　韦伯
Weiss,P　韦斯
Wahl,J　华尔
Wertheimer,M　威特海默
Woerkom　沃尔康姆

中法(中西)人名对照表

阿兰　Alain
阿鲁埃　Arouet
埃仁　Ezn
奥姆伯里达因　Ombredane
巴宾斯基　Babinski
巴克莱　Berkeley
玻尔　Bohr
波利策　Politzer
柏格森　Bergson
柏拉图　Plato
拜顿迪克　Buytendijk
巴甫洛夫　Pavlov
鲍曼　Boumann
贝特　Bethe
本纳利　Benary
彼德洛娃　Petrova
彪勒　Bühler
布伦茨威格　Brunschvicg
德·布罗格利　de Broglie
德拉波维奇　Drabovitch
德让　Dejean
狄尔干　Tilquin
笛卡尔　Descartes
迪马　Dume
多斯　d'Ors,Eugenio
费歇尔　Fischel
芬克　Fink
弗洛伊德　Freud
富克斯　Fochs
伽约瓦　Caillois
盖尔布　Gelb
戈尔德斯坦　Goldstein
戈雅　Goya
格列柯　Greco
格林鲍姆　Grunbaum
格鲁茨　Kroetz
海德　Head
海德格尔　Heidegger
赫尔姆霍兹　Helmholtz
黑格尔　Hegel
黑林　Hering
洪·克里斯　Von Kries
胡塞尔　Husserl
华尔　Wahl
华生　Watson
霍赫默尔　Hocheimer
贾斯特罗　Jastrow
纪尧姆　Guillaume

杰宁 Jennings
卡尔多 Cardot
卡苏 Cassou
卡文迪希 Cavendish
卡西尔 Cassirer
卡兹 Katz
坎农 Cannon
康德 Kant
考夫卡 Koffka
苛勒 Koehler
克尔凯郭尔 Kierkegaard
克拉格斯 Klages
克洛代尔 Claudel
库尔诺 Cournot
拉兰德 Lalande
拉尼诺 Lagneau
拉皮克 Lapicque
拉舍利埃 Lachelier
拉什利 Lashley
莱布尼茨 Leibniz
里夫斯 Revesz
卢齐生格 Luchsinger
鲁宾 Rubin
路德维希 Ludwig
吕耶 Ruyer
罗吉尔 Ruger
洛布 Loeb
马勒伯朗士 Malebranche
马克思 Marx
玛丽 Marie
玛丽娜 Marina
米勒 Miller
米歇尔松 Michelson
莫纳科夫 Monakow
穆尔格 Mourgue
尼采 Nietzsche
尼尔曼 Nellman
潘勒韦 Painlevé
皮亚杰 Piaget
皮埃龙 Piéron
普莱西纳 Plessner
普鲁斯特 Proust
若尔当 Jordan
萨特 Sartre
塞尚 Cézanne
塞茵 Shinn
桑代克 Thorndike
桑德斯 Sanders
舍勒 Scheler
施尔德 Schilder
施泰因费尔德 Steinfeld
斯宾诺莎 Spinoza
斯汤达尔 Stendal
塔尔博特 Talbot
特伦德伦伯格 Trendelenburg
图尔多—哈特 Tudor-Hart
涂尔干 Durkheim
托尔曼 Tolman
托勒密 Ptolémée
瓦隆 Wallon
威特海默 Wertheimer
韦伯 Weber
韦赛克 Weizsäcker
韦斯 Weiss

沃尔康姆 Woerkom
谢泼德 Shepherd
谢夫 Schiff
谢林顿 Sherrington
谢瓦利埃 Chevalier
休谟 Hume
亚里士多德 Aristotle
雅内 Janet
雅斯贝尔斯 Jaspers
杨施 Jaensch
伊波利特 Hyppolite
伊万诺夫—斯莫伦斯基 Evanov-Smolensky
于克斯屈尔 Uexküll

译　后　记

这部译著先由我本人根据法兰西大学出版社于1990年印行的法文版译出“目录”、“一种含混的哲学”、“导言”、第一章、第四章。后因着手翻译梅洛—庞蒂的另一作品《世界的散文》及忙于他务，遂请拟以梅洛—庞蒂哲学为博士论文选题的张尧均先生翻译余下两章。张氏以英文版（Alden L. Fisher 译，美国 Duquesne 大学出版社1983年版）和法文版对照的方式译出这两部分，完稿后由我对照法文版逐句校对，译稿因此完全以法文版为基准。张对我所译部分也对照英文版进行了逐字校对，再由我据法文版酌情处置错漏之处和有关用词或表述。全书最终由我本人进行统稿，有关术语和人名的对照表、参考书目等事项也系我本人所为。这是我和张尧均合作的成果，但许多术语和句子的处理更多地依照我的理解和习惯，因此，失误和问题也主要由我本人负责。

我于1998年秋开始尝试做一些翻译工作，陆续翻译了梅洛—庞蒂的《哲学赞词及其他论文》、《世界的散文》和《行为的结构》。我应该感谢商务印书馆的狄玉明先生为我提供了锻炼机会，更要感谢他的鼓励、支持和帮助。还要感谢商务印书馆的关群德先生和郭红女士等老师，没有他们的辛勤工作和热心支持，我不可能会较为顺利地完成上述翻译工作。在《行为的结构》的翻译过程中，陈村富教授在两处希腊文的处理方面提供了重要的参考意见，翟三江先生帮忙处理了多段德文材料。我非常感谢他们两位的热心帮助。在翻译过程中，有关心理学方面的内容、尤其是一些术语和人名翻译参照了一些中译心理学著作和词典，在此不一一指名致谢。我一外学的是英语，二外是德语，法语算是三外了。我也想借此机会感谢浙江大学外国语学院法语专业的诸位老师，如果没有他们把我领进"法语世界"，我目前所做的工作就无从谈起。由于兴趣集中在法国哲学，我至今尚未在英译汉方面做点什么，德语也暂时放在了一边。我希望在法译汉方面已经有所进步，但由于本人法语水平所限，由于本选题自身的难度（尤其是涉及到众多的心理、生理、病理学知识），尽管下了不少笨功夫，但错误显然在所难免，还望各位方家批评指正。

我曾经陷入到某种克尔凯郭尔情结中。这位古怪孤僻的哲人告诉我，哲学并不就是思辨、逻辑和普遍性，哲学完全可以成为情绪化、文学化、私人化的事情。他的作品处处在讲述偶然性和不确定性的故事，断然否定黑格尔式的思辨的必然性和确定性。然而，他毕竟心存上帝和绝对，最终探寻的是由相对到绝对、由偶然到必然，由不确定到确定的道路。我曾经也走在这条道路的途中，这当然通向的是乌有之乡。也正是在这一途中，我发现了德里达与克尔凯郭尔的某种相似。现在想来，不管出于随意，还是源自故意，这显然是一种误解。无论如何，我一度耗费时日追随德里达式的游戏，力图摆脱沉重，在文本中找寻愉悦。

但我并不想在语言的牢笼中越陷越深，故而逐渐对福柯有了好感。后者关于话语的理论、关于现代性的思考具有非常强烈的问题意识、当代意识，说到底关注的是科学理性昌盛时代的边缘性、身体性、他性诸问题。我进而发现还应该回过头来，细究结构—后结构主义的谱系。事实上，解构有其现象学基础，如果不分解回溯，我们就只能完全随波逐流。但我不打算回到胡塞尔，尤其不认同那种所谓的纯粹意识。胡氏试图开辟多种通向先验主观性、绝对确定性的道路，然而，事与愿违，他打开的是潘多拉的匣子。我更多地对梅洛一庞蒂，当然也可以说是梅氏意义上的胡塞尔感兴趣。我迷恋于他在关于身体、世界和他人诸问题上为我们创建的一种含混的诗学。我甚至认为，梅洛一庞蒂与福柯是理解现象学和结构主义两个传统之关系、甚至是理解整个当代法国哲学精神的两座非常近便的桥梁。但那个“孤独个体”克尔凯郭尔何在？他的“精神”何在？我离他越来越近还是越来越远了呢？我有些茫然。或许一切都在途中。

杨大春

2002年10月于杭州蒋村

图书在版编目(CIP)数据

行为的结构/(法)莫里斯·梅洛-庞蒂著;杨大春,张尧均译.—北京:商务印书馆,2017
(汉译世界学术名著丛书:120年纪念版:珍藏本)
ISBN 978-7-100-14631-9

Ⅰ. ①行… Ⅱ. ①莫… ②杨… ③张… Ⅲ. ①现象学—研究—法国—现代 Ⅳ. ①B089②B565.59

中国版本图书馆CIP数据核字(2017)第152225号

汉译世界学术名著丛书
(120年纪念版·珍藏本)
行为的结构
〔法〕莫里斯·梅洛-庞蒂 著
杨大春 张尧均 译

商务印书馆出版
(北京王府井大街36号 邮政编码100710)
商务印书馆发行
北京冠中印刷厂印刷
ISBN 978-7-100-14631-9

2017年12月第1版　　开本710×1000 1/16
2017年12月北京第1次印刷　　印张22½
定价:112.00元